innenwelt verlag

Haftungsausschluss:

Die im Buch enthaltenen Übungen wurden von der Verfasserin und vom Verlag sorgfältig erarbeitet und geprüft. Eine Garantie kann dennoch nicht übernommen werden. Weder die Autorin noch der Verlag übernehmen die Haftung für Schäden irgendeiner Art.

FSC www.fsc.org
MIX
Papier aus verantwortungsvollen Quellen
FSC® C083411

4. Auflage 2025

Umschlaggestaltung: Bunda Silke Watermeier, www.watermeier.net

Unter Verwendung einer Grafik von Regina Wittwer, www.regains.ch

Illustrationen im Buch: Regina Wittwer, www.regains.ch

Druck: CPI Druck, Leck

Printed in Germany

ISBN 978-3-942502-89-4

Notburga Fischer

Reifestufen der sexuellen Liebe

Wie Herkunft prägt
und intime Beziehungen
(dennoch) gelingen

Inhalt

Für Amira und Clarice -

und die Söhne und Töchter der nächsten Generationen

Vorwort

„Auf halbem Weg des Menschenlebens
fand ich mich in einen finstern Wald verschlagen,
weil ich vom rechten Weg mich abgewandt.“

Mit diesen Worten beginnt ‚Inferno' in Dantes ‚Divina Commedia'. Psychologisch interpretiert, wird darin eine der wesentlichen Herausforderungen des Erwachsenenlebens beschrieben. Irgendwann, meist um die biographische Lebensmitte wird deutlich, dass die selbst gebaute Konstruktion eigener Identität brüchig wird und dass alle Versuche, Probleme durch Projektionen zu bewältigen, scheitern müssen. Das provisorische Selbst, die Persona, welche wir in der ersten Lebenshälfte entwickelt haben wird unbrauchbar, kann die Spannung zwischen dem was wir meinen sein zu müssen und dem was wir wirklich sein wollen, nicht mehr ertragen. Damit finden wir uns am Beginn eines tiefen Veränderungsprozesses. Das Leben zwingt dazu und bietet gleichzeitig die Chance, erwachsen zu werden.

Scheidung, Krankheit, Depression, Impotenz, Energielosigkeit oder Affären sind mögliche Symptome. Wer wachsam ist, kann dies als Aufforderung verstehen, einen Dialog zwischen der Persona und dem Schatten, also allem was bisher nicht gelebt werden durfte, aber unseren Kern ausmacht, zu eröffnen und in den Prozess der Individuation einzutauchen.

Liebe und Sexualität sind wesentliche Themen für jeden und werden oft zur Bühne, auf der das Drama der Lebensmitte aufgeführt wird. Kaum ein Bereich unserer Existenz ist mehr mit Lebensenergie, Hoffnung, Scham und Angst verknüpft wie dieser. Kaum anders wo spielen Projektionen eine so große Rolle, sind wir nachhaltiger von dem geprägt, was uns unsere

Eltern vorgelebt haben. Wer sich offen mit Sexualität und Liebe beschäftigt, wird gezwungen Projektionen zu hinterfragen, muss aufhören, die Schuld beim Anderen zu suchen und die Hoffnung begraben, ein Anderer könne einen heilen oder erlösen.

Aus eigener Erfahrung und aus der Beobachtung anderer Männer weiß ich, dass uns das Eingeständnis nicht weiter zu wissen, besonders schwerfällt. Es widerspricht dem was Männer von sich selbst und die Umwelt von ihnen erwartet: die Dinge im Griff haben, hart im Nehmen sein, die Zähne zusammenbeißen, wenn das Leben schwer ist. Es scheint, als wäre all dies leichter zu ertragen, als den Mut zu fassen und dem eigenen Gefühl von Unzulänglichkeit ins Auge zu schauen oder sich einzugestehen, dass man ratlos ist.

Karl Popper hat einst gemeint, es gäbe nichts Praktischeres als eine gute Theorie. Notburga Fischer legt in diesem Buch ein fundiertes theoretisches Model psychosexueller Entwicklung dar, welches als ganz praktischer Wegweiser im Urwald der Lebensmitte dienen kann. Es beschreibt die wesentlichen Elemente und Herausforderungen jeder Entwicklungsstufe, von denen jede spezielle Erfahrungsräume und Anforderungen eröffnet und die Chance bietet, den Schritt von kindlicher Projektion zum Erwachsensein zu machen. Es kann die Augen für die neuen Anforderungen öffnen. Es kann Mut machen, die Krisen des Lebens als Chance zu sehen und ein erster Halt, wenn man verstanden hat, dass man sich im Leben neu orientieren muss.

Als Vater zweier Söhne erinnere ich gut, wie oft ich im Leben mit ihnen von meiner Vaterrolle gefordert, manchmal überfordert war. Wie gut wäre es gewesen einen Wegweiser zu haben, der mir erlaubt hätte, die Bedürfnisse der beiden tiefer zu verstehen und ihre psychosexuelle Entwicklung besser zu unterstützen.

Die Lektüre eines Buches, kann den inneren Prozess der Veränderung und Reifung niemals ersetzen. Dieses Werk kann jedoch, auf Grund klar und zugänglich dargelegter Theorie und anschaulicher Fallbeschreibungen ein erster Schritt auf dem Weg zu einer wesentlichen Veränderung sein.

Wer sich der Aufgabe innerer Entwicklung stellt, braucht irgendwann gute Begleitung. Dies bedeutet etwas kategorisch Anderes als Ratschläge oder Techniken. Vorschläge zum Management der *‚midlife crisis'*, Potenzmittel, Botox oder plastische Chirurgie helfen nicht. Wer durch die Lektüre des Buches von Notburga Fischer angeregt ist, einen Schritt zu bewusster Auseinandersetzung mit diesen Herausforderungen zu machen, findet in den von ihr gemeinsam mit ihrem Mann Robert angebotenen Seminaren ein Angebot, welches eine intensive Arbeit auf Basis der dargestellten Konzepte ermöglicht. Ich kenne diese therapeutische Arbeit aus unterschiedlichen Perspektiven. Ich habe erlebt, wie gut es den beiden gelingt einen sicheren und zugleich fordernden Raum zu gestalten, der eine tiefe innere Entwicklung möglich macht.

Wer im ‚finstern Wald' zu diesem Buch greift, für den kann sich ein Tor öffnen und sich ein sicherer Weg auftun. So kann aus einer Krise Befreiung und ein Schritt zum Selbst werden.

Ich wünsche dazu Mut und Glück auf dem Weg.

Prof. DDr. Christian Köck
Geschäftsführer | HCC Health Care Company GmbH |

Einleitung

Seit über 25 Jahren begleite ich auf internationaler Ebene Frauen und Männer als Singles und Paare in verschiedenen Altersstufen und Lebensphasen, bei ihren zentralen Anliegen rund um die sexuelle Liebe und Beziehungsentwicklung. Ich durfte Menschen aus verschiedensten Kulturen in ihren sexuellen Prägungen und unterschiedlichen Gestaltungen von Beziehung erleben. Ihnen gemeinsam ist die Suche nach Erfüllung in ihrem sexuellen Liebes- und Beziehungsleben.

Nach der sexuellen Befreiungsbewegung der 68er und dem inzwischen unendlich scheinenden Angebot im virtuellen Dschungel des Internets scheinen die großen Themen rund um die sexuelle Liebe noch immer nicht erlöst zu sein. Trotz der vielfältigen Möglichkeiten verschiedener Beziehungsformen wünschen sich viele Menschen nach wie vor, in einer authentischen Liebesbeziehung mit Perspektive und Dauer gemeinsam zu wachsen.

Ich empfinde es immer wieder als Geschenk, in dieser Arbeit einen tiefen Einblick in berührende Lebensgeschichten und intime Begegnungsräume zu erhalten. Aus dieser Fülle möchte ich einige aus dem Leben gegriffene Geschichten mitteilen und folge dabei dem roten Faden der psychosexuellen Entwicklung von unserer Zeugung bis zum Tod. Diese Reise entlang unserer Lebensspanne kann zur Erkenntnis verhelfen, dass es nie zu spät ist, an den herausfordernden Ereignissen des Lebens zu reifen und zu wachsen, und dass jede Lebensphase ihren eigenen Reichtum beinhaltet.

Mein Anliegen mit diesem Buch ist es, zu einer nachhaltigen Sexualität und erfüllten Beziehungsgestaltung beizutragen. Möge es einen versöhnlichen Beitrag leisten in der Beziehungsentwicklung zu unseren Eltern, unseren Partnern und Kindern. Es ermöglicht auch eine Orientierungsbasis für eine bessere Begleitung von Kindern und Jugendlichen in ihrer sexuellen Entwicklung – jenseits von Tabu und Übersexualisierung.

Um mich dem Thema anzunähern, stelle ich die Frage: „Wie können wir im Reifeprozess des Lebens die sexuelle Liebe in unseren Beziehungen so gestalten, dass sie als kreative, schöpferische Kraft zum Wohle unserer Kinder, der nächsten Generation und unserer Umwelt beiträgt?" Diese Frage lässt meinen Blick entlang der Lebenslinie zurück und auch nach vorne wandern. Wie wirken das sexuelle Erbe und die Macht der Herkunft auf uns und unsere Liebesbeziehungen? Wie frei sind wir wirklich in unseren Beziehungsgestaltungen? Wie weit können wir uns mit dem Potenzial unseres Erbes verbinden, schwierige Erlebnisse verarbeiten und integrieren und unsere sexuelle Liebesfähigkeit zur vollen Entfaltung bringen? Mit lebendigen Fallbeispielen aus der Praxis illustriere ich, wie eine heilende Reinszenierung unserer sexuellen Geschichte eine neue kraftvolle Rückverbindung zu unseren familiensystemischen Wurzeln freilegt und damit auch zu unserem sexuellen Potenzial.

Ich veranschauliche in dieser Reise durchs Leben eine potenziell gelingende Entwicklung der sexuellen Liebesfähigkeit durch alle Altersstufen und zeige auch mögliche Störungen auf. Es geht dabei weniger um Sexualpraktiken und Techniken, sondern um Schlüssel zur Vertiefung im Beziehungserleben. Das Leben gibt uns immer wieder eine Chance weiter zu wachsen und zu reifen. So können wir sexuelle Probleme und auch jede Beziehungskrise als Wachstumschance sehen. Möge dieses Buch zu einer gelingenden Beziehungsvision beitragen und inspirierende Resonanzräume öffnen – und vielleicht erkennen sich die LeserInnen in verschiedenen Geschichten auch selbst wieder.

Alle Geschichten in diesem Buch (Namen sind aus Datenschutzgründen geändert) stammen wie gesagt aus dem reichen Erfahrungsschatz meiner

Praxistätigkeit als *Sexual Grounding*®-Therapeutin und -Trainerin, der jahrelangen Zusammenarbeit mit meinem Mann Robert Fischer in unserem MannFrau-Training und unserer gemeinsamen Fortbildungstätigkeit.

Zum besseren Verständnis der Fallbeispiele und Arbeitsweise empfiehlt es sich die Beschreibung von *Sexual Grounding® Therapy* im Anhang zu lesen, da es der zugrundeliegende Ansatz dieses Buches ist.

An dieser Stelle möchte ich allen KlientInnen und TeilnehmerInnen für das entgegengebrachte Vertrauen und das Teilen ihrer Lebensgeschichten danken.

Zeitgeist und sexuelle Liebe

Wir leben im Zeitalter der vielen Möglichkeiten, wenn es um Beziehungsgestaltung und sexuelle Liebe geht. Die monogame Ehe – „bis dass der Tod euch scheidet" – ist durch die hinzugewonnene Freiheit der Emanzipation und die steigende Lebenserwartung immer schwieriger zu realisieren. Eine häufig gelebte Form ist die serielle Monogamie, in der eine feste Beziehung der nächsten folgt. Beziehungen zwischen zwei Individuen sind darin verhandelbar, nach dem Motto: „Ich bleibe, solange es gut läuft, und wenn es nicht mehr stimmt, dann trennen wir uns eben."

Wer einige Trennungen hinter sich hat, weiß allerdings: Das Startkapital für eine neue Beziehung wird immer kleiner, vor allem wenn man emotionales Restgepäck aus früheren Beziehungen mitschleppt und sobald Kinder involviert sind. So finden sich viele Frauen und Männer in komplexen Patchwork-Familien wieder, die anspruchsvoll zu handhaben sind, wenn man allen Beziehungen gerecht werden will. Auch das Experimentierfeld für polyamore Beziehungsformen wird größer. Hier erweitert sich das Beziehungsgeflecht auf mehrere Partner, die untereinander einen offenen Umgang suchen und die sexuelle Liebe im Einverständnis aller zur selben Zeit leben und teilen.

Bei vielen jungen Paaren gibt es jedoch wieder vermehrt einen Trend dahin, ganz traditionell im weißen Brautkleid zu heiraten und sich in bester Absicht das Ja-Wort zu geben – „bis das der Tod euch scheidet". Darin liegt die Hoffnung, glücklich zu werden und auch gemeinsam schwierige Lebenssituationen und Schicksalsschläge zu meistern. Mit dem Bund der Ehe beginnt jedoch das Wettrennen gegen die Statistik, wonach die Scheidungsraten immer weiter steigen.

Auch in den Medien wird die Kleinfamilie zunehmend als Auslaufmodell behandelt. Das afrikanische Sprichwort „Es braucht ein ganzes Dorf, um Kinder zu erziehen“ weist auf die Wichtigkeit der Einbindung einer Kleinfamilie in das Unterstützungsfeld der Sippe hin. Viele Beziehungen scheitern an der Überforderung, den hohen Ansprüchen an sich selbst, als Paar, als Eltern, im Beruf usw. allein gerecht zu werden.

Im Bereich der sexuellen Liebe hat Volkmar Sigusch den Begriff[1] der neosexuellen Revolution geprägt, die schleichend um die Jahrtausendwende stattgefunden hat. Merkmale davon sind:

- Die Freiräume von verhandelbaren Sexualpraktiken und vielfältigen Beziehungsgestaltungen werden immer größer – auch dank Internet. Mit einem Mausklick können wir Zugang haben zu „Seitensprungportalen“, Pornoseiten, Polyamorie-Treffen und Partner finden für verschiedenste sexuelle Praktiken.
- Die Herkunftsfamilie verliert dabei zunehmend an Bedeutung, das Individuum steht hingegen mehr im Zentrum und inszeniert sich sexuell oft losgelöst von Beziehung. Was früher als Perversion galt, wird als gesunde Neosexualität umdefiniert: „Alles ist möglich“.

Hinzu kommen die Fortschritte der Fortpflanzungsmedizin, welche die Reproduktion zunehmend von der gelebten Sexualität des Paares entkoppeln – somit werden auch Kinder mach-, design- und verhandelbar. Das „Ich will“ tritt in den Vordergrund, und es geht weniger um das „Es will durch mich geschehen“.

Ein neuer Trend sind hier „Kinder ohne Liebe“, das heißt, potenzielle

1. Volkmar Sigusch, Arzt, Sexualforscher und Soziologe aus Frankfurt, hat diesen Begriff zum ersten Mal 1996 in Artikeln erwähnt. Sein Buch dazu: Neosexualitäten, Campus 2005

Eltern mit Kinderwunsch entscheiden sich für eine Elternschaft ohne Liebesbeziehung. Möglichst viele Details über Kindererziehung werden dabei vorher vertraglich festgelegt in der Hoffnung, ohne Beziehungsdramen auszukommen.

Vielleicht werden unsere Urenkel in der Zukunft über uns staunen: „Was, ihr habt eure Kinder noch durch körperlichen Sex gezeugt? Wie antik! Wir können das Wunsch-Design unserer Babys im Internet auf verschiedenen Kinderwunschplattformen eingeben und sogar wählen, wer das Kind austrägt. Selbst zwei Frauen oder zwei Männer können zusammen biologisch reproduzieren." Das klingt utopisch, wäre aber laut Jaap van der Wal, einem emeritierten Professor für Embryologie in den Niederlanden, schon heute technologisch möglich. In den USA können Eltern mittlerweile das gewünschte Geschlecht ihres Kindes bestimmen. Die Entwicklungen von Technik und Genforschung überstürzen sich, und wir können die Auswirkungen auf die nächsten Generationen noch nicht absehen. Hoffentlich finden wir uns nicht eines Tages in der Hexenküche von Goethes Zauberlehrlings wieder, der verzweifelt ruft: „Die ich rief, die Geister, werde ich nun nicht los." Hier spielt es auch eine bedeutende Rolle, wie wir unsere Initiation in die Sexualität erleben und welche daraus resultierende Konditionierung wir vielleicht später als einschränkend empfinden.

Zwei Beispiele aus dem Praxisalltag:

Martin, ein junger Mann von ca. 30 und ein brillanter Denker, hat sexuell schon viel experimentiert. Jetzt hat er sich richtig verliebt und möchte sich auf eine Beziehung einlassen. Sein Anliegen formuliert er so:
„Mein Einstieg in die Sexualität war über Porno und Ritalin. Das funktionierte für mich allein gut – aber jetzt mit meiner Freundin schieben sich dauernd diese Bilder dazwischen, und ich kann mit ihr und in ihr keine Erektion haben. Gibt es eine Technik, diese Bilder aus dem Hirn zu löschen?"

Ein Therapeut berichtet mir, dass er viele junge Männer begleitet, die schon von Anfang an Viagra nehmen, weil sie sich an den Messlatten der Pornofilme orientieren und kein Vertrauen in ihr bestes Stück haben. Die Regulation der Erektion wird durch Viagra & Co von außen übernommen. Dem Körper wird so von Anfang an die Chance genommen, seine natürliche Regulationsfähigkeit zu entwickeln.

Die äußere Befreiung und zunehmende Fremdregulation geht häufig mit einem inneren Gefühl von Leere einher, wodurch viele Konsum-Industrien, wie zum Beispiel Pornoseitenanbieter, von unseren ungestillten Bedürfnissen profitieren können. Doch was bedeutet es, wenn die eigenen Bedürfnisse und deren sofortige Erfüllung dauernd im Zentrum stehen? Wenn die Orientierung an medialen Vorgaben stattfindet und nicht auf der eigenen Wahrnehmung der Körperimpulse beruht? Wie beeinflusst dies unsere nahen Beziehungen und unsere Sexualität? Was bedeutet es für unsere Kinder und Enkel?

Ich möchte bei diesem Blick auf die sexuelle Liebe noch die jüngere Vergangenheit einbeziehen. In der Generation meiner Großeltern war Sexualität vorwiegend ein Tabu und laut kirchlicher Moral nur für die Fortpflanzung erlaubt. Die sexuelle Revolution der 68er, in der Grenzen erweitert und gesprengt wurden, zog als Schatten vielerorts einen missbräuchlichen Umgang nach sich. Auch in therapeutischen Beziehungen blieben die Grenzen nicht immer klar.

Ein erschütterndes Zeitdokument einer gescheiterten 68er Kommune zeigt der Dokumentarfilm „Meine keine Familie“ von Paul Julien Robert am Beispiel der Otto Mühl-Bewegung auf, auch *Aktionsanalytische Organisation* (AAO) genannt. Freie Sexualität war das Postulat, und „wer zwei Nächte mit derselben pennt, gehört schon zum Establishment“, wie es damals hieß. Wer sich nicht daran hielt, wurde von der Gruppe am Pranger der abendlichen Selbstdarstellung geächtet. Ein eigenes Bett oder eigene Bettwäsche gab es nicht, da man jede Nacht das Bett wechselte und es mit jemand anderem teilte. Sich von familiären Bindungen der Kleinfamilie zu lösen galt als oberste Prämisse. So wurden Mütter schon früh von ihren Kindern getrennt und in andere Kommunen versetzt oder zum Arbeiten in die Schweiz geschickt, damit die Kinder keine „schädliche Bindung" und Abhängigkeit entwickelten und so früh wie möglich ihre (verordnete) Freiheit und Kreativität entfalteten. Hört man die Aussagen der heute Erwachsenen, die in der Kommune aufwuchsen, bezeugen sie das Gegenteil.

Ein Mann erinnert sich zum Beispiel:

„Frei war da gar nichts. Wir mussten uns so gut wie möglich anpassen und rausfinden, was Otto gerade hören will. Dabei wurden wir ständig bewertet und abgewertet. Einzig die Momente, wenn die oberste Frau mich in die Sexualität einführte, gaben mir das Gefühl, jemand zu sein. Das machte einen fast süchtig. Heute kann ich Sexualität nicht wirklich genießen." Einen zugehörigen Vater gab es nicht, da ja jeder infrage kam. Otto Mühl behielt sich vor, Mädchen ab 14 in die Sexualität zu initiieren - die Ehreneinladung hieß: „Gehen wir ficken". Dies brachte ihm erst Jahre später einen Gefängnisaufenthalt und nicht zuletzt 1991 den Zerfall der Kommune.

Mein eigener Lebensweg kreuzte 1980 kurz diese Lebensform der AAO. Als nichtsahnendes Landei war ich mit 18 gerade in Wien angekommen und suchte mit meiner Freundin nach einer Wohngemeinschaft. Über ein Inserat landeten wir in der Praterstraße, einer Ableger-WG des Friedrichhofs. Viele Ideen hörten sich erst einmal spannend und revolutionär an: Aktionskunst, Kreativität, Befreiung durch Selbstdarstellung, Aktionsanalyse, freie Sexualität usw. Als Gäste erhielten wir eine Einladung für ein Wochenende an den Friedrichshof, die Hochburg der Otto Mühl-Kommune. Dort wurden wir zuerst auf Läuse gefilzt, obwohl die Internen nicht mit Besuchern intim wurden. Sie präsentierten uns ihren goldenen Käfig der Freiheit, in dem das Ausleben der kreativen Impulse – vor allem auch der sexuellen – im Vordergrund stand. Damals beeindruckte mich noch die Förderung der kindlichen Kreativität über die Materialaktionen, wo die

Kleinen mit verschiedensten Materialien pantschen und malen konnten. Den Halt fanden Kinder mehr unter ihresgleichen, die Erwachsenen waren zu sehr mit sich selbst beschäftigt. Ich zog es nach diesem Einblick vor, eine andere Studenten-WG zu suchen, und realisierte erst später, wo ich da gelandet war.

20 Jahre danach treffe ich in einem Frauenseminar auf Tamara, die seit zwei Jahren auf der Suche nach den potenziellen Vätern ihrer drei Kinder ist, die damals am Friedrichshof gezeugt wurden. In der Pubertät bedrängten ihre Kinder sie mit der Frage nach ihrem biologischen Vater. Für Tamara war es ein schwieriges und aufwendiges Projekt, da die Liste der potenziellen Väter lang war. Nach dem Aufdecken verschiedenster Missbrauchsfälle hatte sich die Mühl-Kommune größtenteils aufgelöst, und diese Männer waren jetzt in alle Richtungen verstreut.

In die Kommune gingen viele auf der Suche nach einer Vaterfigur, raus kamen die Kinder ohne Vater. Oder wie ein „Spät-Vater“ nach der Auflösung der Kommune sagte: „Als ich erfuhr, dass ich Vater bin, war ich total überfordert, fühlte mich noch nicht erwachsen, sondern lebte immer noch in der verlängerten Pubertät.“ Den Preis dieser exzessiven Selbstfindung in der sexuellen Revolution der 68er haben viele Kinder mitbezahlt. Sobald die Suche nach Identität und Orientierung mit dem Bruch und der Trennung von der eigenen Herkunft einhergeht, werden wir anfällig für äußere Guru-Figuren und Heilsversprechen.

Das neue Versprechen der neosexuellen Revolution ist ein omnipotentes „Alles ist machbar“. In der virtuellen Welt können wir uns neu erfinden und haben Zugang zu allem, gleichzeitig erhöht sich in der realen Welt das Bedürfnis nach Sicherheit und Grenzen.

Seit der Jahrtausendwende schwingt das Pendel wieder zurück, und es gibt amibivalente Strömungen. Obwohl heute sexuell alles möglich ist, sind

Schamhaare in vielen Kreisen ein „No-Go“ und man trägt in der Sauna zunehmend wieder Badekleider. Auf der einen Seite scheint also alles möglich und die Freiheit riesig – auf der anderen Seite versucht man, angeregt durch die öffentliche Missbrauchsdiskussion, neue Grenzen und Regeln aufzustellen. So werden zum Beispiel Körperberührungen zwischen Erwachsenen und Kindern immer mehr eingeschränkt und reguliert. In manchen Krippen und Kindergärten dürfen Kinder zum Trösten nicht mehr auf den Schoß genommen werden – schon gar nicht von männlichen Betreuungspersonen. Vielleicht spielt auch das eine Rolle dabei, wenn immer weniger Männer in diesen Berufen zu finden sind. Im Generalverdacht des Missbrauchs zu stehen wirkt nicht besonders attraktiv für die Berufswahl als Kindergärtner oder Grundschullehrer. Hier könnte man auch in die Schulung eines differenzierten und adäquaten Berührungskontaktes investieren, um damit den Kindern langfristig einen guten Boden mitzugeben.

Im Zuge der Missbrauchsdiskussion treffen wir in unseren Seminaren oft auf verunsicherte Eltern – besonders Väter –, die sich zu früh aus dem körperlichen Kontakt mit ihren Töchtern zurückziehen, um ja nicht in den Verdacht des Missbrauchers zu gelangen. Aus einer guten Absicht entsteht so für das Mädchen ein Kontaktvakuum, ein Mangel an Erleben von guter Berührung, die einen sicheren Boden gäbe für ihre späteren Beziehungen zu Männern.

An den amerikanischen Universitäten spricht man wiederum zunehmend von „Rape Cultures“, Übergriffe, die unter Studierenden meist in Verbindung mit zu viel Alkohol stattfinden. Man versucht dort das Problem mit Consent-Trainings[2] zu regulieren. Beide Partner unterzeichnen vor ihrem Date einen Consent-Vertrag, auf dem sie jeweils ankreuzen, womit sie sich

2. Trainings, die u.a. vermitteln, wie eine Zustimmung oder ein Einverständnis z. B. bezüglich sexueller Handlungen im Voraus geregelt werden kann.

später einverstanden erklären und was nicht stattfinden soll. Diese Vertragsformulare liegen in öffentlichen Räumen wie zum Beispiel Studentenkneipen aus. Auch hier stellt sich die Frage: Reagieren wir mit Regulation von außen durch Vertragsabschlüsse oder fördern wir die Regulation von innen mit einer Schulung der körpereigenen Wahrnehmung, eines guten Selbstkontaktes und einer bewussten Beziehungsentwicklung?

Matthias Horx[3], ein Trend- und Zukunftsforscher, entwirft in seinem neuen Buch „Future Love" drei mögliche Entwicklungsrichtungen. Mit der „technoerotischen Transformation" beschreibt er eine Verlagerung unserer sexuellen Kontakte in die virtuelle Welt oder mit Liebesrobotern – auf Kosten der real gelebten Beziehungen.

Im zweiten Szenario schildert er „Liquid Love" – für jedes Bedürfnis hat man einen anderen Partner, aber nicht mit jedem eine sexuelle Beziehung. Die komplexen Strukturen werden durch Liebesverträge geregelt, die man auf einer ehrlichen Basis immer wieder neu aushandeln kann.

Das dritte Szenario sieht er in der „co-evolutionären Liebe" – eine monogame Beziehung gilt darin als Chance für Wachstum und gegenseitiges Unterstützen im Reifeprozess des Lebens. Sie gelingt auf der Basis einer guten Differenzierung und in einem balancierten Tanz zwischen Autonomie und Bindung, Freiheit und Verbundenheit. Im Veränderungs- und Reifeprozess des Lebens treffen Paare immer wieder neu aufeinander, und der gemeinsame Weg bleibt inspirierend.

Das zentrale Lebensthema der sexuellen Liebe, das uns seit Generationen beschäftigt, scheint also immer noch nicht erlöst. Sehen wir Sexualität nicht nur im Kontext von individueller Bedürfnisbefriedigung sondern als lebensspendende Kraft, die Generationen verbindet, so hat unser gelebtes

3. Matthias Horx, Future Love – Die Zukunft von Liebe, Sex und Familie, DVA 2017

Liebesleben auf unsere Umwelt und Nachkommen eine bedeutsame Wirkung. Genauso hat auch das sexuelle Liebesleben unserer Eltern einen erheblichen Einfluss auf die Gestaltung unserer Liebesbeziehungen.

Den in diesem Buch beschriebenen Reifeweg der psychosexuellen Entwicklung über die gesamte Lebensspanne hinweg verstehe ich im Sinne einer Transformationsreise von unserem sexuellen Liebeserbe zur co-evolutionären Beziehungsgestaltung.

Unser sexuelles Erbe – Fluch oder Segen?

Gerade wenn es um die sexuelle Liebe geht, landen wir auf der Suche nach Vorbildern im seltensten Fall bei unseren Eltern. Viele können sich nicht einmal vorstellen, dass ihre Eltern je ein sexuelles Liebesleben hatten, auch wenn sie selbst der Beweis dafür sind. Wie können wir unser oft belastendes Erbe hinter uns lassen und trotzdem aus der kraftvollen Verbindung zu den Ahnen und Ahninnen unsere Beziehungen und unsere Sexualität gestalten?

Was viele Paare am verheißungsvollen Beginn ihrer Beziehung nicht ahnen: Jeder Schritt weiter in die Verbindlichkeit, wie zum Beispiel zusammenzuziehen, zu heiraten, gemeinsam Kinder zu zeugen und aufzuziehen, aktiviert die ungelösten Themen unserer Herkunftsfamilie.

Wenn nach der Verliebtheitsphase der Alltag einkehrt, ersetzen wir die rosarote Brille durch den Erlebnisfilter unseres Herkunftsszenarios. Plötzlich reagiert die anfangs als so einfühlsam erlebte Frau wie die eigene kontrollierende Mutter, eine Anregung wird als Kritik wahrgenommen und bewusst oder unbewusst setzt der Rückzug ein. Mit der Mutter geht man ja auch nicht ins Bett, und so ist es nicht verwunderlich, dass nach und nach die anfänglich so heiße Sexualität aus der Beziehung verschwindet. Vor allem wenn die Kinder da sind, beginnt der Lustpegel oft stark abzufallen.

Mit den eigenen Nachkommen wird die Erinnerung an unsere Kindheit aktiviert, und gerade damit gibt uns das Leben aber auch eine zweite Chance, anders mit gewissen Themen umzugehen. So können sich Eltern dabei ertappen, Sprüche zu den eigenen Kindern zu sagen, die sie schon damals nicht von ihren Eltern hören wollten. Oder sie handeln genau gegenteilig und merken oft nicht einmal, dass sie in einer Gegenreaktion verhaftet sind. Auf der Bühne des Machtkampfes geht es in der Beziehung plötzlich um die Frage: „Leben wir nach deinen oder meinen Vorstellungen?“ Oder: „Wer hat recht?“

Willem Poppeliers, ein holländischer Psychologe, Körperpsychotherapeut und der Begründer der *Sexual Grounding® Therapy*[4] sagt: „Beziehung ist zu groß, als dass zwei Menschen sie allein bewältigen könnten.“ Damit meint er: Wenn wir uns wirklich einlassen auf die Beziehung mit einem Menschen, dann begegnen wir in ihm oder ihr gleichzeitig einem vielschichtigen Beziehungsgefüge seiner bzw. ihrer Herkunftsfamilien. Wenn beide offen dafür sind, dem zu begegnen, und sich in diesem Prozess letztendlich verneigen können vor den gelebten Beziehungen ihrer Eltern, wirkt das als erdende Kraftquelle in ihrer Verbindung.

Häufig gibt es in der Herkunftsfamilie jedoch nur wenige positive Vorbilder für eine gelingende Beziehung. Unsere Großeltern hatten meist auch nicht gelernt, wie eine gute sexuelle Beziehung gelingen kann. So probieren viele die Flucht nach vorne und hoffen, dass es ihnen besser gelingt als ihren Eltern, die sich vielleicht haben scheiden lassen oder im Dauerkampf zusammengeblieben sind. Einige wiederum lassen sich in der Folge nicht wirklich auf eine verbindliche Beziehung ein.

Bricht ein Paar die Verbindung zu den Eltern ab, nach dem Motto: „Wir machen es sicher anders und besser“, kommt die alte Geschichte meist durch die Hintertür wieder herein. Mit dieser Haltung stellt es sich innerlich über die Eltern, und das hat einen Preis: Die Partner stehen ohne Verbindung zur Ursprungsfamilie im Leben und müssen ständig beweisen, dass sie es besser können. Dies ist auf Dauer sehr anstrengend und erzeugt meist ein ruheloses Grundgefühl im Leben.

4. Sexual Grounding® Therapy ist eine beziehungsorientierte und systemische Sexualtherapieform basierend auf einem Reifestufenmodell der sexuellen Liebe. Näheres dazu finden Sie im Anhang.

Manche landen erst nach zwei bis drei Trennungen bei der Erkenntnis, dass sich Kernthemen wiederholen und dabei nur die Darsteller ausgewechselt wurden. Ob wir es wollen oder nicht, die Beziehungen unserer Eltern und weiteren Vorfahren haben noch bis über deren Tod hinaus eine Wirkung auf unser Liebesleben. Als Kinder wurden wir direkt geprägt vom Beziehungsverhalten unserer Eltern und waren dem mehr oder weniger auch ausgeliefert; als Erwachsene haben wir ihr Verhalten verinnerlicht und handeln oft unbewusst danach.

Je bewusster wir uns dieser Geschichte zuwenden umso mehr können wir uns auch mit den Ressourcen der Eltern und Großeltern verbinden. Wenn wir nur den Schatten unserer Herkunft sehen, fehlt uns meist der freie Blick für die guten und nährenden Seiten, die auch da waren. Somit landen wir in der größten Beziehungsfalle, nämlich der jahrelangen Hoffnung, dass unser Beziehungspartner unsere unerfüllten Bedürfnisse aus der Kindheit und Jugend erstens erspüren und zweitens erfüllen soll. Diese Rechnung geht jedoch leider meist nicht auf und führt zu den Verstrickungen, in denen wir unsere Erfahrungen aus der Kindheit auf unseren geliebten Partner projizieren und gar nicht mehr ihn oder sie sehen können, so wie er bzw. sie wirklich ist.

Die Macht der Herkunft – was wie ein Fluch klingt, kann aber auch ein Geschenk sein, wenn wir es annehmen können und unseren Platz in dieser Generationenlinie einnehmen. Ein wichtiger Schlüssel dazu ist die Versöhnung mit unseren Eltern. Diese ermöglicht einen neuen Blick auf sie, sodass auch unser Dank ausgedrückt werden kann und wir das Leben wirklich nehmen, das wir durch unsere Eltern empfangen haben. Die tiefere Bedeutung dieser Aussage wird sich im Verlauf des Buches mehr und mehr zeigen. So verlieren die alten Verstrickungen an Macht, und wir können uns neu verbinden mit dem Potenzial der Männer und Frauen in der Generationenlinie hinter uns. Auf dieser Basis können wir uns auch zunehmend erwachsener in unsere Liebesbeziehung einbringen und uns darin austauschen. Wir sind damit weniger in einer kindlichen Erwartungshaltung verhaftet, in der wir glauben: „Wenn mein Partner mich wirklich liebt, müsste er spüren, was ich brauche, und mir das auch geben."

Je länger wir dieser Macht der Herkunft nicht mehr ausgeliefert sind, umso mehr kann sie uns als Kraftquelle nützen für alles, was wir in unserem Leben und unseren Beziehungen manifestieren wollen. Wir treten aus dem Bann der Wiederholung von alten Mustern, können unsere Position einnehmen im Leben und unsere Kraftpotenzial auf sinnvolle Weise nützen.

Die gute Nachricht ist: Das Leben schenkt uns immer wieder Möglichkeiten, um an schwierigen Situationen zu reifen und zu wachsen. Dafür ist es nie zu spät. Was wir in unserer Kindheit versäumt haben, können wir als Erwachsene nachreifen lassen. So können wir auch Krisen, die wir in unseren wichtigen Beziehungen erleben, als Chance für Weiterentwicklung verstehen. Kernthemen begleiten uns und tauchen im Lebensverlauf immer wieder in unterschiedlichen Formen auf.

Im Folgenden beschreibe ich ein eindrückliches Beispiel, wie sich ein belastetes Erbe aus der Ahnenlinie plötzlich zwei Generationen später Raum nimmt und nach Auflösung sucht:

> Irene (40, keine Kinder) lebt nach einer längeren Beziehung seit fünf Jahren allein und möchte sich langsam wieder für eine verbindliche Beziehung öffnen. In der Zwischenzeit war sie im Internet in verschiedenen Chatrooms aktiv und hat einige unverbindliche sexuelle Kontakte darüber gehabt. Einen fast unausweichlichen Sog spürt sie zu einem in der Geschäftswelt etablierten Mann, den sie über einen SM (Sadomaso) Chatroom kennengelernt hat. Mit ihm (dem Anonymität so wichtig ist, dass er auch hier keinen Ersatznamen erhält) trifft sie sich für ein klar abgemachtes SM-Setting. Sie entwickeln die Szenarien gemeinsam mit einer klaren Regel, wo die Grenzen sind. Das Codewort für Stopp wird immer respektiert.

Er übernimmt jeweils die Führung und dominiert sie, und Irene folgt ihrer Sehnsucht, sich hinzugeben. Im realen Leben ist sie in den meisten Bereichen ihres Lebens die aktive Person und möchte endlich lernen, ihre Kontrolle loszulassen. Ein Kernelement in ihren zeitlich klar begrenzten Settings ist, dass er sie auch körperlich schlägt, was für sie eine ziemliche Gratwanderung zwischen Lust und Schmerz bedeutet. Wenn sie am nächsten Tag ihre blauen Flecken sieht, schämt sie sich zutiefst dafür, und kann nicht mehr verstehen, warum sie das macht. Sie geht dann tagelang nicht mehr in eine Sauna oder ins Freibad, damit es keiner bemerkt.
Es ist für Irene eine große Erleichterung, überhaupt in der Therapie einen Ort zu haben, wo sie dieses für sie dunkle Geheimnis ihres Lebens mitteilen kann, ohne verurteilt zu werden. Obwohl sie zu allen Schritten bewusst Ja sagt, spürt sie eine destruktive Dynamik, der sie auf den Grund gehen möchte. Außerdem fühlt sie sich nicht ganz frei für ihren verbindlichen Beziehungswunsch und erlebt sich fast als diesem Mann hörig. Leider ist sie auf bestem Wege, sich in ihn zu verlieben auf Grund der Tatsache, dass er in seinem Beruf die männliche Führungsqualität auf gute Weise lebt. Über sein Privatleben hat sie keinerlei Informationen, und für ihn war immer klar, dass es ihm nur um diese inszenierten Begegnungen geht und nicht um mehr. Sie sucht Unterstützung und möchte dem Sog der Anziehung auf die Spur kommen.
Zuerst forschen wir nach dem positiven Gewinn dieser Treffen; er hat mit ihrer Sehnsucht nach Hingabe zu tun, die sie auch immer wieder dabei erlebt.
Auf meine direkte Frage, wo in ihrem Familiensystem diese Energie vorkommt, stutzt sie – und sagt, sie könne überhaupt keinen Bezug herstellen zu ihrem Vater, dieser sei eher das Gegenteil davon. Auch ihre bisherigen Männer waren immer eher von der soften Sorte gewesen. Ich schlage ihr vor, sie solle in der Vorstellung ihre Eltern innerlich zu einem SM-Treffen einladen, worauf sie entsetzt ruft: „Oh nein, die sollen damit nichts zu tun haben."
Ihre Mutter sei als Kind heftig geschlagen worden von ihrem eigenen Vater, und später habe sie auch Irene und ihre Schwester geschlagen in Momenten, in denen sie außer Kontrolle geriet.
Danach sagte sie dann immer: „Ihr könnt glücklich sein, dass ihr nicht so

geschlagen werdet, wie ich damals. Ihr habt es ja richtig gut im Vergleich zu uns damals!"
Dieser Großvater war der Mann im Familiensystem, von dem Irene als Kind auch im guten Sinne eine maskuline gerichtete Energie gespürt hat, aber früher konnte er sie nicht regulieren und hat seine Kinder brutal geschlagen. Diese Erkenntnis fiel Irene wie Schuppen von den Augen – bis jetzt hatte sie in keiner Weise eine Verbindung dazu hergestellt.
Ich schlage Irene vor, sich beim nächsten Setting mit diesem Mann innerlich mit ihrem Großvater zu verbinden und diesem zu sagen: Schau mal, ich bin mit derselben Energie beschäftigt wie du." Diese Vorstellung bringt in ihr die helle und die dunkle Seite ihres Großvaters als Teil ihres Hintergrundes zusammen und berührt sie zutiefst in ihrem Inneren. Sie kann plötzlich das ganze Szenario als einen Annäherungsversuch ihrer Seele sehen, sich diesem schwierigen Thema ihrer Geschichte zu nähern und zu lernen es zu regulieren. Sie realisiert auch plötzlich, warum sie sich nie auf „starke Männer" einlassen konnte, aber in ihren Fantasien von ihnen erregt wurde. Die klare Struktur und Abmachung mit diesem Mann brachte für sie die fehlende Regulierung aus der Vergangenheit. In dem SM-Setting besteht die Selbstregulation darin, dass sie das Szenario mitentwirft und gleichzeitig jederzeit Stopp sagen kann, und er auch darauf reagiert. Trotzdem erlitt sie starke körperliche Schmerzen dabei und verurteilte sich für ihre masochistische Tendenz. In der nächsten Sitzung berichtet Irene, dass sie ihm in einer letzten Begegnung danken konnte für ihren Lernprozess und dass sie keine weiteren Treffen mehr möchte. Sie fühlt sich befreit aus dem Sog dieser SM-Settings und damit auch frei für einen Mann in ihrem Leben, der in der Lage ist, seine Männlichkeit gut zu regulieren, sodass sie sich als Frau dafür öffnen kann.

Diese Geschichte zeigt, wie einflussreich Themen in der Generationenlinie hinter uns wirken können, manchmal auch ohne dass wir bewusst davon wissen. Und sie zeigt auch, wie das Leben uns immer wieder Lernsituationen schenkt, um einen differenzierteren Umgang damit zu entwickeln. Warum wir dazu tendieren, unsere Geschichte zu wiederholen, hat unter anderem damit zu tun, dass es von unserem Seelenkern her ein Bedürfnis nach Heilung gibt, ein Bedürfnis danach, etwas in Ordnung zu bringen oder zu ermöglichen, was damals nicht in Ordnung war oder nicht sein durfte. So inszenieren wir ähnliche Situationen und Konstellationen, um es anders oder besser zu machen. In unserer Körpererinnerung können wir jedoch nur auf das Erlebte zurückgreifen und meist nicht auf unser Potenzial.

Hier kann ein therapeutischer Kontext helfen, schwierige Lebenserfahrungen einzuordnen und in einem sicheren Rahmen im Hier und Jetzt neue Erfahrungen zu machen. Mit der Zeit erlangen wir auch Zugriff auf das Potenzial in uns und können mehr und mehr wählen, ob wir in die alte Wiederholungsschleife einsteigen oder in Verbindung mit unseren Ressourcen eine gute Situation kreieren können.

Je länger wir diesen Lernweg verfolgen, umso mehr können wir den roten Faden der Lebensspur erkennen und Vertrauen entwickeln im Umgang mit schwierigen Phasen, wie die folgende „Kurzbiografie" aufzeigt.

Autobiographie in fünf Kapiteln

1.
Ich gehe die Straße entlang. Da ist ein tiefes Loch im Gehsteig.
Ich falle hinein. Ich bin verloren ... Ich bin ohne Hoffnung.
Es ist nicht meine Schuld.
Es dauert endlos, wieder herauszukommen.

2.
Ich gehe dieselbe Straße entlang.
Da ist ein tiefes Loch im Gehsteig.
Ich tue so, als sähe ich es nicht. Ich falle wieder hinein.
Ich kann nicht glauben, schon wieder am gleichen Ort zu sein.
Aber es ist nicht meine Schuld.
Immer noch dauert es sehr lange, herauszukommen.

3.
Ich gehe dieselbe Straße entlang.
Da ist ein tiefes Loch im Gehsteig.
Ich sehe es. Ich falle immer noch hinein ... aus Gewohnheit.
Meine Augen sind offen. Ich weiß, wo ich bin.
Es ist meine eigene Schuld.
Ich komme sofort heraus.

4.
Ich gehe dieselbe Straße entlang.
Da ist ein tiefes Loch im Gehsteig.
Ich gehe darum herum.

5.
Ich gehe eine andere Straße.

Portia Nelson

Sexuelle Liebe – ein lebenslanger Reifeprozess

Die Entwicklung der sexuellen Liebes- und Beziehungsfähigkeit ist ein lebenslanger Lern- und Reifeprozess, der von der Zeugung bis zum Tod andauert. Ich lehne mich bei der Beschreibung dieses Prozesses an das Reifestufenmodell der psychosexuellen Beziehungsentwicklung von Willem Poppeliers an.

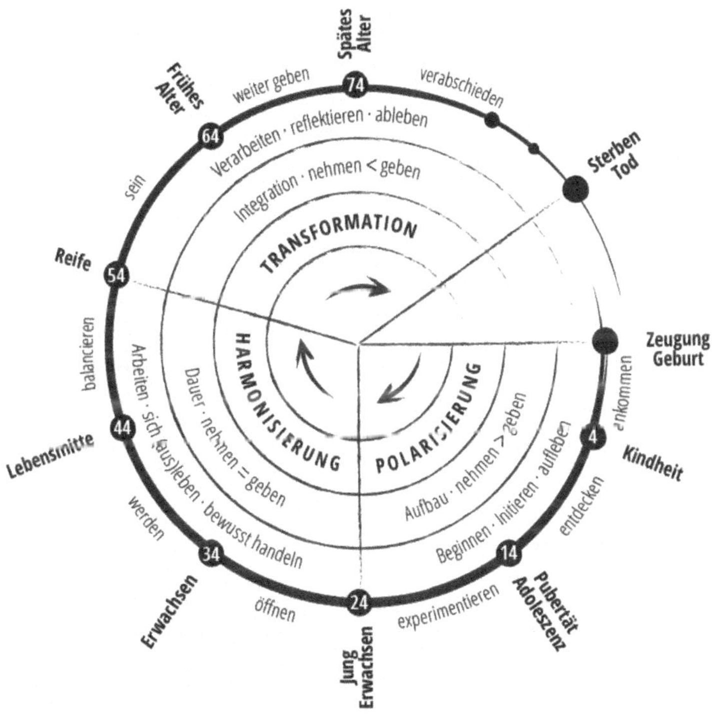

Reifestufen der sexuellen Liebe im Lebensverlauf.

(nach Willem Poppeliers - ergänzt von Robert und Notburga Fischer ©)

Die Altersstufen sind als fließend zu verstehen und umfassen ab der Kindheit jeweils einen Zeitraum von etwa zehn Jahren. Jede Stufe baut auf der vorherigen auf. Ist eine Reifestufe nicht wirklich abgeschlossen, verschieben sich deren Themen eventuell in spätere Lebensphasen. Wenn jemand zum Beispiel das Experiment der Pubertät nicht gelebt und früh geheiratet hat, kann es sein, dass plötzlich in der Lebensmitte der Freiheitsdrang so stark wird, dass so jemand aus dem Familienleben ausbricht – leider meist auf Kosten der Kinder. Gelingt es, die darunterliegenden Themen zu erkennen und diesen einen geschützten Erfahrungsraum zu geben, gibt es auch andere Möglichkeiten, diese unvollendeten Phasen im Leben zu integrieren.

Im realen Leben verläuft diese Entwicklung manchmal phasenverschoben parallel zu anderen Entwicklungen und nicht immer linear. So sind diese Reifestufen als wertvolle Orientierungshilfe gedacht und nicht als Vorgabe, wie das Leben sein soll. Die Eltern und Vorfahren haben in diesem Modell eine systemische Bedeutung bis über den Tod hinaus. In jeder Reifestufe beschreibe ich auch die Entwicklungsaufgaben der Eltern, um die Bedeutung des gelebten sexuellen Liebeslebens der Generation vor uns für unser eigenes Leben zu verdeutlichen. Auf diesem Reifungsweg des Lebens können wir drei Phasen herauskristallisieren, denen Willem Poppeliers die Begriffe Polarisierung, Harmonisierung und Transformation zugeordnet hat.

Polarisierung: Altersstufe 0 – 24 Jahre

In diesem Zeitraum steht das „Ich“ einem „Du“ polar gegenüber. Auch maskulin und feminin werden als polarisierende Kräfte wahrgenommen. Wir empfangen mehr als wir geben. Wir brauchen andere Menschen als Gegenüber, um als Individuum heranzureifen, oder wie Martin Buber es ausdrückt: „Der Mensch wird am Du zum Ich.“

Wenn wir den Lebenskreislauf betrachten, dann sind wir bis zum Erwachsenenalter (im *Sexual Grounding*®-Modell: von 0 bis 24 Jahre) damit beschäftigt, unsere femininen und maskulinen Quellen aufzufüllen und in uns ganz zu werden. Dies geschieht durch die Begleitung und Spiegelung unserer psychosexuellen Entwicklung durch die Eltern oder andere erwachsene Begleitpersonen. Wir verbinden und integrieren die zwei Wurzelstränge der Elternverbindung in uns und fügen unseren „Mehrwert" (das, was wir mitbringen) bei.

Harmonisierung: Altersstufe 24 – 54 Jahre

Das „Ich" ist im Austausch von Geben und Nehmen in einer Beziehung. In der Zeit unseres persönlichen Beziehungslebens bis ca. Mitte 50 geht es darum, das, was wir sind, in die Beziehung einzubringen und uns auszutauschen. Wir geben uns in die Beziehung hinein und bekommen etwas zurück. In einen Austausch zu gehen bedingt ein gegenseitiges Geben und Nehmen, bei dem die primäre Frage ist: „Was habe ich einzubringen in die Beziehung?" und nicht: „Was habe ich zu bekommen oder was muss der andere mir geben?" Im Zurücknehmen unserer Projektionen können wir immer mehr unser Gegenüber so nehmen, wie er bzw. sie ist.

Transformation: Altersstufe 54 Jahre bis zum Tod

Aus der verinnerlichten Transformation des Maskulinen und Femininen in uns geben wir weiter an die nächste Generation, an die Gemeinschaft. Nach den Wechseljahren geht es nicht mehr nur um die persönliche Ebene. Es stellen sich folgende Fragen: „Wo ist mein Platz im Kollektiv? Wie kann ich aus der Verbindung mit meinen Ahnen den Platz der weisen Frau oder des weisen Mannes in Würde einnehmen? Was hinterlasse ich, wenn ich gehe?"

Die Herausforderung ist hier, Energiespender zu werden für das größere Ganze. In dieser Phase sind wir mehr mit dem Sein beschäftigt und damit, aus dem inneren Frieden zu leben

In unserem Liebeslebenslauf erhalten wir gerade durch unsere nächsten Beziehungen immer wieder eine Chance, in unserer sexuellen Liebesfähigkeit weiter zu reifen und unsere Schatten zu integrieren. Jede Beziehungskrise fordert uns heraus, nicht zu kapitulieren sondern sie als Wachstumschance zu nutzen.

In diesem Buch nehmen die Reifestufen bis zur Lebensmitte deutlich mehr Raum ein als die zweite Lebenshälfte. Das hat u. a. damit zu tun, dass ich dort auf verschiedene Beziehungsthemen und -konstellationen eingehe, die auch in der zweiten Lebenshälfte immer noch eine Relevanz haben. In Bezug auf die Wertung und Wichtigkeit möchte ich vorweg betonen, dass alle Lebensphasen ihre Lernfelder bieten und von daher als gleichwertig zu betrachten sind.

Ich konzentriere mich in der Beziehungsthematik auf den Wachstumsweg in längerfristigen Beziehungen und gehe weniger auf die vielfältigen anderen Beziehungsformen und Beziehungskonzepte ein. Auch wenn Menschen allein oder in gleichgeschlechtlichen Beziehungen leben oder keine Nachkommen zeugen, wirken entsprechende Themen ähnlich.

Im Bereich der Sexualität gehe ich außerdem nicht auf Sexualpraktiken und Techniken ein, sondern setze den Fokus auf die Schlüssel zur Vertiefung der Intimität im Beziehungserleben.

In Respekt vor der Komplexität des Lebens ist mir bewusst, dass diese Darstellung nur einen kleinen Blickwinkel aufzeigt, und auch darin liegt kein Anspruch auf Vollständigkeit.

Der feminine und maskuline Energiekreislauf in der sexuellen Liebesbegegnung

Mann und Frau als gegenpolige Wesen

Ich stelle die Beschreibung des körperenergetischen Unterschieds von Mann und Frau an den Beginn der Reise durch unser sexuelles Liebesleben. Wir werden entweder als Junge oder als Mädchen in der Polarität des biologisch weiblichen oder männlichen Geschlechts geboren. Nur ein geringer Prozentsatz liegt im Bereich der Intersexualität (haben entweder beide Anlagen oder keine eindeutige körperliche Geschlechtszugehörigkeit). Gleichzeitig wirkt das feminine und maskuline Prinzip in beiden Geschlechtern.

Gegen Ende des Lebens können wir in alten Gesichtern oft Mann und Frau sehen. Die Entwicklung im Lebensbogen läuft, wie oben erwähnt, von der Polarisierung (Perspektive der Gegensätze) über die Harmonisierung (Verbindung und Austausch) zur Transformation (innere Verbindung).

Ein körperenergetisches Modell für den Energiefluss in uns und im Austausch mit einem Gegenüber ist der weibliche und männliche Energiekreislauf. Weiblich und männlich bezieht sich hier nicht auf das biologische Geschlecht, sondern auf das maskuline und feminine Prinzip, welche sich in jedem Mann und jeder Frau finden. Wir begegnen dabei den polaren Gegenspielern von „aktiv gebend“ und „rezeptiv aufnehmend“. Bei gleichgeschlechtlichen Paaren ist dieses Modell auch anwendbar. Eine ähnliche Darstellung findet man auch in der tantrischen Literatur[5] beschrieben.

5. Siehe dazu z. B. Diana Richardson: Zeit für Liebe, Innenwelt Verlag 2002

Mann und Frau sind in ihren Genitalien und auf der Herzebene gegenpolige Wesen. Das macht auch die Anziehung aus. Die Liebesorgane sind gegensätzlich und genau ineinanderpassend geformt. Die Vagina ist nach innen eingestülpt, eine Höhle– und rezeptiv gepolt. Sie hat die Fähigkeit aufzunehmen, zu empfangen und zu umhüllen.

Verbindung des maskulinen und femininen Energiekreislaufs

Der Penis ist nach außen gestülpt; er kann erigieren und Energie gerichtet nach außen geben. Bildlich gesprochen liegt die Wurzel des Penis im Herzen, das ihn mit Blut versorgt. Ist der Mann innerlich verbunden, so gibt er seine Liebe von seinem Herzen über den Penis an die Frau. Auf der Herzebene ist es genau umgekehrt. Die Körperform der Frau ist hier nach außen gewölbt mit den Brüsten. Dort ist ihr gebender Pol, und der Mann empfängt ihre Liebe vom Herzen her. Körperenergetisch ist der Mann im Herzzentrum rezeptiv gepolt – seine Körperform ist jedoch nicht nach innen gestülpt.

Die Herz-Sex-Verbindung

Bezieht man diese körperenergetische Polarität mit ein, entsteht so ein energetischer Liebeskreislauf, in dem eine sexuelle Begegnung mehr ist als nur Ladung und Entladung auf der genitalen Ebene.

Einen häufigen Konflikt zwischen Männern und Frauen kann man auf diese unterschiedliche Polarität zurückführen. Die Frau sagt zum Mann: „Ich öffne mich nur in meiner Vagina, wenn ich die Verbindung im Herzen spüre, wenn da Liebe und Bindung ist."

Die Gegenhaltung des Mannes ist: „Ich lasse mich auf eine verbindliche Beziehung nur dann ein bzw. ich öffne mein Herz erst dann, wenn du mich sexuell annimmst, wenn ich sexuell ankomme bei dir." Auf den Energiekreis bezogen sagen beide: „Wenn das angenommen wird, was ich zu geben habe mit meinem positiven Pol (bei der Frau das Herz, beim Mann der Penis), dann bin ich bereit, mich in meinem rezeptiven, und damit auch verletzlichen, Pol (bei der Frau ihre Vagina, beim Mann sein Herz) zu öffnen."

Die meisten Männer und Frauen haben zu diesem beschriebenen Bild eine persönliche Resonanz und fühlen sich darin gesehen. Es könnte aber auch sein, dass in einem Paar die Rollen genau umgekehrt verteilt sind, also dass die Frau eher den genitalen Kontakt will, und der Mann eher die Herzebene vertritt. Bei gleichgeschlechtlichen Paaren lebt meist eine Person eher die weibliche Seite und die andere Person eher die männliche – oder sie wechseln in der Dynamik hin und her. Im Austausch des Energiekreislaufs können sie abwechselnd den maskulinen und femininen Atemkreis atmen.

Ob es uns gelingt, eine lebendige Sexualität in einer verbindlichen Beziehung auf Dauer aufrechtzuerhalten, hat unter anderem mit einer guten Balance und Verbindung dieser beiden Pole zu tun. Häufig verschwindet die Sexualität aus der Beziehung und die Partner leben geschwisterlich in einer guten Herzverbindung zusammen. Oder jemand lebt heiße und leidenschaftliche sexuelle Abenteuer, kann sich aber nicht verbindlich einlassen. Das Grundthema ist auf beiden Seiten ähnlich: Die Verbindung zwischen Genital und Herz ist oft blockiert oder konnte sich nicht gut einrichten. Die Entwicklung dieser Verbindung hat nicht zuletzt damit zu tun, wie wir unsere Eltern als sexuelles Paar verinnerlicht haben, oder eben nicht, und wie wir in unserer sexuellen Entfaltung – vom Mädchen zur Frau, vom Jungen zum Mann – von ihnen gespiegelt und begleitet wurden.

Ich werde bei der Beschreibung der unterschiedlichen Reifestufen immer wieder Bezug nehmen auf die Entwicklung des Energiekreislaufs in beiden Geschlechtern. Dabei werde ich ebenfalls aufzeigen, wie eine unterstützende Begleitung durch die Eltern diese Herz-Sex-Verbindung fördern kann.

6. *Amara Charles: The Sexual Practices of Quodoushka – Teachings from the Nagual Tradition, Destiny Books*

Wie alles beginnt

Eure Kinder sind nicht eure Kinder.
Es sind die Söhne und Töchter
der Sehnsucht des Lebens
nach sich selbst.

Khalil Gibran

Zeugung

Zeugung und Geburt einerseits und der Tod andererseits sind essenzielle Übergänge am Anfang und Ende des Lebens. Beide berühren die Verbindung zum transpersonalen Raum, aus dem wir kommen und in den wir nach dem Tod wieder eingehen. Unser Leben entsteht aus der sexuellen Vereinigung unserer Eltern. Viele Menschen können sich kaum vorstellen, dass ihre Eltern überhaupt je Liebe gemacht haben. Mindestens ein Mal fand es jedoch statt, dafür sind wir der lebendige Beweis. Der Vater hat seinen Samen gegeben, und damit seine Erbinformation; die Mutter empfängt ihn und stellt ihren Gebärmutterraum, in dem das befruchtete Ei wachsen kann, zur Verfügung.

Diese Aussage war bis zur Generation unserer Eltern noch zutreffend. Durch das Fortschreiten und die Machbarkeit der Fortpflanzungsmedizin ist das in vielen Fällen mittlerweile viel komplexer. Was es bis jetzt immer noch braucht, ist die Verbindung von Samen und Ei. Beides ist ein gleichwertiger Beitrag zur Schöpfung des Lebens. Die Rückverbindung mit unserer weiblichen und männlichen Wurzel birgt pure Lebenskraft in sich. In einer indianischen Tradition[6] gibt es ein heiliges Gesetz, das über allem steht: „Alles Leben ist aus der Frau geboren. Der befruchtende Same kommt vom Mann. Und möge nichts geschehen, was das Kindsfeuer verletzt." Darin liegen der Respekt und die Wertschätzung des weiblichen und männlichen Beitrags zum Leben und die Absicht, für einen geschützten Raum zur freien Entfaltung des Kindes zu sorgen.

Um an den Ursprung des eigenen Lebens anzuknüpfen, möchte ich die LeserInnen zu einer kurzen Fantasiereise[7] einladen:

Deine Entstehung

Stelle dir vor, du gehst in ein Kino, wo eine Filmreihe angekündigt wird mit dem Titel „Zeitreisen des Lebens". Der Vorhang öffnet sich, und es erscheint der Titel des heutigen Films: „Deine Zeugung - der Beginn deines Lebens".

Du wählst einen bequemen Platz im Kino, in einem für dich richtigen Abstand zur Leinwand, sodass dein Atem sich während der Vorstellung entspannt vertiefen kann. Zu deiner Überraschung erklingt deine Lieblingsmusik aus den Lautsprechern, die in Varianten den ganzen Film untermalen wird. Deine biologischen Eltern tauchen auf, und du siehst den Ort und die Umstände, wie sie sich kennengelernt haben. Mit einer neugierigen und offenen Haltung lässt du die einzelnen Szenen auf dich wirken. Einiges kennst du vielleicht aus Erzählungen, und manches überrascht dich vielleicht oder zeigt sich dir aus einem neuen Blickwinkel.

Dein Vater und deine Mutter nähern sich auf ihre ganz eigene Weise dem Ort und dem Zeitpunkt deiner Entstehung, auch wenn sie damals noch nicht wussten, dass deine Mutter aus dieser Liebesbegegnung schwanger wird. Sie zeigen dir genau die sexuelle Begegnung, woraus du damals entstanden bist. Lass dich überraschen, was sich auf der

7. Bei allen praktischen Anregungen wähle ich die Du-Form.

Leinwand zeigen will: Wer übernimmt die Initiative? An welchem Ort findet es statt? Welche Qualitäten hat diese sexuelle Liebesbegegnung? Nimm dir Zeit, diese Energie in deinem Herzen zu fühlen. Nach dem Liebesspiel verweilen sie jetzt noch eine Weile in einer stillen Umarmung und öffnen sich für die Qualitäten, die durch dich in ihr Leben gekommen sind. Am Ende geht ihr Blick direkt zu dir, als ob sie wüssten, dass du sie siehst. Vielleicht haben sie auch noch eine Botschaft für dich und dein Liebesleben. Welcher Filmtitel erscheint im Abspann?

Diese Fantasiereise hilft, die Realität ins Bewusstsein zu bringen, dass unsere Verkörperung aus der Verbindung unserer biologischen Eltern entstanden ist, und kann ein tiefes Ja zu unserer Existenz fördern. Selbst wenn die Eltern getrennt leben oder ein Elternteil ganz früh gestorben ist, sind sie in uns als biologische Entstehungsquelle verbunden. Können wir unsere Herkunft bejahen, fällt es leichter, das Leben und uns selbst voll und ganz anzunehmen. Ist die Beziehung zu den Eltern noch schwierig verstrickt, kann diese Vorstellung zuerst auch Widerstand hervorrufen, sodass es unmöglich scheint, diesem Film zu folgen. Im Reflektieren darüber gibt diese Fantasiereise einen wertvollen Hinweis auf die verinnerlichte Beziehung zu den Eltern.

Wir sind mehr als die Summe unserer beiden Elternteile

In den Zellen des Kindes wirkt das Erbe der Mutter, des Vaters und der gesamten Ahnenlinie. Von der systemischen Familienaufstellungsarbeit weiß man, dass Lebensthemen übernommen werden, die oft Generationen zurückliegen. Zusätzlich bringt jedes Menschenkind seinen eigenen Wesenskern mit. In diesem Fall ergibt eins und eins drei. Das Kind ist viel mehr als die Kombination von Mutter und Vater. Das erklärt auch, wieso verschiedene Kinder derselben Familie unterschiedlich mit derselben Grundkonstellation umgehen, je nach ihrem individuellen Wesen und der Position in der Geschwisterreihe.

Wir sind hier, weil unsere Eltern vor vielen Jahren Sex hatten. Viele haben kein Bild von ihren Eltern als sexuell lebendige Wesen verinnerlicht, da sie sich nie als sinnlich erotisches Paar vor den Kindern gezeigt haben. Hier spreche ich nicht vom Liebesakt selbst, sondern von zärtlichen, liebevollen Gesten, einem lebendigen Beckentanz, verheißungsvollen Blicken, oder Berührungen, die ihre erotische Verbindung bestätigen. Wenn Kinder diese elterliche Verbindung, aus der sie entstanden sind, bekräftigt sehen, können sie entspannen und sich sicher fühlen.

Assistierte Befruchtung

Vor gut 40 Jahren war es noch eine unhinterfragte Tatsache, dass alle Menschen in allen Kulturen aus der gelebten Sexualität zwischen Mann und Frau entstanden sind. Es gab keine andere Möglichkeit der menschlichen Fortpflanzung. Für manche Paare mit unerfülltem Kinderwunsch bedeutete es auch ein schmerzliches Realisieren, dass wir Menschen nicht alles steuern können. Ein historisches Ereignis ist die Geburt von Luise Brown, die 1978 als erstes Kind durch In-vitro-Fertilisation[8] zur Welt kam. Später hat sie selbst auf natürliche Weise zwei gesunde Söhne geboren. Mittlerweile sind weltweit schon einige Millionen Kinder durch assistierte Befruchtung entstanden. Durch die rasanten Fortschritte der Reproduktionsmedizin wird unsere Fortpflanzung immer mehr abgekoppelt von der gelebten Sexualität. Dies ist ein bedeutender Meilenstein in der Geschichte der Menschheit, dessen weitreichende Auswirkungen noch nicht ganz abschätzbar sind. Alles scheint machbar – auch Babys. Es gibt Samenbanken, Samenspender, Eizellenspenderinnen, Leihmütter, die für andere ein Kind austragen, Firmen, die ihren weiblichen Mitarbeiterinnen empfehlen, ihre befruchteten Eizellen für später einzufrieren, usw.

Der starke Wunsch nach einem Kind lässt dabei oft die nachhaltige Auswirkung auf die zugrundeliegende Identität des Kindes erst mal in den

8. Mit In-vitro-Fertilisation, abgekürzt IVF, ist die Befruchtung im Reagenzglas gemeint.

Hintergrund treten. Bis jetzt braucht es immerhin noch den Samen und das Ei – je eine Essenz des Weiblichen und Männlichen –, um neues Leben zu kreieren. Jaap van der Wal äußerte in einem Seminar seine ethischen Bedenken darüber, dass die Forschung mit Keimzellen auch diese Schwelle schon bald überschreiten könnte. Es ist wahrscheinlich, dass schon in naher Zukunft auch ein gleichgeschlechtliches Paar reproduzieren kann, da man Körperzellen in Keimzellen rückverwandeln kann. Henry Greely, Rechtsprofessor und Bioethiker an der Stanford University in Kalifornien, beschreibt in seinem Buch „*The End of Sex and the Future of Human Reproduction*" eine Zukunftsvision, in der sogar ein Mensch beide Gameten (Geschlechtszellen) aus dem eigenen Körpergewebe zu Verfügung stellen kann, und wir also aus uns selbst reproduzieren und somit „Uniparent" – Vater und Mutter zugleich – sein könnten.

Es stellt sich die Frage, was die Konsequenzen dieser Machbarkeit im Bereich der Fortpflanzungsmedizin sein werden? Vielleicht zahlen wir den Preis einer zunehmenden Unfruchtbarkeit? Oder wir nehmen den Verlust der natürlichen Selbstregulation in Kauf, wenn wir alles der Steuerung von Fremdhormonen und Genmanipulation überlassen. Die Wissenschaft stellt sich dabei in den Dienst der immer komplexer werdenden Bedürfnisse der Menschheit. Die Licht- und Schattenseiten davon sind schwer abzuschätzen.

Aus der pränatalen Arbeit[9] wissen wir, dass es ein zelluläres Erinnern an unser ganz frühes vorgeburtliches Da-Sein gibt. Ein Pränatal-Therapeut, der vorwiegend mit Hintergründen aus der Zeit rund um Schwangerschaft und Geburt arbeitet, schildert mir eine Sitzung mit einer Klientin, die eine Erfahrung körperlicher Eiseskälte hatte und dazu Bilder, mit anderen eingefroren im Eis zu sein. Durch Nachfragen fand diese Klientin später heraus, dass ihre Eltern Embryonen eingefroren hatten, und nachdem die

9. Therapeutische Herangehensweise, die sich vor allem mit dem Erleben des Embryos in der Schwangerschaft bis zur Geburt beschäftigt.

ersten Versuche nicht gelungen waren, wurde sie ein Jahr später eingesetzt und erfolgreich geboren.

Über die Langzeitwirkung und Auswirkungen dieser reproduktionsmedizinisch assistierten Entstehungsgeschichten, die teilweise außerhalb der dafür vorgesehenen Körperwärme stattfinden, fehlen noch langfristig angelegte Studien. Ich möchte hier nicht schwarz-weiß malen, und mir ist auch sehr bewusst, dass meist ein individueller Leidensweg vorausgeht, wenn sich ein Paar zu einer assistierten Befruchtung entscheidet. Häufig gibt es im Vorfeld eine frustrierende Wiederholungsschleife zwischen Hoffnung und Enttäuschung, die oft zermürbend auf die Beziehung wirkt. Auch die Auswirkungen auf die gelebte Sexualität eines Paares, das im längeren Prozess einer künstlichen Befruchtung ist, sind meist fatal. Ich erlebe viele Paare mit unerfülltem Kinderwunsch, bei denen die Sexualität in ihrer Beziehung ein beschwerlicher Stolperstein geworden ist oder schon länger gar nicht mehr stattfindet. In der ersten Phase war sie nur mehr Mittel zum Zweck, und es wurde genau berechnet, wann der optimale Zeitpunkt für eine Befruchtung ist. Dieser Fokus auf das Ziel der Schwangerschaft lässt die lebendige Paarbeziehung meist in den Hintergrund treten.

Entscheidet sich ein Paar letztendlich dafür, äußere Hilfsmittel zu verwenden, bei denen die Sexualität nicht mehr notwendig ist, ist es eine Frage der inneren Haltung, wie sie zusammen durch diesen Prozess gehen. Und es ist dabei auch zu bedenken, wie man später als Familie mit diesem Thema umgehen möchte, denn, wenn ihre Kinder später mit offenen unschuldigen Augen die Frage nach ihrem Ursprung stellen, haben sie ein Recht auf die Wahrheit.

Die Wirkung möglicher Antworten auf die Frage nach der eigenen Zeugung

Versuche bei den folgenden möglichen Antworten mit deiner Kinderseele zuzuhören. Welche körperliche Resonanz entsteht in dir?

„Du bist ein ungeplanter Ausrutscher."
„Du bist ein ungeplanter Zufall."

„Wir haben uns sexuell vereinigt und geliebt und uns dabei für dich geöffnet."
„Wir haben dich eingeladen, zu uns zu kommen."

„Du bist aus einem Spermium der Samenbank; da haben wir uns genau erkundigt, dass der Samenspender körperlich deinem Vater ähnlich ist, und das Spermium wurde dann im Labor mit der Nadel in die Eizelle deiner Mutter injiziert. Es brauchte drei Versuche, bis es dann endlich geklappt hat."
„Deine Mutter wollte ihre gute Figur nicht verlieren, und so bist du im Bauch einer Leihmutter in Russland gewachsen. Diese durfte dich nach der Geburt gar nicht sehen, damit sie sich nicht an dich bindet. Das hat alles perfekt funktioniert, und du hast auch sofort aus dem Fläschchen getrunken, da deine Mutter ja keine Milch hatte."

Diese ungeschönten Umstände werden jedoch meist, wenn sie überhaupt den Kindern kommuniziert werden, in Watte gepackt. Und doch gibt es auf irgendeiner Ebene eine körperliche Wahrnehmungsrealität, oder manchmal auch eine dissoziative Abspaltung, um das Schwierige nicht zu fühlen. Die Kernfrage dabei ist: Wird das Kind als machbares Objekt behandelt, oder sind die Eltern mit dem Seelenwesen des Kindes in Verbindung?

Ich empfehle Paaren, ihre Sexualität im Prozess einer künstlichen Befruchtung nicht abzukoppeln, sondern trotzdem Liebe zu machen und sich in der sinnlichen Begegnung zu öffnen für das potenzielle Kind. Dieser Vorschlag entlastet viele Paare, da zum einen der Druck wegfällt, dass daraus unbedingt eine Schwangerschaft folgen muss. Und andererseits können sie diesen Entstehungsprozess unterstützend begleiten und sich dabei wieder ihrer Mann-Frau Beziehung zuwenden. Später können sie dem Kind auch erzählen, dass sie Liebe gemacht haben für seine Entstehung.

Belastende Entstehungsgeschichten

Das Leben läuft aus unserer Sicht ja nicht immer ideal. Letztendlich geht es für uns als Erwachsene später darum, Frieden zu schließen und die Umstände unserer Zeugung anzunehmen, wie auch immer sie abgelaufen sein mag. Gleichzeitig können wir uns mit dem angelegten Potenzial des biologischen und sozialen Erbes verbinden und darin mehr und mehr frei werden, das eigene Potenzial zu leben.

Selbst wenn jemand aus einer Vergewaltigung entstanden ist, können wir den sexuellen Akt der Gewalt verurteilen und doch sehen, dass, wenn man auf das Kind schaut, etwas Gutes dabei herausgekommen ist.

> Peter war ein überzeugter Pazifist und konnte schon als Kind keiner Fliege etwas zuleide tun. Er wuchs vaterlos mit seiner Mutter auf, die nie über seinen Vater sprach. Er sei in der Schwangerschaft verunfallt, war und blieb ihre knappe Auskunft über ihn, die ein weiteres Nachfragen nicht zuließ. Instinktiv versuchte Peter schon als kleiner Bub seine Mutter glücklich zu machen, und war ihr braver Junge, der in der Schule gute Erfolge erzielte. Seine glücklichsten Momente erlebte er, wenn er es schaffte, sie zum Lachen zu bringen. Auch später in seinen Beziehungen zu Frauen blieb er ein Frauenversteher, jedoch wurde er schon drei Mal von ihnen verlassen. Er konnte es nicht nachvollziehen, dass seine Partnerinnen mit der Zeit immer aggressiver

gegen ihn wurden – eine Frau hatte ihn sogar geschlagen. Durch eine Systemaufstellung hat er herausgefunden, dass seine Mutter von ihrem Vater missbraucht worden war, was sie ihm auf sein Nachfragen hin bestätigte. Und in ihrem emotionalen Aufgewühltsein entfuhr ihr bei diesem Gespräch: „Und dein Vater war auch so einer" – Erst in diesem Gespräch offenbarte sie ihm als erwachsenem Mann, dass er aus einer Vergewaltigung entstanden war und sie sich ihr Leben lang dafür geschämt habe. Dieses Geständnis war für ihn ein Schock, aber auch eine Erleichterung, da er plötzlich sein häufiges schlechtes Gewissen gegenüber Frauen einordnen konnte. Er lebte und handelte oft aus dem Gefühl, er müsse etwas gutmachen, und je serviler er wurde, umso aggressiver wurden die Frauen ihm gegenüber.

Zu uns kam er mit seiner aktuellen Freundin, da sie ihm vorwarf, ihr fehle der zupackende Mann im Sex; sie wünsche sich manchmal lieber einen Macho, der sie ungefragt einfach nehme. Er erzählte, dass er eine tiefe Abneigung gegen männliche Gewalt habe und alles dafür tue, keiner von den „Bösen" zu sein. Im Seminar inszenierten wir seine Zeugung, und er wählte als Stellvertreter den für ihn gefährlichsten und körperlich stärksten Mann der Gruppe. Zum ersten Mal in seinem Leben empfand er eine unbändige Wut und entfaltete in einem regulierten Setting so viel Kraft, dass er seinen biologischen Stellvertreter-Vater mit links wegbewegte von seiner Mutter und gegen dessen Widerstand durch den Raum schob. Seine Partnerin bekam beim Beobachten dieser Szene leuchtende Augen, da sie ihn noch nie so in seiner männlichen Kraft gesehen hatte und ihm das nie zugetraut hätte. Auch er war total überrascht von sich selbst und dieser maskulinen Kraft in sich.

Als nächsten Schritt realisierte er, dass, wenn er seinen biologischen Vater eliminierte, er auch ein Stück weit sich selbst eliminiert. Das hatte er ja auch all die Jahre gemacht, indem er den Zugang zu seiner zupackenden Kraft komplett abgespalten hatte. Im Aufstellen der väterlichen Linie (seinen Großvater und Urgroßvater und die weiteren Ahnen dahinter) sah er sich einer Reihe von kraftvollen Männern gegenüber, die jetzt die Aufgabe bekamen, die Kraft seines Vaters zu regulieren. Ihre Botschaft an seinen

Vater war: „Wir sind kraftvolle Männer und unterstützen dich, diese Kraft regulieren zu lernen, sodass sie nicht zerstörerisch, sondern lebensfördernd eingesetzt wird." Diese in gutem Sinne regulierende Unterstützung hatte im Leben seines Vaters gefehlt, und er konnte sie hier stellvertretend annehmen. Mit dieser männlichen Unterstützung der Vorfahren konnte sich sein Vater im Rollenspiel neu auf seine Mutter zubewegen und sie ohne Gewalt gut reguliert nehmen, und sie konnte sich dafür öffnen. Im Körper von Peter geschah eine komplette Neuausrichtung beim Beobachten dieses Geschehens - sein Atem vertiefte sich zusehends, und er konnte zum einen total entspannen und sich sicher fühlen, und gleichzeitig beschrieb er eine strömende Kraft, die seinen gesamten Körper durchflutete. Zum ersten Mal fühlte er sich ganz und komplett als Mann und spürte dies auch als körperliche Kraft in seinem Becken und seinen Genitalien. Ein präsentes Dasein, das er so nicht kannte. Dieses neue Verinnerlichen der Essenz seiner Eltern in ihrem Potenzial ließ ihn in der Tiefe in körperlichem Kontakt mit seinem eigenen Potenzial kommen. In der Folge konnte er auch in seiner Sexualität diese Kraft seiner Partnerin schenken, und sie fühlte sich auf gute Weise genommen.

Dieses Beispiel illustriert sehr gut eine mögliche Folgedynamik, wenn die Zeugung aus einer Vergewaltigung oder einer sonst zu verurteilenden sexuellen Handlung entsteht. So schlimm und entwürdigend der Entstehungsakt auch war, die positive Kraft des Lebens hat sich durchgesetzt, und es ist was Gutes dabei herausgekommen – nämlich das Kind, das per se unschuldig ist. Einer Vergewaltigung liegt meist eine rohe Kraft zugrunde, die destruktiv eingesetzt wird. Die Kraft als solche ist nicht schlecht, aber ihre Ausdrucksweise ist absolut zu verurteilen.

Aus der unbewussten Identifikation mit dem Opfer (seiner Mutter) lehnte Peter schon als Junge diese männliche Kraft (in seinem Vater) ab, zu dem Preis, dass er selbst keinen Zugang zu seiner eigenen Kraft hatte. Sein Männerbild war gespalten, wie das seiner Mutter nach dem Motto „Männer sind schlecht – außer er, ihr Sohn, ist ein Guter", obwohl auch ihre Beziehung zu ihm ambivalent ist, da sie durch ihren Sohn ständig an den Übergriff erinnert wird. Auch wenn dies alles in dieser Geschichte zunächst im Verborgenen blieb, nahm Peters Organismus trotzdem ihre abgespaltenen Gefühle auf, und er lebte mit dem schlechten Gewissen oder Schuldgefühl, dass er etwas gutzumachen habe. Eine Last, die für ein Kind viel zu groß ist.

Die andere Seite ist, dass er mit seinem Vater über seine Gene verbunden ist, und dieser wahrscheinlich nicht per se ausschließlich ein schlechter Mensch ist, sondern auch seine Qualitäten und guten Anlagen hat. Nicht selten ist auch der Vater ein Gewordener seiner Geschichte und gibt seinen unerlösten Schmerz auf verletzende Art weiter.

Frei wird dieser Sohn erst dann, wenn er in dieser männlichen Linie vor seinem Vater stehen kann und spüren kann: „Ich habe eine ähnliche Kraft wie mein Vater. Diese Kraft (wie er sie in dieser Gegenüberstellung zum ersten Mal auch in sich spüren konnte) könnte sogar töten, aber ich kann lernen, sie gut zu regulieren, sodass sie lebensfördernd eingesetzt wird." Die Tat der Vergewaltigung kann er zu hundert Prozent verurteilen und sich davon distanzieren und sich gleichzeitig mit dem ursprünglichen Potenzial dieser Kraft in seinem Vater verbinden. Das bedeutet, in der Tiefe anzunehmen was war und damit das Leben in seiner vollen Kraft und Lebendigkeit zu nehmen, zu dem Preis, den es alle Beteiligten gekostet hat.

Die Trennung und das komplette Abwenden von den Eltern oder von einem Elternteil bedeutet immer auch, einen hohen Preis zu zahlen, indem man sich vom eigenen Lebensnerv abspaltet. Das kann im äußeren Leben vielleicht sogar gut funktionieren, aber wirklich spürbar wird es meist erst im Intimraum der nahen Beziehungen und in der Sexualität. Manchmal kann auch das Gegenüber plötzlich zum Täter werden und diesen abgespaltenen Teil übernehmen, wie im Falle von Peter dessen Ex-Freundin, die ihn geschlagen hatte.

Wenn ich Klienten mit ähnlichem Hintergrund sage: „Wie groß muss die Lebenskraft in Ihnen sein, die sich trotz der widrigsten Umstände ins Leben hineinbewegt hat", und ich damit das Gute wertschätze, das dabei herausgekommen ist – nämlich sie selbst –, dann beginnt sich meist ein Funken von dieser Kraft in den Augen zu regen, da sie sich im Kern gesehen fühlen.

Schwangerschaft

Man könnte ein eigenes Buch füllen mit den Phasen und Entwicklungsthemen während der Schwangerschaft und der Geburt. Ich möchte in diesem Rahmen nur auf zwei unterschiedliche Beziehungsaspekte von Nähe und Distanz eingehen. Als Embryo sind wir mit unserer Mutter durch die körperliche Verbindung in einer kontinuierlichen symbiotischen Nähe, während die Verbindung zum Vater in einer körperlichen Distanz stattfindet.

Von der Mutter lernt das Kind über Liebe in der Nähe, bei sich zu bleiben und verbunden zu sein. Man muss sich einmal vorstellen, dass das Ei, aus dem wir entstanden sind, schon im Bauch unserer Großmutter war. Als diese im vierten Monat schwanger war mit unserer Mutter, waren zu dem Zeitpunkt schon alle Eier im Bauch des kleinen Embryos angelegt, auch das Ei, aus dem wir Jahre später entstanden sind.

In der pränatalen Arbeit spricht man von einer zellulären Erinnerung, das heißt, Kernbotschaften über das Frausein, über Weiblichkeit und Männlichkeit werden buchstäblich über die Nabelschnur weitergegeben. Und da die Eizelle unseres Ursprungs schon physisch im Bauch der Großmutter war, werden Meinungen und Bewertungen, und eben auch zum Beispiel Geschlechtervorurteile, stärker über die weibliche Linie transportiert, so eine These von Jack Lee Rosenberg, dem Begründer der *Integrativen Körperpsychotherapie (IBP)*.

> An diesem Punkt möchte ich dazu einladen, kurz innezuhalten und sich zu fragen: Wie würde die eigene Mutter folgende Sätze vollenden...
>
> „Männer sind ... (z. B. stark, schwach, nie da, Täter, außen hart und innen ganz weich; Männer wollen immer nur das eine; auf Männer kann man sich nicht verlassen, ...)"
> „Frauen sind ... (z. B. stark, schwach, mächtig, kontrollierend, überfürsorglich, gefühlsschwankend, manipulierend, ...)."

Diese Sätze spontan zu vollenden gibt einen Einblick in unsere übernommenen Geschlechtervorurteile, die sich meist beeinflussend auf unsere Beziehungen zum anderen oder gleichen Geschlecht auswirken. Heute können wir diese alten Vorurteile und Abwertungen wahrnehmen, erkennen, woher sie stammen, und sie auch wieder loslassen. Dies befreit den Blick für das reale Gegenüber und stärkt den Sinn für eine Begegnung zwischen Frauen und Männern in gegenseitigem Respekt und Anerkennung.

Aus der pränatalen Arbeit wissen wir, dass durch die direkte symbiotische Verbindung des Embryos im Mutterleib solche grundlegenden Einstellungen und auch emotionale Erregungen aufgenommen werden. Über die Nabelschnur gibt es eine direkte Verbindung des Embryos zum Stoffwechsel der Mutter. Wenn sich das Herz der Mutter durch Aufregung beschleunigt, steigert dies auch den Herzschlag des Babys in proportionaler Abhängigkeit davon. Das Kind identifiziert sich automatisch mit dem Erleben der Mutter und kann noch nicht differenzieren in „das bin ich" und „das ist meine Mutter", obwohl es schon von Anbeginn als eigenes Seelenwesen zu betrachten ist.

Die Mutter kann diese Abgrenzung hingegen machen. Wann immer sie in starken Emotionen ist, die ursprünglich nichts mit dem Kind zu tun haben, kann sie innerlich dem Kind folgende Botschaften geben: „Das ist meine Wut, meine Trauer, meine Angst – das hat nichts mit dir zu tun, du kannst in meinem Bauch entspannen. Ich sorge dafür, dass es wieder in Ordnung kommt. Wenn ich Hilfe brauche, hole ich mir Unterstützung dafür." So kann das Kind eher loslassen und entspannen. Die Mutter nimmt damit die Verantwortung für ihre Gefühle zu sich und reguliert sich selbst, was wiederum auf das Kind im Bauch beruhigend wirkt.

Oft ist es schwierig für eine schwangere Frau, mitten in ihren aufwühlenden Emotionen dann auch noch an das Kind zu denken. Vor allem entstehen zum Beispiel nach einem heftigen Konflikt mit dem Partner oft Schuldgefühle. Es hilft aber auch im Nachhinein in einem ruhigen Moment mit dem Baby im Bauch innerlich zu reden: „Wir hatten gerade Streit, das hat nichts mit dir zu tun. Du bist willkommen, und wir freuen uns auf dich."

Die Mutter kann dem Kind auf diese Weise schon früh helfen, sodass es im Raum der Gebärmutter einen eigenen sicheren Ort erfahren kann und nicht von allen Regungen der Mutter überschwemmt wird. Als erwachsene Person hat es später eine Auswirkung darauf, ob wir uns in großer Nähe oder Intimität noch als eigenständige Person wahrnehmen können – oder ob wir uns in der Nähe zu einem geliebten Menschen verlieren.

Vom Vater lernt das Kind über Liebe in der Distanz, die Verbindung zu halten in der Entfernung. Der Vater hat sein Sperma – seine Information – gegeben, das nun in Verbindung mit dem Ei außerhalb von ihm im Bauch der Frau wächst. Seine Herausforderung ist, diesen Kontakt über die Distanz aufrechtzuerhalten. Wie macht er das? Der Mann geht mit zur Geburtsvorbereitung, legt sein Ohr an den Bauch der Mutter, redet mit dem Baby im Bauch und spürt seine Bewegungen. Ein Vater freut sich in der Regel auf das Kind. Er lässt sich von seiner Frau erzählen, wie sie das Kind in sich spürt. Das sind seine bescheidenen physischen Möglichkeiten. Es geht dabei um seine innere Präsenz für das Kind und darum, damit in Kontakt zu bleiben, dass er Vater wird. Gleichzeitig kann er auch seine Verbindung zur werdenden Mutter (die das gemeinsame Kind trägt) halten, was der Frau, und damit auch dem Kind, Sicherheit gibt. Wenn ein Mann sich darauf einlässt, verändert das auch sein Leben.

Seine Rolle als Vater bedingt auch, dass er warten kann, bis das Kind später die Hinbewegung zu ihm machen wird. Handlungsorientierte Männer fühlen sich darin oft auch ohnmächtig. Alles geschieht im Körper der Frau, für den Mann gibt es da nichts zu tun. Dieser Prozess gipfelt in der Geburt, bei der seine Präsenz im „Dabei-Sein" gefragt ist.

Willem Poppeliers sagt: „Die Suche nach dem Vater ist die Suche nach dem Ursprung." Wenn das Kind im Alter zwischen drei und sechs Jahren zu fragen beginnt: „Wo komme ich her? – Aha, aus dem Bauch der Mutter. Und wie bin ich da hineingekommen?" – spätestens dann kommt der Vater ins Spiel, der seinen Samen dazu gegeben hat. In dieser Phase kann das Kind sich dann nochmals auf bewusster Ebene mit dem Ursprung seiner Entstehung verbinden.

Das Kind lernt vom Vater so schon früh, sich verbunden zu fühlen in der Distanz. Dies wirkt sich im erwachsenen Beziehungsleben u.a. dadurch aus, dass wir das Band der Liebe auch in der Distanz aufrechterhalten können oder aber dass die Verbindung abbricht, wenn der Partner sich entfernt oder weit weg ist.

Geburt – willkommen sein als Mädchen, als Junge

Biologisch gesehen werden wir als Mädchen oder als Junge geboren. Nur ein kleiner Prozentsatz von Neugeborenen hat beide Geschlechtsmerkmale angelegt und ist intersexuell. „Es ist ein Mädchen" oder „Es ist ein Junge" – diese Nachricht kann Freude oder Enttäuschung auslösen bei Eltern. Wie und ob wir als Mädchen oder Junge willkommen geheißen werden, ist prägend für die Entwicklung der eigenen Geschlechtsidentität. Heute informieren sich viele Eltern schon in der Schwangerschaft über das Geschlecht ihres Kindes und können sich auch besser vorbereiten darauf. Fühlen wir uns willkommen geheißen bei der ersten Landung im Leben, begünstigt dies auch später in Beziehungen ein Grundgefühl von Angenommensein.

In meiner IBP-Ausbildung bekamen wir zur prä- und perinatalen Arbeit ein eindrückliches Demonstrationsvideo zu sehen. Es ging um ein Baby, das nach der Geburt die Mutterbrust verweigerte und nicht trinken wollte.

> In der Sitzung mit der Mutter und ihrem drei Wochen alten Baby begleitet der Therapeut die Mutter auf einer inneren Reise durch die wichtigsten Stationen der Schwangerschaft. Das Baby liegt einfach daneben. Als er sie zu den ersten drei Monaten befragt, beginnt das Baby richtig zu schreien und dreht den Kopf weg von der Mutter. Es stellt sich heraus, dass sie ursprünglich kein Kind wollte und sehr damit beschäftigt war, es abzutreiben. Diese ablehnenden Gedanken dem Kind gegenüber verursachen in ihr tiefe Schuldgefühle. Sie will es jetzt ja besonders gut machen und leidet sehr an der Verweigerung des Kindes ihr gegenüber. Der Therapeut beginnt direkt zum Baby zu sprechen: „Das hatte nichts mit dir zu tun, du bist gut! Es ist schön, dass es dich gibt und dass du gekommen bist. Das waren damals die Ängste deiner Mutter, sie war am Anfang mit der Schwangerschaft überfordert. Das ist ihre Geschichte, für die sie sich jetzt Unterstützung holt."
> Das Baby beruhigt sich sofort, als ob es direkt verstehen würde, obwohl der Therapeut Englisch spricht und die Mutter deutschsprachig ist. Es dreht den Kopf zur Mutter und nimmt das erste Mal in dieser Stunde Kontakt mit ihr auf. Die Mutter bestätigt in ihren Worten zum Kind, was der Therapeut ausgedrückt hat, und sagt: „Ich freue mich jetzt so sehr, dass du da bist und es tut mir so leid, dass ich dich damals in meiner Verzweiflung abtreiben wollte. Ich konnte damals noch nicht ahnen, welch ein besonderer Schatz da kommen will." Das Baby hört den Worten aufmerksam zu und schaut die Mutter mit

großen Augen an. Nach dieser Sitzung begann das Kind an der Mutterbrust zu trinken und das verletzte Band ihrer Liebe konnte neu geknüpft werden.

Im Gegensatz zu vielen Tieren sind wir als neu geborene Menschenbabys allein nicht überlebensfähig. Von der Gebärmutter wechseln wir in einen sozialen Uterus und sind abhängig von äußerer Versorgung mit Nahrung, Kleidung, Wärme, Körperkontakt. Gerade diese erste Zeit wirkt prägend für den Aufbau einer guten Bindung mit den Eltern als primäre Bezugspersonen. Ein sicherer Raum ist wichtig für die ersten Kontakterfahrungen, die wir über die Sinne (sehen, hören, riechen, fühlen, schmecken, Körperberührungen spüren) aufnehmen. Es lohnt sich, diese kostbaren Tage des ersten Landens wie einen heiligen Raum zu schützen. Alles ist neu. Weint das Baby, so hilft die körperliche Nähe zu einer präsenten Mutter oder einem präsenten Vater, die selbst entspannt da sein können, sich zu beruhigen. Ein Grundsatz ist: Wenn es den Eltern und ihrer Beziehung gut geht, geht es auch ihrem Kind gut.

Der Boden der ersten drei Jahre

Die ersten drei Lebensjahre bilden eine wichtige Grundlage und stellen wichtige Weichen für unsere Beziehungsentwicklung. Unabhängig von unserem Geschlecht erleben wir alle ähnliche Entwicklungsschritte, bevor wir uns anschließend als unterschiedliche sexuelle Wesen entdecken. Da ich in diesem Buch in erster Linie dem roten Faden der sexuellen Entwicklung folge, gebe ich nur einen kurzen Überblick über diese prägenden Phasen der ersten drei Jahre.

Genährt werden

Über den Mund und die Haut als primäres Sinnesorgan werden der Nahrungsfluss beim Stillen und die körperliche Zuwendung durch die Mutter vom Kind aufgenommen. Nährende Botschaften sind: „Ich sorge für dich.

Es ist genug da, du darfst einfach nehmen, ohne dafür etwas zu geben."

Hat die Mutter jedoch zu wenig zu geben auf Grund von Sorgen, Krankheit, Depression u. ä., wird das Kind feinste Antennen entwickeln für ihre Bedürfnisse und alles versuchen, um sie glücklich zu machen. Man kann es fast als eine automatische Reaktion des Kindes sehen, sich auf die Bedürfnisse der Mutter (Eltern) einzustellen und zu versuchen, diese zu erfüllen. „Wie muss ich sein, was muss ich tun, damit es der Mama gut geht?" ist die Kernfrage. Im Erwachsenenleben spüren diese Menschen meist zuerst die Bedürfnisse ihrer Partner, bevor sie ihre eigenen Bedürfnisse in der Beziehung wahrnehmen. Einige landen später aus solchen Motiven in helfenden Berufen. Das Kind wird zum Gebenden und nährt die Eltern, anstatt Kind zu sein und sich nähren zu lassen. Meist geschieht dies auf Kosten der eigenen Bedürfnisse und Rezeptivität. Das Kind verliert das Vertrauen, dass es einfach sein darf und dass die Eltern genug haben, um aus einer selbstregulierten Fülle an das Kind weiterzugeben. Das Grundvertrauen – „Ich kann einfach sein, wie ich bin, und werde so geliebt" – ist gestört.

Eine schöne Möglichkeit, das Baby mit allen Sinnen körperlich willkommen zu heißen, bietet die Babymassage. Das Neugeborene ist ein sinnlich rezeptives Wesen, offen für Berührung und Körperkontakt, der auch zutiefst nährend erlebt wird. Mit sanften großflächigen Berührungen wird jede Zelle der Haut am ganzen Körper massiert.

> Eine Freundin, die selbst Psychotherapeutin ist, erzählte mir, dass sie Babymassage mit ihrem Sohn macht und dabei darauf achtet, dass sie den kleinen Pimmel und die Hoden nicht berührt. Ich fragte verwundert nach, warum sie den Jungen nicht auch an seinem Babygenital berührt. Dieses Jungenbaby ist doch ein einziger sinnlicher, rezeptiver Organismus, der noch keine Unterscheidung macht, was sexuell ist und was nicht. Aus seinem Erleben könnte er sich fragen: „Warum werde ich an meinem ‚Pimmel' nicht berührt und sonst

überall? Ist da etwas nicht in Ordnung mit mir?" Ihre Antwort auf meine verwunderte Frage war: „Damit ich ihn nicht missbrauche."

Das ist eine verbreitete Angsthaltung aus der eigenen Unsicherheit heraus: „Ich als Mutter darf den Penis meines Sohnes nicht anfassen, der gehört meinem Sohn." Das gilt grundsätzlich für alle Körperteile, und erst einmal ist da ein ganzer Organismus, der mit allen Teilen bejaht werden will. Mit dieser aussparenden Haltung übertragen sich erwachsene Bilder von Sexualität auf dieses Baby. Es ist auch eine Frage des Alters; in der Pubertät oder schon früher wäre das selbstverständlich nicht angebracht.

Ein Übergriff würde dort beginnen, wenn der Erwachsene das Kind oder eine Berührung benutzt, um eigene Gefühle, Bedürfnisse, Sensationen zu nähren. Die erwachsene Person wäre dann in einer für sich nehmenden und benutzenden Haltung anstatt in einer gebenden Haltung, die das Kind nährt. Bei der Babymassage geht es also um eine Berührungsqualität, die den ganzen Körper des Babys mit der entsprechenden Feinheit und Zärtlichkeit willkommen heißt. Dieses ganzkörperliche Willkommensgefühl können Eltern durch Worte, Gesten oder liebevolle Berührungen ausdrücken. All das wirkt nährend für das Kind.

Trotzphase – „Ich will nicht, was Mami oder Papi will!"

Auf dem Boden des Genährtseins kann die Autonomieentwicklung beginnen. Wir lernen laufen und bewegen uns weg von unseren Eltern. Ein ganzes Universum eröffnet sich uns mit dem eigenständigen Entdecken der Umwelt. Können wir in dieser Wegbewegung und Wiederannäherung ein Gegenüber erleben, das präsent ist und diese Erkundungsschritte begleitet, entwickeln wir eine innere Konstanz in der Beziehung. Dazu gehört, im eigenen Raum respektiert zu werden und in den Eltern verlässliche Gegenüber zu haben. Das erste Nein als wichtige Abgrenzung von der Mutter ist ein wichtiger Schritt, um ein gesundes Gefühl für den eigenen Raum und die eigenen Grenzen zu entwickeln.

Das Kind fragt in seinen Trotzreaktionen: „Liebst du mich noch, auch wenn ich etwas anderes will und Nein sage?" Die unterstützende Elternbotschaft darauf ist: „Ich respektiere und unterstütze dich als eigenständiges Wesen. Ich setze dir manchmal auch Grenzen, weil ich dich liebe."

Wird das Kind jedoch in seinem Raum überflutet oder immer wieder verlassen, lernt es sich zu schützen mit einem Verhalten, das leider später in Beziehungen oft Nähe, Intimität und Sexualität verhindert. Eine natürliche Regulation von Nähe und Distanz fehlt.

Laurence Heller[10] beschreibt für die ersten Lebensjahre fünf wichtige Entwicklungsthemen, die den Boden dafür bilden, dass wir später als Erwachsene ganz präsent bei uns selbst und in einem nährenden Kontakt mit anderen sein können. Damit verbunden sind fünf zentrale Ressourcen:

- **Kontakt:** Wir haben das Gefühl, auf diese Welt zu gehören. Wir sind in Kontakt mit unserem Körper und unseren Gefühlen und sind zu konstanten Beziehungen zu anderen imstande.

- **Einstimmung:** Wir spüren, was wir brauchen, und sind in der Lage, unsere Bedürfnisse zu kommunizieren. Dies resultiert in einem Grundgefühl des Genährtseins.

- **Vertrauen:** Wir haben ein gutes Selbstvertrauen und Zutrauen zu anderen Menschen. Wir fühlen uns sicher genug, um gesunde wechselseitige Abhängigkeitsverhältnisse mit anderen zu erlauben und uns auf sie zu verlassen.

10. Laurence Heller ist Begründer des traumatherapeutischen NARM (Neuroaffektive Relational Modell)-Ansatzes. Der Titel seines zusammen mit Aline LaPierre verfassten Buches lautet: Entwicklungstrauma heilen, Kösel 2013

- **Autonomie:** Wir können Nein sagen und anderen gegenüber klare Grenzen setzen. Wir sagen, was wir denken, ohne Angst und Schuldgefühle.

- **Liebe:** Unser Herz ist offen und unser Nervensystem im Gleichgewicht, was liebevolle Beziehungen und eine gesunde Sexualität unterstützt.

Erleben wir in diesen ersten Jahren einen Mangel in diesen Grundbedürfnissen, entwickeln wir Überlebensstrategien, um den fehlenden Kontakt und die fehlende Regulierung zu bewältigen. In unseren erwachsenen Beziehungen wirken diese ursprünglichen Schutzmechanismen meist nicht mehr beziehungsfördernd, sondern verhindern oft Nähe und Intimität. Wenn wir von unseren liebsten Menschen erwarten, sie mögen uns das geben, was wir früher vermisst haben, endet das häufig enttäuschend. Eine gute Selbstfürsorge und Selbstmitgefühl bilden im Erwachsenenleben eine wichtige Grundlage, um selbstreguliert in Beziehung sein zu können.

Gute Eltern-Botschaften

Beim Lesen der folgenden „Gute Eltern-Botschaften"[11] kannst du dich fragen: Welche Botschaft bewirkt die größte Resonanz in mir? Vielleicht ist das die Botschaft, die du damals von deinen Eltern gerne gehört oder gespürt hättest. Diese Botschaft kannst du dir jetzt selbst schenken in Momenten, in denen du diese Qualität im Außen vermisst.

1. Ich liebe dich.
2. Schön, dass es dich gibt und dass du zu uns gekommen bist.
3. Ich freue mich, dass du ein Mädchen/ein Junge bist.
4. Ich sehe dich und ich höre dich.

11. Aus der Integrativen Körperpsychotherapie nach Jack Lee Rosenberg

5. Ich sorge für dich. Es darf um dich gehen.
6. Ich liebe dich für das, was du bist, und nicht für das, was du tust. Ich liebe dich so, wie du bist.
7. Ich unterstütze dich auf deinem Lebensweg.
8. Du kannst mir vertrauen.
9. Du kannst deiner eigenen inneren Stimme vertrauen.
10. Ich vertraue dir. Ich bin sicher, du gehst deinen Weg.
11. Manchmal werde ich dir Grenzen setzen und Nein sagen. Und auch das tue ich, weil ich dich liebe.
12. Du bist schön und stark, und ich gebe dir die Erlaubnis, ein sexuelles Wesen zu sein

Reifestufe 4 Jahre: Jungen sind anders – Mädchen auch

> Man kann einen Menschen nichts lehren,
> man kann ihm nur helfen, es in sich selbst zu entdecken.
> Galileo Galilei

Ödipale Phase – ein überholter Mythos?

Die kindliche Entwicklungsphase zwischen drei und sechs Jahren wurde von Sigmund Freud als „ödipale Phase“ bezeichnet. Der Begriff geht auf die griechische Tragödie des Ödipus-Mythos zurück, in dem Ödipus als Kind von seinen Eltern, dem Königspaar von Theben, ausgesetzt wird, da er nach einem Orakelspruch seinen Vater töten und seine Mutter heiraten soll. Er wird gerettet und vom König aus Korinth aufgenommen. Einige Jahre später begegnet Ödipus unwissentlich seinem Vater Laios und erschlägt ihn im Streit. Nachdem er Theben von der Sphinx befreit hat, erhält er als Belohnung Iokaste, die Witwe des Königs, zur Frau – ohne zu wissen dass sie seine Mutter ist. Sie bekommen zusammen vier Kinder. Als die beiden die Wahrheit über ihre inzestuöse Beziehung herausfinden, erhängt sich die Mutter und Ödipus sticht sich die Augen aus. Das Thema des Vatermords und des Inzests mit der Mutter übertrug Freud auf die Situation des kleinen Jungen in seiner Beziehung zu den Eltern.

Freud beschreibt im „Ödipuskomplex“ die Ambivalenz des Jungen, der seine Mutter begehrt und dabei den Vater als größten Konkurrenten ansieht und ihn deshalb ablehnt. Gleichzeitig wächst seine Angst, der Vater könne ihn mit Kastration strafen. Im günstigsten Fall gibt der Junge seine Inzestwünsche zur Mutter auf und akzeptiert die väterliche Autorität. Die

Lösung des Ödipuskomplexes liegt für Freud in der geglückten Identifizierung des Jungen mit dem Vater und damit in der Übernahme seiner Norm- und Wertvorstellungen. Gelingt dies nicht, entstehen daraus Neurosen. Die umgekehrte Beziehung der Tochter zum Vater und ihre Rivalität mit der Mutter nannte C. G. Jung, ebenfalls an einen griechischen Mythos angelehnt, „Elektrakomplex".

Diese längst überholte patriarchale Betrachtungsweise entstand im damaligen Zeitgeist zu Freuds Lebzeiten. Die kindliche Sexualität und die Annäherung des Mädchens oder des Jungen zum gegengeschlechtlichen Elternteil wurden aus dem erwachsenen Blickwinkel auf Sexualität interpretiert. Eine häufige Fehlinterpretation, die auch heute noch stattfindet. Der kindlich unschuldige Zugang zur Sexualität hat nichts mit erwachsener Sexualität zu tun. Wenn Kinder sich sexuell ausprobieren, imitieren sie meist das, was sie bei Erwachsenen oder in den Medien sehen. Leider betrachten viele Erwachsene das Geschehen mit der erwachsenen Brille und verpassen dabei die kindliche Realität.

Neugier und unschuldiger Forschergeist

Im Alter zwischen drei und sechs Jahren wandert die körperliche Aufmerksamkeit der Kinder vermehrt nach unten zu ihren Genitalien. Kleine Jungen und Mädchen fangen in diesem Alter an, ihr geschlechtliches Dasein zu entdecken und auszuprobieren. Sie sind neugierig, offen, unschuldig und erweisen sich als unermüdliche Forscher, wenn sie „den kleinen Unterschied" beim Doktorspiel erkunden und herausfinden: „Aha, ich bin anders als du." Nackt fühlen sie sich dabei am wohlsten.

Der Junge hat mit seinem Penis ganz konkret etwas zum Anfassen. Er streckt dabei sein Becken nach vorn und zeigt stolz seinen Pimmel. Dabei kann er auch kindliche Erektionen in seinem Glied spüren. Genau dort will er mit seiner neuen Entdeckung gesehen und wahrgenommen werden. Das Mädchen entdeckt eine Öffnung nach innen, zu einer kleinen verborgenen Höhle, die man nicht sieht. Sie wird sich ihres Geheimnisses bewusst, ihre Beckenbewegungen schwingen mehr seitlich.

Es ist spannend, aufregend, und besonders dieser „kleine Unterschied" muss im Spiel genau untersucht, eingecremt, massiert und mit Pflaster versorgt werden. Dabei erleben Jungen wie Mädchen auch angenehme Empfindungen in diesem sensiblen Gewebe der kindlichen Genitalien und berühren sich dort gerne. Manchmal kommen sie mit geröteten Wangen aus ihrer selbst gebauten Höhle oder aus dem abgedunkelten Zimmer. Sie spielen Schwangerschaft und Geburt nach und gebären an einem Tag manchmal viele Babys.

In dieser Phase nutzen sie jede Gelegenheit, um auch bei den Eltern genau hinzusehen und die körperlichen Unterschiede zwischen Vater und Mutter zu betrachten.

Und die Kinder kommen mit vielen Fragen zu den Eltern, u.a. dazu, wo sie herkommen und wie sie in den Bauch der Mutter gekommen sind. Spätestens hier kommt der Vater ins Spiel und auch die gemeinsame Sexualität, aus der sie entstanden sind. Schon in dieser Phase ist es wichtig, mit den Kindern Worte und eine kindgerechte Sprache zu finden, die mit einem sinnlichen Körperempfinden verbunden sind.

> Michelle ist dreieinhalb Jahre alt und freut sich immer auf das gemeinsame Bad mit ihren Eltern. Mal drücken sich alle drei in die Badewanne, ab und zu badet sie nur mit der Mutter oder dem Vater. Sie spielt gerne mit den Brüsten ihrer Mutter, die besonders groß und weich sind und an die sie noch eine gute Still-Erinnerung hat. Besonders fasziniert ist sie in der letzten Zeit jedoch von dem weichen „Schlapperanhang" zwischen den Beinen ihres Vaters und pendelt gerne mit ihm herum. Der Vater kann entspannt zusehen und scherzt mit

ihr zusammen über diese „Schlapperschlange", die auch ganz sensibel ist und empfindlich reagiert auf grobe Berührung. Auf ihr Nachfragen, was diese Schlange denn so mache, erzählt er ihr, dass der Schlängerich auch manchmal seine Lieblingshöhle bei Mama besuchen geht. Sie will dann genau wissen, wie diese Höhle aussieht, und er beschreibt eine weiche Höhle, die sich schon freut auf seinen Besuch und den Schlängerich dann ganz weich und warm umhüllt. Natürlich möchte sie das nächste Mal beim Baden die Höhle von Mama sehen, und die Mutter erzählt ihr dann weiter, dass auch die kleine Michelle mal als Baby aus dieser Höhle gekommen ist. Die ganze Geschichte hört sich für Michelle wie ein spannendes Abenteuer an, und es fallen ihr immer wieder neue Fragen dazu ein.

Dieser Vater kann in die Bilderwelt seiner Tochter kindgerecht eintauchen. Wir hören jedoch leider viele Geschichten darüber, dass Väter sich spätestens dann vom gemeinsamen Bad mit der Tochter zurückziehen, wenn sie sich für sein bestes Stück zu interessieren beginnt. Die Absicht ist gut: Er will seine Tochter ja nicht missbrauchen. Dass er seiner Tochter damit als wichtiges erstes männliches Gegenüber fehlt, dem sie mit unschuldigem Kindermund alle Fragen stellen kann, realisieren sie meist nicht. Wenn dieser Vater innerlich verbunden ist mit dem neugierigen Jungen in sich und die Kinderbrille aufsetzt, fällt es ihm leicht, auf alle Fragen eine kindgerechte Antwort zu finden. Selbst wenn sein bestes Stück größer wird, könnte er trotzdem entspannt bleiben und sich mit ihr zusammen wundern über dieses Ding, das da plötzlich wächst, sodass man fast dabei zuschauen kann.

Dies erfordert eine innere Gelassenheit und Präsenz im Da-Sein, die nichts will von der Tochter. Das Mädchen würde dann wahrscheinlich eine Weile damit spielen und, wenn ihr Interesse gestillt ist, sich wieder ihren Spiesachen oder anderen Dingen zuwenden. So könnte ein verinnerlichtes natürliches Bild von männlichen Genitalien ohne sexualisierte Ladung entstehen. S chwierig wird es dort, wo sich der Vater innerlich dabei nicht wohlfühlt oder spürt, dass er seine Erregung nicht regulieren kann. Vielleicht denkt er krampfhaft: „Hoffentlich bekomme ich keine Erektion“ – und das ist dann ähnlich, wie mit dem rosaroten Elefanten, an den man nicht denken soll und der dadurch automatisch als inneres Bild rosarot leuchtet.

In diesem Fall ist es für ihn besser, seine Grenze zu respektieren und sie auch als seine Grenze zu bezeichnen. Er könnte seiner Tochter sagen: „Deine Neugier ist wunderbar, ich versteh, dass du dich dafür interessierst, aber ich möchte dir meinen Penis nicht zeigen. Das ist mein Intimbereich, der gehört mir, und ich teile das mit deiner Mutter. Du darfst dich gerne erforschen und auch selbst entscheiden, wem du deine Muschi zeigen willst und wem nicht.“ Dann hört das Kind drei Botschaften: Erstens, dass sie mit ihrer Neugier und ihrem Interesse für den Unterschied zwischen Mann und Frau in Ordnung ist, zweitens, dass es Grenzen gibt, die man respektieren muss, und drittens, dass sie auch entscheiden darf, wem sie ihren Intimbereich zeigt und wem nicht.

Freud sprach in seiner Zeit vom Penisneid der Mädchen. Dieser entsteht in der Annahme, dass Buben etwas haben, das den Mädchen fehlt. Deswegen ist es so wichtig, den kleinen Mädchen schon ganz früh zu vermitteln, dass sie auch einen besonderen Schatz haben, der jedoch im Inneren verborgen ist. Erst wenn es dafür auch entsprechende Worte gibt, kann die körperliche Aufmerksamkeit mehr nach innen gehen. Die Mutter könnte zum Beispiel ihrer dreijährigen Tochter erklären: „Hier ist der Eingang zu deiner wunderbaren Muschel, die eine kostbare Perle verbirgt“ oder „Du hast da eine weiche, kleine Kuschelhöhle, einen verborgener Zaubergarten.“

Beide Liebesorgane sind gleichwertig. Was der Junge außen hat, ist beim Mädchen innen, und beides passt ineinander. Die Einladung an alle Eltern ist, hier kreativ zu werden und eigene Worte oder Bilder zu finden, die ein positives Körpererleben im kindlichen Genital bewirken und der tieferen Bedeutung der Liebesorgane gerecht werden.

Die fünfjähre Anina kommt von ihrem Kindergartenfreund nach Hause und erzählt ihrer Mutter kichernd, dass sie heute „gesext" haben. Ihre Mutter stellt sich unwissend und fragt interessiert nach, was das sei und wie Sexen denn genau gehe. Anina erklärt ihr, dass Florian auf ihr gesessen und probiert habe, sein Schnäbi[11] bei ihrem Schneggli[12] reinzustecken. „Ja, passt denn das rein?" – „Nein, es hat nicht ganz geklappt, aber es war sooo lustig. Macht Papa das auch bei dir? Sein Schnäbi ist ja viel größer. Geht das bei dir rein?" Darauf antwortet die Mutter: „Schön, dass ihr so viel Spaß zusammen hattet beim Ausprobieren. Ja, das machen wir auch. Meine Höhle ist auch größer, sodass Papas Schnäbi gut reinpasst, und wenn sie bereit ist für Besuch, dann öffnet sich das Tor gerne und die beiden haben oft Spaß zusammen. So bist auch du entstanden."

Die Reaktion der Mutter könnte auch ganz anders sein, etwa: „Pfui, das ist noch nichts für Kinder. Wenn Florian diese Worte gebraucht, dann spielst du besser nicht mehr mit ihm. Hat er dich angefasst? Er darf dich nicht anfassen dort, wo deine Unterhose ist. Das musst du ihm sagen, ansonsten sage ich es seinen Eltern!"

Viele Eltern projizieren oft ihre erwachsenen, auf Angst basierenden Bilder von verzerrter Sexualität auf die Kinder, ohne genau zu wissen, was im Kinderspiel abläuft. Sie realisieren dabei nicht, dass ein Nachahmen erwachsener Sexualität unter gleichaltrigen Kindern ein Ausprobieren auf kindlichem Niveau ist. Florian würde da schon in den allgemeinen Männer-Verdacht des Missbrauchers kommen. Ähnlich wie laut Bericht in den Medien in einem Kindergarten in den USA ein fünfjähriger Junge, der die Brüste der Kindergärtnerin berühren wollte, schon sexualisiert als Täter behandelt und die Kindergärtnerin als Opfer eines Übergriffes gesehen wurde."

11. Schweizerdeutsch, Ausdruck für den Penis eines Jungen

12. Schweizerdeutsch, Ausdruck für die Vagina eines Mädchens

Aninas Mutter geht hingegen in diesem Beispiel auf die Erlebenswelt ihrer Tochter ein und spricht aus der inneren Verbindung mit dem unschudigen, neugierigen Kind in sich. Auf der Basis dieser Spiegelung kann sie allenfalls noch hinzufügen, wie sensibel das Gewebe in ihrem „Schneggli" ist und dass sie gut spüren und auch ausdrücken darf, was sie mag und was nicht. Wenn jemand im Spiel auf die Idee käme, harte oder spitze Gegenstände dort hineinzustecken, könnte dieses feine Gewebe verletzt werden.

Leider hören wir viele Geschichten, in denen Kinder beim unschuldigen Doktorspiel oder bei ihrer Selbsterforschung auf unliebsame Weise von ihren Eltern überrascht und beschimpft wurden. Zurück bleiben oft eine jahrelange hemmende Auswirkung auf die erwachsene Sexualität und ein Verlust der kindlichen Unschuld.

> Anton, ein 55-jähriger Mann, erinnert sich an eine Situation als fünfjähriger Junge: „Ich bin in meinem Zimmer und spiele mit meinem Schnäbi. Plötzlich geht die Tür auf, und meine Mutter wirft einen verachtenden Blick auf mich und sagt: ‚Du bist doch sonst so ein lieber Junge. Hast du jetzt auch schon nichts Besseres im Sinn als all die Männer, die immer nur Sex wollen?' – Ich erstarre mitten in der Bewegung, es ist wie eine Ohrfeige, die auf meinem Glied landet. Ich spüre Scham, verstehe ihre Worte nicht wirklich – in meinem Kopf dreht sich ein Gedankenkarussell: lieber Junge, böse Männer; Sex muss was Schlechtes sein."

Auch Antons Mutter blickte mit einer erwachsenen sexualisierten Brille auf die Situation, anstatt sich in die unschuldige Erlebenswelt ihres kleinen Sohnes einzuschwingen. Dieses Beispiel illustriert eine häufige Verletzung von Männern: Der Junge wird im Genital abgewertet. „Männer wollen nur das eine" ist ein Geschlechtervorurteil, welches dem Sohn übergestülpt wird. Im Herzen ist er aber der liebe Junge, und erhält eventuell dort sogar zu viel des Guten von seiner Mutter. Er erlebt eine Überflutung im Herzen und eine Kastration im Genital. Dies wirkt trennend auf diese beiden Pole.

Beim Bearbeiten der Situation in der Therapie berührt Anton innerlich als Junge sein Schnäbi und knüpft dabei an seine Unschuld und Neugier beim Erforschen an. Sein Atem strömt ins Becken, und er bewegt sein Becken dabei. Von seiner Mutter möchte er hören: „Du darfst dein Schnäbi erforschen, es ist dein bestes Stück. Ich freue mich an deiner Lebendigkeit!" Die Therapeutin übernimmt diese Sätze und sagt sie in der Rolle als Mutter zum fünfjährigen Jungen. Er entspannt sich sichtbar dabei und spürt eine Wärme im Genital, die sich nach oben zu seinem Herzen ausbreitet. Er atmet eine Weile in die Verbindung seines Herzens zu seinem Genital und verankert so das neue Empfinden.

Spiegelung – innere Verankerung des Energiekreislaufs

Willem Poppeliers sieht den Beginn der Entwicklung des Energiekreislaufs in dieser Phase: Der natürliche innere Fluss in Jungen und Mädchen entspricht der inneren Geschlechtsidentifizierung als „kleinem Mann" bzw. als „kleiner Frau".

In dieser Phase ist eine adäquate Spiegelung der Eltern wichtig, um den eigenen inneren Energiekreislauf einzurichten und die sexuelle Energie zu regulieren. Auf diese Weise wird das Kind darin unterstützt, seine kindliche Sexualität natürlich zu integrieren, und es wird später weniger abhängig von äußerer Anerkennung sein.

Schon im Kindesalter wird die innere Verbindung zwischen Herz und Genitalien vom rezeptiven zum positiven Pol gebahnt. Dies geschieht durch eine adäquate Spiegelung der kindlich sexuellen Lebendigkeit durch die Eltern. Das kleine Mädchen braucht die Unterstützung der Mutter und den Vater als gut reguliertes erwachsenes Gegenüber (der in seinem Mannsein nichts braucht von der Tochter), um ihre innere Verbindung zwischen ihrer Mädchenmuschel und ihrem Herzen zu bahnen.

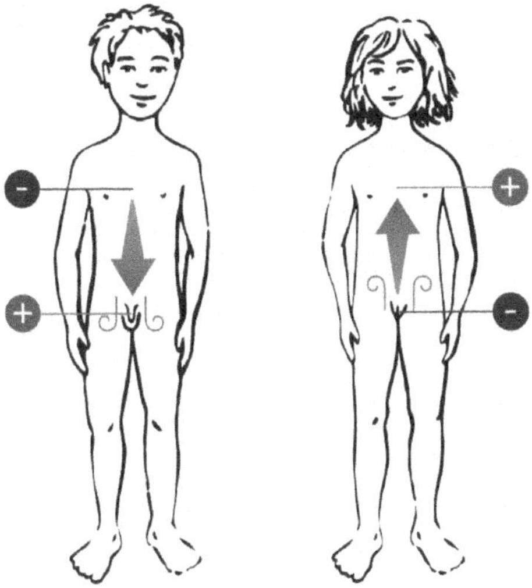

Innere Verankerung des Energiekreislaufs in der Kindheit

Wird der unschuldige Liebesfluss vom Mädchenherzen zum Vaterherzen angenommen? Welche Qualität kommt aus dem Becken des Vaters zur Tochter zurück? Richtet er seine sexuellen Bedürfnisse auf sie?

Genauso braucht der Junge die Unterstützung seines Vaters für seine geschlechtliche Identifizierung sowie in seiner Mutter ein selbstreguliertes Gegenüber, die ihn annimmt, wenn er sich stolz mit seinem Pimmel zeigt. Wird er als Junge in seinem phallischen[14] Ausdruck angenommen oder abgewertet? Wird er in seinem Herzen überflutet und ist nur als lieber Junge gewollt?

Der empfindsame Ort, wo vorwiegend Verletzungen geschehen, liegt bei beiden Geschlechtern am jeweils rezeptiven Pol, das heißt, die Traumatisierung und der Missbrauch des sexuellen Liebesflusses geschieht bei

14. Abgeleitet vom griechischen Wort phallós, einem Ausdruck für den erigierten Penis

Mädchen häufig in der Vagina, bei Jungen im Herzen. Es gibt allerdings auch Übergriffe bei Jungen am Genital, die nicht selten von Männern verübt werden. Aber auch wenn die unschuldige Hinbewegung des sich Zeigens und Öffnens vom gebenden Pol nicht angenommen wird, läuft das Kind mit seinem Liebesausdruck ins Leere. Im Folgenden beschreibe ich einige Beispiele, die aus dem Leben gegriffen sind und die wichtige Spiegelung in dieser Phase illustrieren.

Der kleine Unterschied

Sowohl der Junge als auch das Mädchen sind aus der Mutter, also der Frau, geboren. In dieser Phase beginnt ein unterschiedlicher Weg in der Geschlechterdifferenzierung. Aus ihrem Blickwinkel auf die Erwachsenen vergleichen und identifizieren sich beide mit dem gleichgeschlechtlichen Elternteil und probieren sich mit dem gegengeschlechtlichen Elternteil als „kleiner Mann"/„kleine Frau" aus. Die Unterstützung und Bestätigung vom gleichgeschlechtlichen Elternteil bildet den Boden der geschlechtlichen Identifikation: „Ich bin wie du." Vom gegengeschlechtlichen Elternteil möchte das Kind seine Wirkung auf das andere Geschlecht gespiegelt bekommen: „Zeig mir, wie ich auf dich wirke." Mädchen und Jungen haben hier einen anderen Weg zu gehen.

Das Mädchen

Die Mutter ist für das Mädchen die erste wichtige weibliche Orientierungsfigur. Für diesen ersten bewussten Schritt in der weiblichen Identitätsentwicklung kann das Mädchen innerlich nahe bei der Mutter, aus der sie geboren wurde, bleiben. Biologisch hat sie dasselbe Geschlecht wie ihre Mutter. Gerade kürzlich erzählte mir eine Mutter:

> „Meine dreijährige Tochter kommt zurzeit fast täglich am Morgen zu mir ins Bett und verlangt nach Kuschelzeit mit meinen Brüsten. Jedes Mal sagt sie :

‚Wenn ich mal eine große Frau bin, will ich auch so große Brüste wie du!'"

Die Brüste werden hier nicht mehr nur in ihrer stillenden Funktion wahrgenommen, sondern als wichtiges Merkmal einer erwachsenen Frau. Die kleine Tochter realisiert, dass auch sie einmal eine große Frau sein wird. In dieser Orientierungsphase entsteht ein neuer Blickwinkel auf die Mutter, die plötzlich von ihrer Tochter auch verstärkt als Frau wahrgenommen wird. Wie wirkt sie als Frau? Wie kleidet sie sich? Das Mädchen vergleicht und identifiziert sich mit ihrer Mutter und probiert ihre Lippenstifte, Kleider, Stöckelschuhe und BHs aus.

Andrea war kurz einkaufen und hört beim Betreten ihrer Wohnung aus dem Badezimmer ein Kichern und Lachen. Sie öffnet spontan die Tür, und da ist ihre sechsjährige Tochter Amelie mit ihren drei Freundinnen mitten am Werk im Schönheitssalon. Alle haben leuchtend rote Lippen und rosa lackierte Fingernägel. Unter den langen Tüchern, die sie als Wickelkleider tragen, erkennt sie ihre Stöckelschuhe, und ihr Schminkkoffer liegt geöffnet am Boden. Ins Leuchten von Amelies Augen mischt sich ein schuldbewusstes Flehen, das ohne Worte ausdrückt: „Bitte Mama, jetzt nicht schimpfen."
Wie auf frischer Tat ertappt halten auch ihre Freundinnen inne und warten gespannt auf Andreas Reaktion. Sie kann noch rechtzeitig ihren Ärger über das unerlaubte Bedienen an ihrem Schminkkoffer unterdrücken und sagt bewundernd: „Seid ihr aber wunderschöne kleine Frauen! Habt ihr noch eine Verabredung?" Ein erleichtertes Lachen ertönt und vermehrtes Strahlen leuchtet ihr aus vier Augenpaaren entgegen.

Damit gelingt es ihr, die Mädchen genau dort zu spiegeln, wo sie sind, nämlich dabei, sich als kleine Frauen auszuprobieren und sich mit allen weiblichen Attributen zu schmücken. Dass sie dabei respektvoll mit ihren Kleidern, Schuhen und Schminksachen umgehen sollen, kann sie später im Gespräch mit ihrer Tochter hinzufügen.

Die gleichgeschlechtliche unterstützende Botschaft der Mutter besteht, wie wir im Beispiel gesehen haben, darin, dass sie als erwachsene Frau ausdrückt: „Du wirst einmal eine Frau, wie ich auch eine bin. Du darfst dich ausprobieren und zeigen. Du bekommst auch schöne Brüste. Ich bin gerne eine Frau. Jede Frau ist in ihrer Einzigartigkeit schön, so wie auch du ein einzigartiges weibliches Wesen bist."

Aus dieser weiblichen Identifizierung mit ihrer Mutter als Frau beginnt für die Tochter eine neue Annäherung an den Vater. Er ist für sie der erste wichtige Mann in ihrem Leben, mit dem sie sich als „kleine werdende Frau" ausprobieren kann. Sie zieht sich immer wieder um und präsentiert dem Vater ihre schönen Prinzessinnenkleider. Besonders von ihm möchte sie als hübsche Tochter gesehen und bestätigt werden. Sie kokettiert auf sehr kindliche unschuldige Weise mit ihm und tänzelt mit ihrem Becken seitlich hin und her.

Wichtig ist für sie, dass der Vater sie als weibliches Wesen sieht und dabei als erwachsener Mann nichts braucht und will von ihr. Kann er ihr sagen: „Du bist meine hübsche Tochter, so eine schöne Prinzessin", dann sieht er in der Tochter ihre aufblühende Schönheit. Beim Hören seiner Worte verdoppelt sich ihr Strahlen unmittelbar. Oder wenn sie sich tanzend im neuen Kleid vor ihm dreht, kann er sie von allen Seiten bewundern und sie spiegeln: „Wow, so eine Wunderschöne im neuen Kleid tanzt hier vor mir!" Selbstverständlich sollten diese Äußerungen anerkennend, klar und nicht anzüglich sein. Die Tochter soll sich frei fühlen können, sich auszudrücken, und der Vater ist einfach da und nimmt sie wahr.

Manche Mädchen haben mit Prinzessinnen nichts am Hut. Sie fühlen sich wohler, wenn sie auf Bäumen herumklettern und eher ihre wilde Seite leben. Dann ist es wichtig zu erleben, dass sie sich mit ihrer wilden ungestümen Seite zumuten können und ihre Lebendigkeit für ihre Eltern nicht zu viel ist. Grundsätzlich haben Mädchen beides in sich, und welche Seite sich mehr entwickelt, hängt manchmal auch davon ab, welche Rollen im Familiensystem schon besetzt sind und welche Rollen gewünscht sind. Schön wäre es, wenn die wilde Kraft und auch die sinnlich rezeptive Seite sich entfalten dürfen.

Spieglein, Spieglein an der Wand

Betrachten wir uns im Spiegel, gibt der Spiegel unser Erscheinungsbild genauso wieder, wie wir eben gerade sind. Gute Spiegelung der Kinder durch die Eltern bedeutet, sich einzuschwingen in das momentane Erleben des Kindes und dafür Worte und eine passende Körpersprache zu finden. Dabei ist es wichtig, nicht mehr und nicht weniger zurückzuspiegeln als von der Tochter kommt. Es ist sehr hilfreich, wenn wir als Eltern unsere eigene Erinnerung an das lebendige Kind in uns präsent haben. Gerade in der sexuellen Entwicklung geschehen Fehlspiegelungen, wenn Eltern dieses kindliche Einschwingen nicht machen und einen erwachsenen sexualisierten Blick auf das kindlich unschuldige Erforschen richten. Dieses zu ignorieren oder zu übertreiben geht auch am Erleben der Kinder vorbei. Richten wir hier die Aufmerksamkeit auf die eigene Körperresonanz: Was geschieht im Körper bei den folgenden Beispielen von Fehlspiegelungen?

Unterspiegeln:

Ein viel beschäftigter Vater sitzt am Computer oder hinter seiner Zeitung. Die Tochter hat gerade ein neues Kleid bekommen und spaziert demonstrativ vor ihm damit auf und ab. Da er nicht reagiert, ruft sie mehrmals mit zunehmender Lautstärke: „Schau mal, Papa!“ Er blickt erst nach einer Weile sichtlich genervt auf sie und sagt: „Nicht schon wieder, du störst mich beim Lesen. Räum lieber dein Zimmer auf, anstatt hier rumzutanzen.“

Überspiegeln:

Der Vater geht übermäßig auf die Tochter ein. Noch bevor sie sich wirklich gezeigt hat, sagt er schon: „Wow, du bist viel schöner als alle deine Freundinnen, auch deine Mama hat keine Chance gegen dich." Er macht sie damit besser als die anderen und gleichzeitig trennt es sie von den Freundinnen und ihrer Mutter.

Missbräuchliches Spiegeln:
Missbräuchlich ist alles, bei dem der Vater ihre unschuldige Lebendigkeit für sich nimmt und sie damit für sein erwachsenes Bedürfnis benutzt. Die Tochter dreht sich, sodass ihr Röckchen sich wie ein Teller dreht. Er sagt: „Dein Tanz ist richtig sexy. Dreh dich doch nochmal und heb dein Röckchen dabei hoch. Das finde ich heiß. Probiere es doch mal ohne Höschen aus."

Finden solche Situationen mehrmals statt, geschieht schon sehr früh ein Zurücknehmen dieser Lebendigkeit aus verschiedenen Gründen. Im ersten Fall könnte das Mädchen folgende Schlussfolgerungen ziehen: „Wenn ich mich zeige, bin ich zu viel. Ich muss mich zurücknehmen." Oder im zweiten Beispiel: „Wenn ich mich zeige, bin ich eine Gefahr für Mama." Nimmt sie die Überhöhung an und fühlt sich besser als die Mama, kehren sich die Rollen um, und sie ist nicht mehr sicher. Bei der missbräuchlichen Variante fehlen die Sicherheit und die Orientierung dann völlig, und das Mädchen wird vermeiden, sich zu zeigen, da es gefährlich wird für sie. Jedes Kind hat in sich das Grundbedürfnis, als das gesehen und gehört zu werden, was es ist. Das gilt besonders auch für die sexuelle Entwicklung und Orientierung. Laut Christoph J. Ahlers[15] liegt hier auch schon die Grundlage für die spätere sexuelle Präferenz.

„Ich heirate meinen Papa", sagt das kleine Mädchen ganz ernst, und wird damit eher selten ernst genommen. Diese Aussage ist eine kindliche Liebeserklärung an den Vater, die erst einmal als solche angenommen wer-

15. Christoph Joseph Ahlers, Himmel auf Erden und Hölle im Kopf – Was Sexualität für uns bedeutet, Goldmann 2015

den muss. Zum Beispiel könnte der Vater zu ihr sagen: „Daraus höre ich, dass du mich sehr gerne hast." Damit nimmt er ihre Liebe an. Gleichzeitig vermittelt er seiner Tochter wortlos durch seine klare Haltung: „Ich bin schon mit deiner Mutter verheiratet, und aus dieser Verbindung bist du entstanden. Du bist unsere Tochter – und als solche liebe ich dich." Hier ist wichtig, seine Rolle zur Tochter klarzustellen, sonst könnte sie auf die Idee kommen, die bessere Frau für ihn zu sein.

Vom Vater möchte sie als „werdende kleine Frau" in ihrer Weiblichkeit bestätigt werden, ohne dass er sie mit seiner erwachsenen Sexualität überflutet. In Worten könnte das lauten: „Ich sehe dich als schönes, aufblühendes weibliches Wesen – für meine sexuellen Bedürfnisse sorge ich jedoch selbst und lebe sie mit deiner Mutter (oder einer anderen erwachsenen Frau, wenn die Eltern getrennt leben)." Von der Mutter, die idealerweise ihr Frausein genießen kann, wäre es für das Mädchen schön, vermittelt zu bekommen: „Ich bin eine Frau wie du und stehe unterstützend hinter dir, während du dich deinem Vater als ‚kleine Frau' annäherst. Du darfst dich ihm zeigen und dich mit ihm ausprobieren. Wenn du mit Gefühlen und Handlungen konfrontiert bist, die dich überfordern, helfe ich dir und beschütze dich, wenn nötig."

Kleine Mädchen spielen gerne Prinzessin in dem inneren Wissen, dass die Mutter die Königin ist, die sich hoffentlich nicht so leicht vom Thron schubsen lässt. Wenn die Mutter in sich einen guten Boden als Frau hat, kann sie neben der Tochter stehen und deren Hinbewegung als Mädchen zum Vater unterstützen. Ihr Platz als Frau an seiner Seite ist damit keinesfalls bedroht. Nimmt sie ihren Platz als Frau jedoch in der Beziehung zu ihrem Mann nicht ein, könnten Konkurrenzgefühle entstehen. Mädchen reiten gerne auf Papa, sie sitzen gerne auf seinem Schoß, sie holen sich auf natürliche Weise Komplimente ab. Wenn die Mutter als Frau diese Nähe nicht hat mit ihrem Mann, kann die Tochter für sie zur Bedrohung werden.

Silvie und Paul waren nach außen ein Traumpaar, da sie sich in der Öffentlichkeit gegenseitig immer wieder viel Bestätigung gaben. Er bewunderte ihre Figur, ihr Aussehen, ihre Kleider, und für sie waren diese Bestätigungen wichtig, um sich als begehrenswerte Frau zu fühlen. Auch sie bestätigte ihn in seinem Job und als guten Liebhaber. Zu Beginn ihrer Ehe haben sie in den Medien über erfolgreiche Beziehungen gelesen, und damals zu ihrem Dogma gemacht, dass auf eine Kritik mindestens fünf positive Botschaften folgen sollen. Diese Dynamik änderte sich schleichend, je mehr ihre erste Tochter in die ödipale Phase eintauchte. Silvie konnte sich nicht von Herzen mitfreuen, wenn Paul seiner Tochter genauso großzügig Komplimente machte.
Zum ersten Mal platzte ihr der Kragen, als sie mit ihrer Tochter und ihrem Mann neu eingekleidet zu einem Fest gingen. „Schau mal, Papa, mein neues Kleid" Ihre Tochter erhielt gebührende Bewunderung von ihm und zeigte sich ausgiebig vor ihrem Vater. Plötzlich zischte es giftig aus Silvie heraus: „Und mich siehst du überhaupt nicht mehr. Du hast nur Augen für deine Tochter und hast nicht mal bemerkt, dass auch ich ein neues Kleid trage." Als sie realisierte, wie brennend eifersüchtig sie auf ihre Tochter war, entschied sie sich für eine unterstützende Begleitung.
Sehr schnell wurde klar, dass sie als kleines Mädchen und werdende Frau von ihrem Vater keinerlei Bestätigung erhalten hatte. Zu sehen, wie sich ihre Tochter diese Bestätigung von ihrem Vater ganz natürlich holt und auch bekommt, konfrontierte sie schmerzhaft mit dem vernachlässigten kleinen Mädchen in sich. Sie konnte auch erkennen, dass sie in ihrer Beziehung häufig wie ein kleines Mädchen oder eine Jugendliche von Paul Bestätigung suchte. Der nächste herausfordernde Reifeschritt war, jetzt wirklich erwachsen zu werden. Die Rolle des Kindes wurde nun von ihrer Tochter besetzt. Im Rollenspiel mit einem stellvertretenden selbstregulierten Vater konnte sie als kleines Mädchen und auch als Jugendliche die Bestätigung erfahren, als werdende Frau gesehen und bestärkt zu werden, was sie damals vermisst hatte. So konnte sie mehr und mehr als erwachsene Frau diese Selbstbestätigung verinnerlichen und fühlte sich nicht mehr abhängig von der Bestätigung durch Paul. Dieser Prozess hatte auch eine belebende Auswirkung

auf ihre Sexualität. Aus einer neuen Verankerung in sich selbst konnte sie sich mehr einbringen, ohne von Paul abhängig zu sein. Das Schönste für sie war, dass die Eifersucht gegenüber ihrer Tochter völlig verschwand und sie sich freuen konnte über deren guten Kontakt zu ihrem Vater.

Läuft diese Spiegelung optimal, kann das Mädchen in ihrer sexuellen Identität sicher werden und Unabhängigkeit gewinnen. Dazu braucht sie von ihrem Vater einen klaren, präsenten männlichen Gegenpol, der seine phallische Kraft nicht missbraucht. Auf dieser gesunden Basis wird ihre weibliche Freiheit möglich. Das bedeutet, sie kann ihre Partner später frei wählen und muss in ihrer erwachsenen Beziehung nichts nachholen an versäumter oder misslungener Spiegelung durch den Vater.

Im großen Kreislauf des Lebens kommt dies später wieder ihren Söhnen und Töchtern zugute, die sie mit diesem Hintergrund besser begleiten kann auf deren Weg zu Männern und Frauen der nächsten Generation.

Der Junge

Der Junge muss für seine geschlechtliche Identifikation bildlich gesprochen das Ufer wechseln und auf der anderen Flussseite den Vater treffen. Er muss sich von der Mutter, die ihn geboren hat, lösen, denn von ihr kann er nicht lernen, wie es ist, ein Mann zu sein. Für diesen Wechsel vom kleinen Jungen zum Ausprobieren des kleinen Mannes in sich ist der Vater für seinen Sohn sehr wichtig. Ob sie zusammen Fußball spielen, sich körperlich balgen oder stundenlang zusammen an der Modelleisenbahn herumbasteln, sie tauchen gemeinsam in eine Männerwelt ein. Für viele Väter ist dies eine wunderbare Gelegenheit, sich nochmals alte Jungenträume zu erfüllen. Für den Sohn ist hier weniger wichtig, dass der Vater seine neue Hose bewundert als dass er ihn im Kampf körperlich zum Schwitzen bringt und seine Stärke misst mit ihm. Er darf dabei auch spüren, dass der Vater stärker ist. Der biologische Vergleichsort, der die beiden definitiv von der Mutter unterscheidet, ist ihr sichtbarer Anhang, der Penis. Sie könnten zusammen weit pinkeln und ihr bestes Stück vergleichen.

Hat sich der kleine Junge mit dem Vater identifiziert und gemessen – zum Beispiel beim spielerischen Kämpfen – kommt er anders, nämlich „als kleiner Mann", auf die Mutter zu. Er streckt voller Stolz, Unschuld und Freude der Mutter seinen Pimmel entgegen, was auch ein kindlicher Ausdruck des männlich sexuellen Liebesflusses ist, der von seinem Jungenherzen kommt. Er positioniert sich dabei gegenüber der Mutter und sitzt nicht mehr auf ihrem Schoß. Wichtig für ihn ist, dass die Mutter seinen neu entdeckten Pimmel wirklich anschaut und bewundert. Er will von ihr genau dort unten beachtet und gesehen werden. Eine gute Spiegelung wäre es, seine Freude zu teilen und seine ungestüme wachsende Kraft nicht als Bedrohung zu erleben, zum Beispiel: „Wow, du bist ja schon ein richtiger kleiner Mann" oder: „Du wirst auch mal ein großer Mann wie dein Papa!" So reagiert die Mutter genau auf der Ebene, auf der er sich zeigt und wo es seinem inneren Erleben entspricht.

Da dieser Übergang nicht von heute auf morgen vonstattengeht, kommt der Junge vielleicht zehn Minuten später wieder zu ihr, um zu kuscheln. Oder er hat sich das Knie angeschlagen und will heulend von der Mutter in ihren Armen getröstet werden. Hier würde sie ihn verpassen mit der Reaktion: „Du bist ja schon ein großer Mann, der weint doch nicht. Indianer kennen keinen Schmerz." In dieser Situation möchte er, dass sie auf sein Knie bläst und „Heile heile Segen" singt wie schon früher, wenn er sich verletzt hat. Die Mutter ist in dieser Phase mal in der Rolle als Frau und Gegenüber gefordert, und wird auch als solche wahrgenommen vom Sohn, und dann ist sie wieder die Mama, zu der er als kleiner Junge kuschelnd auf den Schoß kommt.

Wie sehr die eigene Mutter in ihrem Frausein ruht, wie sehr sie als sinnliche, sexuelle Frau in dieser Phase präsent ist, beeinflusst unmittelbar das spätere Frauenbild der Männer. Kann sie ihr Frausein genießen? Mag sie sich selbst?

Für jede Mutter die Jungen hat, ist es auch wichtig, ihre grundsätzliche Beziehung zum Maskulinen zu klären. Wenn sie Männer verachtet oder schlecht über seinen Vater spricht, lehnt sie damit auch einen Teil in ihrem Sohn ab. Gerade alleinerziehende Mütter mit Jungen sind in dieser Phase besonders gefordert. Selbst wenn der Vater seinen Job nicht übernimmt, reicht es für sie, nur Mutter zu sein. Sie muss nicht den Vater ersetzen, aber sie könnte ihrem Sohn maskuline Felder eröffnen, wo er sich als kleiner Mann ausprobieren kann, zum Beispiel im Kampfsport oder Fußball. Auch ein guter Kontakt zu seinem Patenonkel könnte ihn dabei unterstützen. Allein schon, wenn sie ihm die Tür offen hält für den Kontakt zum Vater oder zur Männerwelt und wertschätzend darüber spricht, kann er in seiner männlichen Identität wachsen und sich entfalten.

> Der vierjährige Jan und der sechsjährige Joel sind Brüder. Ihre Eltern haben sich getrennt, als Jan zwei Jahre alt war. Seither leben sie mit ihrer Mutter und verbringen jedes zweite Wochenende beim Vater. Sie kämpfen gerne und beide sind am liebsten nackt dabei. Da ihr Vater E-Gitarre spielt in einer Band, finden sie es besonders lustig, mit einer unsichtbaren Gitarre abzurocken, die jedoch mit dem Pimmel gespielt wird. Ihre Mutter können sie leider nicht für dieses Konzert gewinnen, da diese durch Haushalt und Job überfordert ist und mit den beiden Jungen oft an den Rand ihrer Kräfte kommt. Meist versucht sie sie zu ignorieren oder reagiert genervt, wenn die Jungs penetrant werden und immer lauter rocken und dabei überdrehen: „Geht doch zu eurem Vater damit, der findet das vielleicht lustiger als ich“, sagte sie das letzte Mal zu ihnen.

Diese Geschichte erzählte mir eine überforderte Mutter mit der Frage, wie sie damit umgehen solle. Ein wunderbares Bild, das ausdrucksstark zeigt, worum es den Jungen geht dabei. Sie entdecken sich als kleine Männer.

Der Vater als cooler Gitarrist ist ihr männliches Vorbild. Zentral dabei ist die Berührung am Pimmel, die einerseits angenehm ist und andererseits so wie kein anderer Körperteil zeigt, dass sie kleine Männer sind. Wichtig für sie wäre es, auch von der Mutter als solche anerkannt zu werden. Darum gilt „das Konzert" auch ihr und nicht dem Vater. Die Energiebewegung geht vom Genital zur Mutter – der Griff der Gitarre ist auf der Höhe des Herzens. Könnte sie das Konzert wirklich als Liebesausdruck an sie nehmen und ihre Buben bewundern: „Wow, ihr seid coole Musiker, eure Gitarre hat aber viel Power", und könnte dies mit einem freudig unterstützenden Blick zum Zentrum der Gitarre tun, müssten sie vielleicht nicht so aufdrehen – und damit ins Leere laufen. Sie würden dort gesehen und gespiegelt, wo es ihnen wichtig ist – nämlich in ihrem Genital „als kleine werdende Männer" und auch noch in ihrer Identifikation mit dem Vater als Musiker.

Nachdem die Mutter das Kernbedürfnis ihrer Söhne nachfühlen konnte, fiel es ihr leicht, beim nächsten Mal zu sagen: „So jetzt freu ich mich auf ein richtiges Rockkonzert mit euren Spezialgitarren. Wir machen jetzt eine Bühne, so wie euer Vater auch mit seiner Band auf der Bühne steht." Die beiden Jungen wurden damit von ihrer Mutter in ihrer genitalen Lebendigkeit und in ihrer Ähnlichkeit mit dem Vater wertgeschätzt und bestärkt. Für die Mutter war dabei am eindrücklichsten, dass dieses penetrante nervige Aufdrehen ihrer Söhne in der Folge nicht mehr vorkam. Sie konnten als kleine Männer ankommen bei ihr.

Wenn die Mutter nicht auf seinen Penis schaut, ihn ignoriert, dann fühlt sich der Junge mit seiner demonstrativen Bewegung nach außen – seinen Pimmel zu zeigen – nicht angenommen von ihr. Wir hören immer wieder Geschichten von Männern, die als kleine Jungen mit ihrem genitalen Zeige-Impuls ins Leere gelaufen sind. Der Bub streckt der Mutter seinen Pimmel entgegen, und sie drückt ihn mit offenen Armen als ihren lieben Jungen an sich, zum Beispiel mit den Worten: „Lass das und komm her, du bist doch mein lieber kleiner Bub." Damit nimmt sie ihn vom Herzen her zu sich und beachtet ihn aber unten am Penis nicht. Er fühlt sich dadurch als kleiner Mann abgelehnt, was sein körperliches Erleben im Genital blockiert. Im Herzen bekommt er eine Überdosis – selbst wenn es aus Liebe geschieht. Mit seiner Lebendigkeit im Becken und im Genitalbereich läuft er ins Leere, wird dort frustriert und abgeschnitten. Die Mutter lässt ihn mit dieser Geste auch nicht groß werden, vielmehr wehrt sie den kleinen Mann in ihm ab, da dies aus irgendwelchen Gründen für sie zu bedrohlich ist. Und sie bindet ihn mit ihrer Liebesenergie an sich, was für ihn überflutend sein kann.

Andere Formen der negativen Spiegelung sind abfällige Blicke, ein bewusstes Wegschauen oder die Reaktion: „Du hast auch schon nichts anderes im Sinn als alle Männer – die wollen sowieso immer nur Sex." Damit stülpt sie ein negatives Geschlechtervorurteil gegenüber Männern über den kleinen Sohn. Dieser wird in der Folge bemüht sein, ein lieber Junge zu werden und auf keinen Fall einer, der Sex will.

Das Zuviel an Energie im Herzbereich und das kastrierende Abklemmen der Energie im Beckenbereich wirkt sich auf die erwachsene männliche Sexualität so aus, dass sie getrennt vom Herzen stattfindet. Männer haben es oft schwer, sich auf eine tiefere Bindung einzulassen. Passiv-aggressives Beziehungsverhalten, Impotenzprobleme, frühzeitige Ejakulation, sexuelle Gewalt und Missbrauch gegen Frauen als indirekte Rache für die eigene Verletzung können Folgen davon sein, da diese frühen Muster in späteren Beziehungen zu Frauen wieder inszeniert werden.

Diese Form von Missbrauch der Mutter dem Sohn gegenüber ist weniger greifbar, da er meist auch nicht auf der direkten körperlichen Ebene geschieht wie beim Mädchen, sondern energetisch. Ein eindrückliches Beispiel von Überflutung auf der Körperebene beschreibt ein Klient so:

„Wenn es hieß, wir besuchen die Großmutter, fand ich alle nur erdenklichen Ausreden, um nicht mitkommen zu müssen. Sie drückte mich immer an ihren vollen Busen, der sich für mich hart anfühlte. Den Abdruck ihrer Kugelknöpfe vorn an ihrer Bluse sah ich danach noch in meinem Gesicht. Ich konnte mich nicht wehren, und in meiner Not pinkelte ich voll in die Hose dabei. Meiner Mutter fiel dabei nichts Besseres ein, als mich vor allen bloßzustellen. Hätte es ein Loch im Boden gegeben, wäre ich für immer darin verschwunden - so schlimm war das."

Von dieser überflutenden Verletzung auf der Herzebene spricht man auch nicht in der Öffentlichkeit, es betrifft aber viele Männer, was sich im therapeutischen Setting oft zeigt. Wenn die Therapeutin mit dem Thema Sexualität selbst verunsichert ist, kann das sogar in der Therapie wiederholt werden, sodass der männliche Klient mit seiner Sexualität dort wieder keinen klaren Platz hat.

Ein anderer Aspekt von Muttersöhnen ist, dass sie, da weniger gefährlich, von der Mutter in die Position eines „Mann-Ersatzes" gebracht werden. Wenn der Vater in diesem Dreieck seinen Platz nicht wirklich einnimmt und oft abwesend ist, entsteht ein Loch im System, und der kleine Sohn könnte an diesen Platz rücken. Zum einen geschieht ihm damit eine Erhöhung – er wird innerlich größer und lebt aus dem Gefühl, er könne die Mama beschützen oder sie besser verstehen als der Vater. Zum anderen ist der Preis dafür, dass er nicht wirklich Sohn sein kann mit allen Facetten, besonders auch mit den ungemütlichen, wilden Seiten in sich. Selbst wenn es sich nicht auf der erotischen Ebene ausdrückt, ist er überfordert mit dieser Rolle – er sollte einfach Kind sein dürfen.

Gerade für alleinerziehende Mütter mit Söhnen ist dieser Aspekt – nicht vom Sohn eine Bestätigung für ihr Frausein zu suchen – eine Herausforderung. Dies ist eine Frage von Selbstregulation. Wenn sie gut zu sich schaut und ihre Ressourcen pflegt, zum Beispiel tanzen geht, kann sie sich als lebendige sexuelle Frau fühlen, obwohl sie nach der Trennung ihre Sexualität für eine Weile mit keinem Mann teilt. In diesem Sinne braucht sie nichts von ihrem Sohn, um sich als sexuelle, erwachsene Frau zu bestätigen. Wichtig dabei ist auch, ob sie innerlich den Vater des Sohnes ehren und ihn als Mann wertschätzen kann, mit dem sie ihren Sohn gezeugt hat, auch wenn sich ihre Lebenswege jetzt trennen. Der Sohn kann entspannen, wenn er beide lieben darf und spürt, dass sein Vater okay ist. Darüber hinaus kann sie ihrem Sohn Brücken bauen in die Männerwelt und eventuell auch für zusätzliche männliche Begleitpersonen sorgen.

Leider gibt es auch viele Übergriffe an Jungs, die von männlichen Orientierungspersonen wie vom Sportlehrer, Heimleiter, Seelsorger oder einem Onkel ausgeübt werden und oft erst Jahre später ans Tageslicht kommen. An der unverarbeiteten destruktiven Auswirkung leiden viele Männer noch jahrelang in ihren Liebesbeziehungen.

Beat war als Junge mit Leib und Seele bei den Pfadfindern und sein „Pfadi-Leiter" war ein großes Vorbild für ihn. Als er elf Jahre alt war, begannen seine geheimnisumwobenen Spezialstunden, zu denen der Leiter nur ausgewählte Jungs einzeln einlud und über die keiner redete. Beat durfte/musste ihn an seinem Schwanz berühren und erregen, und sein Idol vergriff sich an ihm und „verschaffte ihm Lust", während er gleichzeitig dazu onanierte. Häufig spritzte er sein Ejakulat auf Beats Bauch und verstrich es dort mit den Worten, das sei wie Medizin für ihn und mache ihn stark und kräftig. Ihre Treffen seien ihr Geheimnis, und als Pfadfinder müsse man Geheimnisse „topsecret" bewahren können. Die Mischung aus Erregung und dem gleichzeitigen Gespür, dass hier etwas komplett schiefläuft, die Bewunderung für seinen Lehrer (er konnte einfach alles, was Jungs interessiert) und die Ablehnung seiner sexuellen Handlungen in Verbindung mit Scham und Ekel – all dies machten Beat jahrelang zu schaffen. Es gab niemanden, mit dem er sich darüber austauschen konnte. Seine sexuelle Orientierung ging später klar zu Frauen, und doch gab es eine Blackbox in seinem Liebesleben.

Es blieb lange sein Geheimnis, dass er kurze Ausflüge in die Schwulenwelt machte, die meist nicht in einem sicheren Rahmen stattfanden, sondern als harte Quickies auf Autobahnraststätten oder in Darkrooms. Im Anschluss an solche anonymen Männerbegegnungen fühlte er oft Scham und Ekel, und doch war es wie ein Sog, der ihn immer wieder dorthin zog. Als er mit seiner Frau seinen erstgeborenen Sohn in den Armen hielt, überfiel ihn plötzlich Panik, dass er kein sicherer Vater für seinen Sohn sein könnte, und er suchte sich einen Therapeuten. Dort redete er zum ersten Mal über seine Missbrauchsgeschichte und seine Angst, er könne später mit seinem Sohn Ähnliches machen. Es fiel ihm wie Schuppen von den Augen, als er den Zusammenhang seiner ambivalent inszenierten Quickies mit Männern zu den Übergriffen seines Pfadfinderleiters erkannte. Er konnte plötzlich auch das Ausmaß seiner Wut auf ihn spüren, die sich jedoch in diesen lieblosen Männerbegegnungen gegen ihn selbst richtete. Ein wichtiges Element der therapeutischen Begleitung war die nachnährende Arbeit mit seinem damals abwesenden Vater, der ihn schützt vor diesen Übergriffen. Beat konnte dadurch im Hier und Jetzt erleben, wie sich eine gute väterliche Begleitung, die sicher ist, anfühlt und hatte auch ein präsentes Gegenüber für seine Bedürfnisse als Junge. So konnte er zunehmend entspannen und eine klare und sichere körperliche Nähe in der Begleitung seines Sohnes entwickeln.

Die wichtige Aufdeckung solcher Missbrauchsfälle hat im Umgang damit leider auch eine schwierige Konsequenz mit Tragweite. Anstatt in eine aufklärende und erwachsenbildnerische Arbeit zu investieren – wie eine sichere und rollenklare körperliche Begleitung von Kindern und Jugendliche sein kann –, gibt es immer mehr schützende Berührungsverbote und distanzierende Regeln, die nicht zuletzt sogar die Eltern verunsichern. Leider entsteht dadurch auch ein Defizit an guter körperlicher Berührung und mangelnde Erfahrung in Bezug darauf, wie sich eine sichere körperliche Nähe vor allem zu männlichen Begleitpersonen anfühlt. Gesellschaftlich berühren wir hier einen unbalancierten Bereich, da schon ab dem Kindergarten vorwiegend weibliche Betreuungspersonen das Feld prägen.

Die wenigen verbliebenen Männer werden oft schon von vornherein als potenzielle Täter gesehen, was nicht sehr ermutigend für Männer ist, sich in diesem Feld zu exponieren und zu engagieren.

Ein Psychologe, der in der Berufsberatung arbeitet, erzählte mir folgenden Fall:

> Christoph bewirbt sich mit 19 Jahren an einer Kita in Bern auf eine Lehrstelle als Fachmann für Kinderbetreuung. Er hat in seiner Jugend viele Kinder gehütet und hat diese Berufswahl von Herzen getroffen. Als die Kitaleitung den Eltern erfreut bekannt gibt, dass sie einen Mann für das Team gewonnen haben (weniger als zehn Prozent der Betreuenden in Kindertagesstätten und Kinderkrippen sind männlichen Geschlechts), laufen diese Eltern plötzlich Sturm, und ohne diesen jungen Mann zu kennen, drohen ein paar sogar damit, ihr Kind aus der Krippe zu nehme, mit der Begründung, dass man doch wisse, dass viele Kinder von Männern missbraucht werden. Der Druck auf die Kitaleitung steigt, und sie erwirken, dass Christoph einen meines Erachtens demütigenden Vertrag unterschreiben muss, in dem festgehalten ist, dass er nie mit einem Kind allein auf die Toilette geht und nie ein Kind auf seinen Schoß nehmen wird. Körperkontakt sei nur zu funktionellen Handlungen erlaubt. Allerdings gelten diese Klauseln für die Frauen dort nicht. Christoph unterschreibt diesen Vertrag, da es sein Herzenswunsch ist, diesen Beruf zu erlernen. Wie frei er sich dabei fühlen wird, unter ständiger Beobachtung und dem generalisierten Vorverdacht des missbrauchenden Täters zu stehen, sei dahingestellt.

Prophylaktisch sollen speziell Männer körperliche Berührungen in ihrer Rolle als Begleiter meiden. In Kinderkrippen dürfen zunehmend schon kleine Kinder nicht mehr auf den Schoß genommen werden. Gerade im letzten Seminar hat uns ein Yogalehrer für Kinder berichtet, dass er schon gar nicht mehr wisse, wie er beim Kopfstand die Mädchen sichern soll. So entsteht ein Vakuum an natürlichem und ungezwungenem Berührungskontakt. Wie befreiend könnte es sein, wenn professionell gut geschulte Männer in guter Selbstregulation in einen klaren und entspannten Körperkontakt mit Jungen und Mädchen gehen können. Ein Kontakt aus einer entspannten Körperpräsenz, der nichts für sich braucht. Wohin bewegen wir uns als Gesellschaft, wenn die femininen und maskulinen Unterstützungskräfte in der Begleitung unserer Kinder aus der Balance geraten? Sowohl für Mädchen als auch für Jungen sind gut regulierte Frauen und Männer in ebenbürtigem Zusammenwirken wichtig.

Die Bedeutung der Eltern als sexuelles Paar für die Kinder

Für dieses erste Erforschen der sexuellen Identität braucht es also einen sicheren Boden für alle Beteiligten. Eine wichtige Basis ist hier eine gute Beziehungsqualität der Eltern, aus deren sexueller Verbindung die Kinder entstanden sind. Den Kindern geht es grundsätzlich gut, wenn die Eltern als Paar gut zusammenwirken.

Das kindliche Erforschen ist geprägt von Neugier, Unschuld und Lebendigkeit und hat nichts mit erwachsener Sexualität zu tun. Je besser Eltern sich in diese kindliche Perspektive versetzen können, umso leichter ist es, sie in ihrer unschuldigen Lebendigkeit zu spiegeln. In der häuslichen Atmosphäre ist spürbar, ob die Eltern eine lebendige sexuelle Beziehung pflegen oder nicht. Kinder merken das in Gesten oder Berührungen, liebevollen Blicken, die zwischen den Eltern als Mann und Frau getauscht werden. Wenn die Erotik auf der erwachsenen Ebene läuft, können die Kinder auf der Kinderebene explorieren und sich dabei sicher fühlen.

An uns wird oft die Frage herangetragen, ob Kinder dazukommen dürfen, wenn die Eltern Liebe machen. Das ist grundsätzlich kein Problem, solange sich die Eltern bewusst sind, dass ihr Sohn oder ihre Tochter dazukommt, und sie einen Willkommensraum schaffen können.

> Es ist Sonntagmorgen, Claudia und Tom sind noch vergnüglich im Bett. Plötzlich geht die Tür auf und ihr dreijähriger Sohn Robin kommt rein. Vielleicht hat er ihre lustvollen Laute gehört? Beide halten inne in ihrem Liebesspiel, und ohne ihre körperliche Position zu verändern, in der sie gerade sind, begrüßen sie ihren Sohn: „Guten Morgen, Robin, bist du schon wach und kommst uns besuchen?" – Robin: „Was macht ihr da?" „Wir machen Liebe zusammen – so bist auch du entstanden. Magst du dazukommen?" Robin kommt langsam näher zu ihrem Bett. „Warum liegst du auf der Mama?"– „Papas Kraftwurzel besucht Mamas Muschelhöhle." Robin kommt noch näher und schaut auf die Verbindungsstelle zwischen ihren Becken. Beide bewegen schaukelnd ihre Hüften, und schwupps klettert Robin auf Papas Hintern und hat Spaß auf diesem Pferd zu reiten. Claudia und Tom lachen, und eine Weile reiten sie zusammen durch die Prärie. Bis Claudia ausruft: „So kleiner Reiter, jetzt ist Zeit zum absteigen, die Pferde sind durstig." Robin steigt ab und sagt: „Ich bin auch hungrig. Können wir endlich frühstücken?"

Wenn das Kind beim Liebesspiel dazukommt und alle Fragen stellen kann und die Eltern antworten auf einer kindgerechten Ebene, wird es sich entweder eine Weile dazugesellen, wie in diesem Beispiel, oder zufrieden wieder abziehen, weil es weiß, die Eltern haben es gerade gut zusammen und es kann beruhigt spielen gehen. Schwierig sind für Kinder Situationen, in denen sie heftigen Sex mitbekommen und das nicht einordnen können. Das ist der Fall, wenn sie zum Beispiel laute Stöhngeräusche aus dem Schlafzimmer hören und der Eindruck entsteht, der Papa tut der Mama weh. Sobald sie nachfragen können und eine für sie verständliche Erklärung bekommen, kann sich das bedrohliche Gefühl auflösen.

Manchmal wollen Kinder auch dazwischengehen, wenn die Eltern gerade nah zusammen sind. Zum einen bedeutet das, ein Bad zu nehmen in dieser elterlichen Verbindung und daran anzudocken, zum anderen kann es auch ein Testversuch sein, ob diese Verbindung wirklich hält. Wenn Eltern immer sofort auseinander gehen, wenn das Kind dazwischen kommt, hat das Kind zu viel Macht und bekommt zu viel Aufmerksamkeit. So können sie ruhig sagen: „Jetzt sind wir gerade zusammen, und in einer Weile bist du wieder dran."

Andere Male ist es genau umgekehrt, da darf das Kind erleben, dass die Eltern ihren Kontakt unterbrechen und sich zuerst um das Bedürfnis des Kindes kümmern. In der Gesamtsumme ist eine Balance wichtig. Wichtig ist vor allem, dass die Eltern regulieren und nicht das Kind die Dynamik bestimmt.

Grundsätzlich ist es so, dass die Kinder aus der sexuellen Vereinigung der Eltern entstehen. Das ist ihr Ursprung, und die Verbindung zwischen den beiden war vorher schon da. Im Kind verbindet sich die Erbinformation aus beiden Eltern und ihrer jeweiligen Generationenlinie. Das heißt, wenn sich diese innere Zusammensetzung des Kindes in der äußeren Liebesbegegnung der Eltern wieder bekräftigt im Liebemachen, hat das eine positive, seine Existenz bestätigende Auswirkung auf das Kind. Wo die sexuelle Liebe zwischen den Eltern blüht, gedeihen auch die Kinder. Im Liebemachen der Eltern bestätigt sich immer wieder das existenzielle „Ich bin".

Leider trennen sich viele Eltern genau in dieser Phase, in der es für die Kinder so wichtig wäre, sie als lebendiges erotisches Paar wahrzunehmen. Hier stellt sich die Frage, wie es gelingen kann, dass im Kind verbunden bleiben darf, was sich im Äußeren auf der Elternebene trennt. Schön wäre es, wenn die Eltern dem Sohn/der Tochter vermitteln könnten: „Zu den besten Dingen meines Lebens gehört, dass ich dich damals mit deiner Mutter/deinem Vater gezeugt habe. Auch wenn wir uns auseinander gelebt haben – du hast einen guten Vater/eine gute Mutter." Dies bedeutet auch, zu der Realität zu stehen, dass sie damals diese Wahl getroffen haben.

Spürt das Kind die Wertschätzung für den Ex-Partner, kann es in seinem Sein entspannen. Eine Abwertung des Partners bedeutet immer auch eine

Abwertung für das Kind. Es zieht automatisch die Schlussfolgerung: „Wenn mein Vater/meine Mutter nicht gut ist, dann ist auch ein Teil von mir nicht gut."

Reifestufe 14 Jahre: Pubertät – der große Aufbruch als Teenie

Wahre Liebe fordert nicht, wahre Liebe gibt.
Sie ist ein Entgegenkommen, ein Geben, aber auch ein Annehmen.
Wahre Liebe ergreift nicht Besitz, sondern gibt Freiheit.

Marie von Ebner-Eschenbach

In der Pubertät, die von der körperlichen Reife her immer früher einsetzt, verstärken und polarisieren sich die geschlechtlichen Kräfte ein weiteres Mal. Gleichgeschlechtliche Peergruppen werden wichtig für die Begegnung mit dem anderen Geschlecht. In den Körpern geschieht die sichtbare Veränderung vom Mädchen zur Frau bzw. vom Jungen zum Mann. Die Jugendlichen drängen zunehmend in ihrer erblühenden Weiblichkeit und erstarkenden Männlichkeit in die Welt hinaus. Hier zählt vor allem: Wie wirke ich auf andere? Die Begeisterung für Ideale und Ideales, das Ausprobieren von verschiedenen Möglichkeiten und Partnern, die Wichtigkeit der äußeren Erscheinungsform prägen diese Phase. Wohin orientiere ich mich? Finde ich Jungen anziehend oder Mädchen, diejenigen vom gleichen oder vom anderen Geschlecht? Über allem steht das Experiment, in dem man sich jeden Tag aufs Neue entdecken kann. Mit der ersten Menstruation bzw. Ejakulation beginnt die körperliche Fruchtbarkeit und die Möglichkeit der Reproduktion.

Flüssigkeiten der Fruchtbarkeit – erste Menstruation, erste Ejakulation

Das erste Blut und der erste Samenerguss wurden in vielen alten Kulturen und werden zum Teil noch bei indigenen Völkern als Anlass genommen, das alte Wissen über die Zyklen der Fruchtbarkeit weiterzugeben und ein Ritual zu feiern, in dem die Mädchen und Jungen aufgenommen werden in den Kreis der Frauen und Männer. Eine schöne überlieferte Vorstellung aus der indianischen Tradition ist folgende:

> Es gibt im Dorf Mondhütten, in die sich die blutenden Frauen zurückziehen, um ihr Blut mit einem Gebet an die Erde zu geben. Sie bedanken sich für das, was sie schon geboren haben, auch im nicht-physischen Sinne. Diese Zeit in der Mondhütte dient dem Rückzug, zur Reinigung und Neuausrichtung mit der Frage: „Was will aus meinem Ei geboren werden? Was will ich in die Welt bringen?" Unser Blut steht in Resonanz mit dem Magma, dem Wasser und dem Elektromagnetfeld der Erde. In dieser Zeit des Blutens lüftet sich der Schleier zwischen uns und dem Erdwissen, und wir sind eingeladen, aus dieser Verbindung mit Mutter Erde unsere Kreationen entstehen zu lassen – zum Wohle des größeren Ganzen.

Eine Navajo-Indianerin erzählt uns bei einem Besuch im Canyonlands-Nationalpark in Colorado von der Tradition ihres Stammes, in der sie das erste Mondblut in einem viertägigen Ritual feiern. Die ältesten Frauen geben dabei ihr Wissen an die jungen Mädchen weiter. Die Verankerung in der Gemeinschaft des Dorfes gibt dem Ereignis eine Bedeutung, die von allen Generationen beachtet wird, und die Mädchen können in ihrer Vorfreude kaum erwarten, endlich dazuzugehören.

Aus diesen naturverbunden lebenden Kulturen stammt auch folgendes Wissen: Wenn 20 Frauen in der Natur ein paar Monate gemeinsam unter freiem Himmel leben, so gleicht sich mit der Zeit der Zyklus aller Frauen in Verbindung mit dem Mondrhythmus an. Die Frauen werden wahrscheinlich bei Neumond gemeinsam bluten und bei Vollmond ihre fruchtbaren Tage haben. Ich habe das selbst schon einige Male erlebt, wenn ich mit Frauen längere Zeit in der Natur unterwegs war und wir unter freiem Himmel geschlafen haben, dass sich unsere Zyklen aufeinander eingeschwungen haben und wir zur gleichen Zeit menstruierten. Diese direkte Verbindung zur Natur ist leider vielen Frauen verloren gegangen. Heute fehlen in unserer Kultur kollektive Rituale, die diesen Übergang ins Frausein im positiven Sinne markieren. Umso mehr wiegen dadurch individuelle Prägungen und Reaktionen des unmittelbaren Umfeldes.

Vom Mädchen zur Frau

„Hast du sie schon?" Diese Frage ist unter Mädchen wichtig, weil sie dem Zugehörigkeitsgefühl dient. Trotzdem wird die Monatsblutung heute oft noch peinlich erlebt, und auch die Werbung setzt auf einen sterilen, möglichst geruchsfreien und verbergenden Umgang damit. Die Erinnerung vieler Frauen an die erste Menstruation ist eher mit Schmerz, Scham oder Ekel verbunden und wurde zumindest früher weniger mit Freude und Kraft assoziiert.

Hier einige Beispiele aus dem Erfahrungsaustausch unter Frauen über ihr erstes Blut: Es sind Originalzitate von Frauen zwischen 25 und 67 Jahren (aufgezeichnet in den letzten zwölf Jahren). Sie geben inhaltlich einen guten Querschnitt der vielen Geschichten, die wir in den letzten 25 Jahren immer wieder gehört haben.

> Erika, 58: „‚Als ich meine Mens mit zwölf Jahren bekam, sagte meine Mutter mit leidvoller Stimme: Jetzt beginnt bei dir auch schon dieses Übel, was wir Frauen besser nicht hätten. Vor allem musst du ab jetzt aufpassen, dass du mir ja nicht schwanger nach Haus kommst!' So war mein Blut lange mit der Angst vor ungewollter Schwangerschaft verknüpft, unabhängig davon ob ich Sex hatte oder nicht."

> Regula, 67: „Ich war elf Jahre alt, und es war an einem Sonntag kurz vor dem Gang in die Kirche. Meine Mutter schlug die Hände über ihrem Kopf zusammen und sagte: ‚Oh Gott, das hat uns gerade noch gefehlt'. Sie gab mir eine Binde

und in aller Aufregung tat ich sie verkehrt herum rein, mit der klebenden Seite nach oben. Es war sehr schmerzhaft, die wieder abzulösen, und die Hose war trotzdem mit Blut verschmiert."

Andrea, 25: „Meine Mutter sagte mir, als ich meine Mens bekam: ‚Es gibt andere Frauen, die haben Schmerzen dabei, wir gehören da aber nicht dazu!' Ich hatte immer eine sehr starke Blutung, und habe sie aber immer als Zeichen meiner weiblichen Kraft gedeutet. Durch diese positive Botschaft meiner Mutter habe ich sie auch nie als schmerzhaft oder störend erlebt."

Sophie, 32: „Ich habe keine Erinnerung an die erste Mens, null Ahnung. Es war einfach selbstverständlich. ‚Was machet dir do für es Gschiss drus?'"

Sandra, 49: „Ich wurde zu Hause überhaupt nicht aufgeklärt - meine Mutter konnte nicht darüber sprechen -, in der Schule zum Glück schon. Mein erstes Blut habe ich ganz heimlich für mich erledigt. Weiß auch nicht mehr, wie und wann. Es war so ein Tabu, dass ich dachte, ich darf gar nicht Frau werden, sondern muss für meine Mutter noch ein Mädchen bleiben. Es ist auch mit viel Scham besetzt. Heute bin ich stolz auf mein Frausein und ich merke: Mein Blut muss wirklich gewürdigt werden. Wenn mein Partner etwas Abwertendes sagt darüber verletzt mich das. Heute liebe ich sie dank dem Austausch in Frauengruppen."

Edit, 56: „Ich bin mit Brüdern aufgewachsen, und meine Periode war das Ende dieser Zeit, in der ich immer versucht habe, mit den Jungs gleichzuziehen. Ich war eine von ihnen gewesen, und dann war ich plötzlich weg von der Gemeinschaft mit ihnen. Meine Mutter gab mir zwar Binden, aber wir haben nicht groß über Weiblichkeit oder Frausein gesprochen. Das musste ich wirklich selber entwickeln."

Isolde, 52: „Ich habe mir immer eine Schwester gewünscht und mir vorgestellt, dass ich das mit einer Schwester vielleicht hätte besprechen können.

Ich liebe Bücher wie ‚Das rote Zelt' – da werden Frauen beschrieben in einer biblischen Zeit, in der die Frauen, wenn sie ihre Periode hatten, zusammen ins rote Zelt gingen. Sie mussten nicht arbeiten, nicht kochen für die Männer, sie konnten einfach da sein mit den anderen Frauen, und die Männer mussten selber schauen, wie sie dann zurechtkamen. Die haben es auch sicher hart gehabt, aber es gab eine Frauenzeit, wo man sein durfte, wie man war."

Françoise, 42 (aus Frankreich): „Ich habe eine Cousine, sie hatte ihre Regel vor mir, und wir haben nicht viel darüber geredet. In dieser Zeit ging ich in den Sommerferien einmal pro Jahr für einen Monat zu meinem Vater. Meine Eltern lebten getrennt, und ich erinnere mich an die Angst meiner Mutter, dass ich meine Regel das erste Mal bei meinem Vater kriegen könnte. Als meine Cousine dann ihre Tage bekam, hat sie mir erklärt, wie das geht. Es waren eher praktische Hinweise, wie man z.B. mit dem Tampon umgeht, aber keine Erklärung dazu, was das bedeutet für das Frausein. Dann habe ich das so als einen unangenehmen Moment gehandhabt, der auch wieder vorbeigeht, aber keine Bedeutung hat, bis ich später Frauen getroffen habe, die mir eine tiefere Bedeutung nahegebracht haben, und die mir auch die Mooncup gezeigt haben – einen Behälter, der das reine Blut auffängt während der Menstruation. Das hat mich verbunden damit, was in meinem Körper geschieht, was es bedeutet, und es hat seither auch einen Sinn."

Maria, 60: „Als ich geboren wurde, wollten meine Eltern eigentlich einen Jungen. So habe ich lange versucht, ein Junge zu sein, und hatte in der Pubertät Mühe mit dem Frauwerden. Meine Schwester und ich wurden von meiner Mutter sehr dürftig und schamvoll aufgeklärt. Sie hatte dabei rote Ohren, und es machte ihr sichtlich Mühe, darüber zu reden. Wir hatten das Gefühl, dass es etwas Schreckliches sein muss. Die erste Blutung kam bei mir erst mit 16, die anderen Mädchen in der Klasse hatten da schon lange ihre Regel. Dann ging ich zur Mutter, sie gab mir diese ekligen riesigen Binden, und ich habe mich nur geschämt. Ich traute mich kaum auf die Straße damit und dachte, dass jeder mir das schon von Weitem ansieht – es war nur schrecklich.

Später hatte ich dann jeden Monat Migräne mit der Monatsblutung. Erst heute durch solche Rituale und durch viel innere Arbeit kann ich stolz darauf sein, eine Frau zu sein."

Theresa, 37: „Ich war überrascht von der ersten Mens, war aber vom Vater schon darüber vorinformiert. Ich ging damit zum Vater. Damals hatte ich aber Angst vor einer inneren Blutung. Mein Vater tröstete mich und beruhigte mich. Er schickte mich am nächsten Morgen zur Mutter, und diese war etwas hilflos. Ich hoffte, es sei nur einmalig, meine Großmutter sagte mir aber dann, dass es nun jeden Monat kommen werde. Eine Freundin versorgte mich mit Tampons, das half mir sehr."

Es ist für mich immer wieder erschütternd, wie viele Frauen an diesem wichtigen Übergang ins Frausein von ihren Müttern eine negative Botschaft erhalten haben. Oft ist sie verknüpft mit Leid und Schmerz, mit Schwere und der Angst vor ungewollter Schwangerschaft. Nur selten gibt es Geschichten, in denen auch Stolz und die Verbindung zur schöpferischen Kraft des Gebärens im guten Sinne vermittelt wird. Wenn die Monatsblutung in unserer Kultur verankert wäre als ein Ereignis, das die Frauen mit ihrer kreativen Schöpfungskraft verbindet, und es auch kollektive Rituale gäbe, um das zu feiern, würden wir achtsamer damit umgehen. Es wäre nicht länger ein lästiges Übel, das wir wie eine Krankheit bekämpften, sondern es hätte einen höheren Stellenwert. Im Wesen des Mondzyklus liegt eine spezifische Bewegung, die in der ersten Hälfte aktiv nach außen gerichtet ist, mit den fruchtbaren Tage ihren Höhepunkt erreicht und anschließend mehr nach innen geht. Folgen wir diesem Rhythmus, dann laden uns die Tage des Blutens dazu ein, unser Tempo zu verlangsamen, loszulassen und zum Beispiel entspannt auf dem Sofa einen Tee zu trinken. Diese Zeit können wir nutzen, um uns zu sammeln und zu besinnen, was als Nächstes reif ist und in die Welt geboren werden will; das kann auch etwas sein wie: „Ich möchte dem Lachen und der Leichtigkeit wieder mehr Raum geben."

Den jungen Mädchen von heute ist es oft peinlich, wenn die emanzipierten Mütter kommen und zu ihren Töchtern sagen: „Komm, wir feiern jetzt deine erste Menstruation.“ Sie wollen am liebsten gar kein Aufheben darum machen, so wie die Tochter einer Freundin anlässlich ihrer ersten Menstruation zu ihrer Mutter sagte: „Mama, jetzt bleib mal ganz cool und reg dich nicht künstlich auf, weil ich jetzt die Mens habe.“

So ist und bleibt es für jede Mutter eine individuelle Herausforderung, dieses Ereignis der ersten Menstruation in einer Form zu würdigen, die auch für die Tochter stimmig ist. Sie kann ihrer Tochter etwas Wohltuendes für ihren Körper und ihre Sinne schenken oder mit ihr zusammen Frauenzeit verbringen. Die wichtigste nonverbale Botschaft gibt sie ihrer Tochter jedoch durch ihren eigenen wertschätzenden Umgang damit.

Es ist auch ein guter Zeitpunkt, ihre Tochter zu ermutigen und einzuladen, ihren erwachenden Frauenkörper für sich selbst sinnlich erforschend zu entdecken und dabei herauszufinden, dass es da auch Flüssigkeiten der Lust gibt. Die Mutter könnte ihr vermitteln: „Du selbst bist die Quelle deiner Lust – es ist okay, deine aufblühende Vagina lustvoll zu entdecken und herauszufinden, welche Berührung deine Perle (Klitoris) besonders gerne hat. Nimm dir Zeit und Raum, deinen Körper und deine Liebesorgane auf entspannte Weise kennenzulernen.“ Da die Geschichten zur ersten Menstruation nicht mit dem direkten Lusterleben verbunden sind und Selbstbefriedigung für Mädchen und Jungen ein wichtiger Erfahrungsraum ist, teile ich hier noch eine Erinnerung von Alina (35) zu ihrer lustvollen Selbsterforschung:

> „Mein entspannter und sicherer Ort für meine jugendlichen Entdeckungsreisen war das abgeschlossene Badezimmer, in dem ich mich mit meiner Lieblingsmusik einrichtete. Nachdem ich viel Zeit im Reitstall und auf dem Rücken von Pferden verbrachte, gab es fast jeden Tag einen guten Grund für eine Dusche. Daraus wurden süße Stunden, die ich in der Badewanne liegend

verbrachte und mit dem Duschstrahl meinen Kitzler hervorlockte und umspielte. Dazu fantasierte ich Liebesszenen, die ich gelesen oder in Filmen gesehen hatte. Selbst die Bemerkungen meiner Mutter, ich solle nicht so viel Wasser verbrauchen und einfach schnell duschen, konnten meine Freude nicht trüben."

Ein weiterer wichtiger Aspekt ist der Einfluss der Pille auf unseren weiblichen Zyklus. Immer wieder erlebe ich junge Mädchen in der Praxis, die schon sehr früh prophylaktisch die Pille nehmen, da ihre Menstruation unregelmäßig oder ihre Haut unrein ist. Manchmal drängt auch die Mutter darauf, sobald die Tochter den ersten Freund hat, auf Nummer sicher zu gehen, und lässt ihr sofort die Pille verschreiben, obwohl die Tochter noch lange nicht beim ersten sexuellen Geschlechtsverkehr angekommen ist. Die Angst, ungewollt schwanger zu werden, sitzt trotz Pille nach wie vor tief in unseren Zellen.

Ich möchte hier Folgendes zu bedenken geben: Wenn wir die Mädchen schon ab einem Alter zwischen 12 und 14 mit der Pille versorgen, dann können diese jungen Frauen gar kein Gespür entwickeln für ihren ureigenen Zyklus, da er von Anfang an fremdgesteuert wird. Die scheinbare Regelmäßigkeit hat einen hohen Preis – die Entfremdung von der natürlichen Regulationsfähigkeit des Körpers. Das wichtigste Geschenk, das Mütter ihren jugendlichen Töchtern mitgeben können, ist, das Vertrauen in sich und in den eigenen Körper zu stärken, anstatt auf äußere Regulation zu setzen, und zwar gerade in der Phase, in der die körperliche Eigenregulation ein wichtiger Lernprozess sein kann.

Carmen, eine junge Frau von 19 Jahren erzählte im Frauenseminar, sie habe ab 14 die Pille genommen. Sobald sie einen Freund hatte, ging ihre Mutter mit ihr zum Frauenarzt. Schon bald merkte sie, dass sie weniger und weniger Lust auf Sex hatte, obwohl die Beziehung zu ihrem Freund nach wie vor gut war, und sie nach wie vor auf ihn stand. Im Internet fand sie eine Forschungarbeit, die besagte, dass es einen Zusammenhang zwischen der Pille und einem reduzierten Lustempfinden gebe. Das zu lesen, war für sie der Auslöser, die Pille wieder abzusetzen. Sie begann, ihre Basaltemperatur zu messen, und war fasziniert von ihrem eigenen Zyklus. Schon nach ein bis zwei Monaten stellte sie erfreut die Rückkehr ihrer Lust fest. Die erfrischende Schilderung dieser selbstbewussten jungen Frau animierte die 16-jährige Teilnehmerin Anita dazu, ebenfalls ihre Pille abzusetzen, die sie ab 13 wegen ihrer Akne genommen hatte.

Die Pille als Errungenschaft der Emanzipationsbewegung hat vielen Frauen eine Befreiung und mehr Selbstbestimmung bezüglich ungewollter Schwangerschaften gebracht. Gleichzeitig wird damit die Sexualität frei und immer verfügbar, was auch für manche Frauen einen Lust-Stress erzeugen kann. Dies wiederum kann zur steigenden Lustlosigkeit beitragen. Wenn wir unsere Lieblingsspeise jeden Tag serviert bekommen, vergeht uns nach einiger Zeit der Appetit darauf, und wir können sie nicht mehr riechen.

Vom Jungen zum Mann

Männer sind in diesem Übergang, wenn es um die sexuelle Ebene geht, fast noch mehr sich selbst überlassen. Auch hier fehlt eine bewusste Einführung in die Männerwelt. Oft ist der Samenerguss mit Schuldgefühlen und der Angst, eine Frau zu schwängern verbunden. Man will sich ja kein Kind anhängen lassen. Im Gegensatz zu einigen alten religiösen Darstellungen, in denen der Same des Mannes für die Zeugung das Wichtigste war und die Frau nur „den Acker“ bereitstellte, gibt es heute in Männern häufig ein tiefliegendes Minderwertigkeitsgefühl, dass ihr Beitrag zum Entstehen des Lebens weniger wert sei als der einer Frau. Sie trägt schließlich die Frucht in ihrem Körper und gebärt sie unter intensiven Wehen.

Letztendlich liegt aber im Samen die Essenz des Mannes, die dazu beiträgt, neues Leben zu kreieren. Es ist seine kreative Schöpferkraft. Dieser essenzielle Bezug wird kaum von Vätern oder Müttern vermittelt. Hier bleibt es bei der Aufklärung meist beim Hygienethema, und es wird weniger auf den tieferen Sinn oder den sinnlichen Aspekt eingegangen. So bleibt die Entdeckung dieser wertvollen Flüssigkeit jedem Mann selbst überlassen. Meist hören wir Isolationsgeschichten, wenn es darum geht, wie Männer den ersten Samenerguss erlebt haben. Im besten Fall hatten sie darüber einen Austausch unter Jungs, jedoch fast nie mit den Eltern.

Hier Beispiele aus dem Erfahrungsaustausch von Männern über ihren ersten Samenerguss. In diesen Originalgeschichten, die sehr intime Erfahrungen wiedergeben, liegt auch ein Stück Kulturgeschichte (aufgezeichnet in den letzten zwölf Jahren, von Männern zwischen 30 und 70 Jahren).

> Oskar, 67: „Ich bekam feuchte Träume mit 12 Jahren, danach musste ich nicht mehr gemeinsam mit meiner Mutter einen Mittagsschlaf in ihrem Bett machen, was eine positive Auswirkung war für mich. Das erste Mal onanierte ich mit 27 in meiner Einzimmerwohnung unter der Bettdecke und hatte Angst, dass jemand kommen würde, und zudem hatte ich ein schlechtes Gewissen dabei."

> Georg, 30: „Ich war im Pfadfinderlager, und die Jungs erzählten vom Wichsen. Danach habe ich das sofort ausprobiert mit vollem Erfolg; (lacht) es ist mir ins Gesicht gespritzt und ans Büchergestell – das war ein intensives Gefühl von explosivem Aufbruch in die Freiheit. Als ich später mein Abitur bestanden hatte, bin ich voller Energie auf einen Berg gelaufen und habe auf dem Gipfel als Höhepunkt meinen Samen in alle Richtungen verteilt. Das ganze Wissen und die kreative Energie der bestandenen Reifeprüfung sollte sich verströmen in die Welt. Ich wollte aus Dankbarkeit Mutter Natur damit begießen. Das habe ich noch nie jemandem erzählt (lacht)."

> Thomas, 54: „Ich habe diese Zeit in guter Erinnerung; meine Eltern hatten einen Schreibwarenladen. Ich schlich mich nachts in den Laden und versorgte

mich mit Bravo- und Sexheftchen und experimentierte frisch fröhlich drauf los in meinem Zimmer. Habe allerdings dafür gesorgt, dass mich niemand erwischt, und musste die Heftchen immer unbemerkt entsorgen."

Egon, 42: „Ich hatte schon vor dem ersten Samenerguss mit Jungs damit experimentiert, zu onanieren und eine Erektion zu erzeugen. Plötzlich kam irgendwann Flüssigkeit raus. Zu der Zeit war ich viel bei meiner Großmutter, die mir Papiertaschentücher gab, mit denen ich mein Ejakulat entsorgte.
Mit der Zeit wurde es ihr zu viel, die vielen Papiertaschentücher, die ich unter das Bett geworfen hatte, wieder hervorzuholen und wegzuwerfen. Eines Tages lagen einige Stoffläppchen bereit, die sie extra dafür aus einem alten Leintuch geschnitten hatte. Wir haben nie direkt darüber gesprochen, aber für mich war es eine Aufwertung meines Ejakulats, dass ich die Stofftücher von meiner Großmutter bekam."

John, 35: „Ich war zehn Jahre alt; es klebte überall – an Tüchern, im Haus, an meinen Hosen. Meine größte Angst war, dass meine Mutter es entdecken könnte. Gleichzeitig hatte ich aber das Gefühl: Wenn sich das so gut anfühlt, was aus mir rauskommt, dann kann es nicht so schlecht sein."

Gerard, 44 (aus Frankreich): „Ich habe lange darauf gewartet und habe mich wirklich gefreut, als es endlich kam. Es kam nachts, und anfangs war ich nicht sicher – ich erinnerte mich an einen Traum mit einem ganz angenehmen Gefühl im Bauch. Nach fünf bis sechs Mal habe ich einen Freund gefragt – und er hat mir bestätigt, dass es das ist und ich es auch haben könnte, wenn ich mich selbst streichle, was ich sofort ausprobiert habe.
Als es klappte, habe ich mich super gefreut. Auch ich konnte mit keinem Erwachsenen darüber sprechen. Mein Freund hat mich gefragt: ‚Woran denkst du dabei?' und ich sagte: ‚An nichts!" Woraufhin er sagte: „Du musst dabei an eine Frau denken, dann ist es noch intensiver.'" Erst in diesem Moment verstand ich die Verbindung zwischen sexueller Anziehung und Ejakulation."

Roland, 70: „Ich wusste von überhaupt nichts, habe meine Eltern nie nackt gesehen. Es wurde bei uns Zuhause nie über Sexualität gesprochen. So liegt vieles im Dunkeln – wie auch das erste Mal, das auch nachts kam. Es fühlte sich klebrig an und fremd. Die Atmosphäre war beschämend, und ich habe auch nie mit jemand darüber gesprochen. Ich wusste nicht mal, wie man masturbiert, und habe eine Reibung an der Eichel entdeckt. Finde es sehr schade, dass mir nie jemand was dazu gesagt hat – und heute mit den Männern war es sehr berührend, dass jeder dazu seine Geschichte hat und ich nicht mehr allein damit bin. Jetzt freu ich mich und bin stolz, einer von euch zu sein."

Alfred, 39: „Ich habe den ersten Samenerguss mit einem Freund erlebt. Er hatte dabei den Erguss und wollte dann nicht mehr mit mir spielen. Der eigene erste Erguss kam, als ich mit den Geschwistern in der Badewanne war. Alle anderen verließen dann die Wanne. Also war ich schon wieder isoliert damit. Also mit diesem Samenerguss scheint ein Beziehungsverlust verbunden zu sein. Später hatte ich auch entsprechende Erlebnisse im Leben mit Partnerinnen."

Karl, 67: „Nur euch Männern zuzuhören, lässt mich die Angst und unglaubliche Scham und Schuld nochmals spüren, die ich damals gespürt habe. Ich hatte wirklich Angst, ich käme in die Hölle dafür. Ich habe auch katholische Wurzeln, und es hat sehr lange gedauert, bis ich das in Kauf genommen habe – ja, vielleicht komme ich in die Hölle dafür. Ich war richtig in Not und Pein deswegen. Ich möchte auch noch eine jetzt erinnerte Angst teilen, und zwar die Angst vor dem Rückenmarksschwund: Mir wurde gesagt: ‚Wenn du masturbierst, dann geht das aus deinem Rückenmark raus, und in der Folge leidet man dann an Rückenmarksschwund.' Das war ein bedrohliches Bild, das auch mit nichtreligiösem Hintergrund da war. Ich komme aus dem streng katholischen Bayern, dort galt die Lehre der Kirche, und es gab auch die Drohung mit der Rückenmarkserweichung als Folge des Onanierens. Es war immer gefährlich, böse, die Bedrohung der Hölle. So habe ich es immer heimlich im Versteckten gemacht, mit schlechtem Gewissen – und immer mit der unsichtbaren Gefahr und Bedrohung, dass mir der liebe Gott dafür die Rückenmarkserweichung schicken wird. Das ist für ein Kind fürchterlich bedrohlich. Ich konnte nicht drüber reden – mit niemandem –, und fühlte mich diesen unsichtbaren Mächten ausgesetzt."

Eric, 32: „Das erste Mal war nachts und ich erwachte. Da war doch was? Was ist dieser Fleck jetzt? Komisch, es war ja auch schön. Ich legte die Decke darüber, um weiterzuschlafen. Am nächsten Abend war der Fleck aber weg, die Wäsche von der Mutter ausgewechselt. Ich hätte eigentlich gern darüber gesprochen, aber niemand sprach mit mir, es war kein Thema. Schließlich tauschte ich mich darüber mit Freunden aus. Eine komische, aber angenehme Krankheit."

Adrian, 45: „Ich war Spätzünder. In den Morgenstunden im Dämmerschlaf kam es über mich: ‚Huch, das ist ja nass und angenehm.' Ich war vorinformiert von anderen Jungen im Internat, wo allerdings des Nachts in den Betten vieles verschämt passierte. Dann wurde ich selbst fast süchtig, habe das Masturbieren gelebt, freute mich auf die lustvollen Abendstunden.
Die Mutter betrachtete diese Flecken in der Wäsche jeweils immer skeptischer, kam damit nicht so richtig zurecht, nahm es als Schicksal."

Nach all den Jahren, in denen wir diese Geschichten von Männern hören, bin ich als Frau zutiefst betroffen über das Ausmaß des Allein-gelassen-Seins und der Isolation, die mir immer wieder entgegenkommt beim Zuhören.

Mit der Erinnerung an die ersten Ejakulationen erinnert fast jeder Mann eine Geschichte mit seiner Mutter und dem „Nicht-Reagieren" ihrerseits oder dem „Vertuschen-Wollen" seinerseits. Wenn sie diese Erfahrung mit anderen Jungen teilen, steht meist der Leistungsvergleich im Vordergrund. Wer kann wie viel und wie oft von dieser Flüssigkeit produzieren? Der

Vater, der hier ein wichtiges Gegenüber wäre, da er diese Erfahrungen eventuell auch kennt, fehlt meist auf der Bildfläche. Er taucht höchstens in Geschichten auf, wenn Söhne seine Sexmagazine entdecken und dabei eine Erregung mit oft hoher Intensität erleben, mit der sie im sprachlosen und beziehungslosen Raum ins Leere laufen.

In diesem Vakuum fällt die Pornografie, die im Internet schon für alle Jugendlichen zugänglich ist, auf einen durstigen Boden. Jugendliche geben als Grund für ihren Pornokonsum neben dem Interesse daran häufig auch den aufklärenden Effekt an. Hier erhalten sie aus ihrer Sicht wenigstens eine konkrete Antwort auf ihre drängenden Fragen zur Sexualität und sehen „Fontänen spritzen“, die jedoch mit der konkret erlebten Sexualität in Beziehungen wenig zu tun haben.

Für junge Männer ist es schwierig, wenn die Mutter eine ablehnende Haltung gegenüber ihrer generativen und phallischen Potenz hat. Viele Mütter beachten dieses wichtige Ereignis scheinbar nicht oder reagieren abfällig auf die Flecken. Oft ist es bei den Müttern auch schlichtweg Verunsicherung, wie sie damit umgehen sollen.

So wird das Ejakulat mit der lebenspendenden Essenz zu einem Abfallprodukt, das Männer schon von Anfang an regelmäßig im WC runterspülen oder im Abfallkorb entsorgen – ohne eine innere Beziehung dazu. Und doch ist es immer wieder besonders verletzend für Männer, wenn sie spüren, dass Frauen sich vor ihrem Ejakulat ekeln – vor ihrem Samen. Wortwörtlich fühlen sie sich dadurch in ihrer Essenz abgelehnt. Ein scheinbarer Seelenbalsam und eine vorgetäuschte Akzeptanz kann dann in Pornoszenen erlebt werden, wenn die lustgeile Frau seinen Schwanz lutscht und sein Sperma schluckt. Diese Erwartung wird dann oft in reale sexuelle Begegnungen mit Frauen getragen und eventuell auch enttäuscht.

Die 19-jährige Tanja erzählt frei von der Leber weg im Frauenkreis:

„Aber wenn ich ganz ehrlich bin, mag ich nicht, wenn mein Freund ejakuliert in mir – wenn es so aus mir rausrinnt, ist es, als wenn ich das jetzt noch nicht möchte. Ich will noch nicht schwanger werden – ich will das noch gar nicht."

In ihrer Aussage liegt kein Ekel oder Abwertung, nur dass sie dafür noch nicht reif ist. Das heißt, in ihr gibt es ein Gespür dafür, dass es jetzt eigentlich noch nicht um Reproduktion geht.

Wenn Jugendliche schon früh eine „sinnvolle und würdevolle Beziehung" zu ihrem Samen und ihrem Blut entwickeln könnten, würden sie eventuell auch achtsamer mit dieser einschießenden Energie, die nach Entladung drängt, umgehen. Darin enthalten sind ihre generativen Essenzen, die das schöpferische Potenzial in ihnen zum Erwachen bringen.

Die folgende inspirierende Geschichte ist allen Müttern gewidmet, die sich fragen, wie denn eine gute Reaktion und Wertschätzung der jugendlichen Sexualität ihrer Söhne aussehen könnte.

Birgit, eine Mutter von zwei mittlerweile erwachsenen Söhnen, erzählt mir eine erfreuliche Geschichte zum Umgang mit dem Mannwerden ihrer Söhne. Schon sie selbst erlebte in ihrer Kindheit und Jugend einen offenen Umgang mit Sexualität und spielerischem Ausprobieren. Ihre Eltern lebten eine freudvolle Sexualität und unterstützen sie in gutem Sinne. So konnte sie auch auf ihre Söhne im besten Sinne eingehen und sie gut spiegeln in ihrer erwachenden Sexualität. Als ihre Söhne ihre ersten Experimente mit ihrem Ejakulat machten, kamen beide und zeigten ihr die ersten Samenflecken im Bett. Birgit beglückwünschte sie jeweils zu diesem markierenden Schritt auf ihrem Weg vom Jungen zum Mann, und gemeinsam haben sie die Wäsche gewaschen. Sie schenkte ihnen einen Lederbeutel mit verschiedenen Samenkörnern als Symbol für ihre Fruchtbarkeit. Später als Jugendlicher kam ihr ältester Sohn manchmal am Morgen mit einer Erektion aus seinem Zimmer und sagte lachend zu seiner Mutter: „Ich habe einfach meine Mo-Pra-La" (sein Ausdruck für seine „Morgen-Pracht-Latte") - und sie lachte und freute sich mit ihm. Mittlerweile ist sie schon Großmutter geworden von einem prachtvollen Enkel.

Dies ist ein schönes Beispiel, wie selbstverständlich und natürlich diese Spiegelung sein kann.

Bei diesem körperlichen Reifeschritt zur Fruchtbarkeit ist jeweils der gleichgeschlechtliche Elternteil als unmittelbarer Begleiter wichtig. Die Würdigung und Wertschätzung ist aber auch vom gegengeschlechtlichen Elternteil von Bedeutung.

Grundsätzlich haben die Männer häufig eine bessere Assoziation zu ihrem ersten Ejakulat als Frauen zu ihrem ersten Blut, weil es oft mit einem angenehmen Körpergefühl verbunden ist. Im Gegensatz zur Frau ist beim Mann der Samenerguss meist mit einem lustvollen sexuellen Erleben verknüpft – das Monatsblut steht hingegen in keiner direkten Verbindung mit einem sexuellen Lusterleben. Frauen spüren eher während der Phase des Eisprungs vermehrt ihre sexuelle Lust. Und doch gibt es diese Verbindung zum kreativen Schöpfungspotenzial mit den lebenspendenden Essenzen von Samen und Ei in diesen beiden Flüssigkeiten. Jugendliche würden wahrscheinlich eine andere Beziehung zu diesen wichtigen Meilensteinen des Mann- und Frau-Werdens aufbauen, wenn sie schon vorher in die tiefere Bedeutung der generativen Essenzen eingeführt würden.

Ein gutes Projekt für Mädchen zu diesem Thema ist die „Zyklusshow" oder das entsprechende Projekt für Jungen „Agenten auf dem Weg", das für Kinder zwischen 10 und 12 Jahren, also im fünften oder sechsten Schuljahr, angeboten wird[16]. Das Motto dabei ist: „Nur was ich schätze, kann ich schützen."

16. Siehe unter www.mfm-programm.de bzw. www.mfm-projekt.ch

Hier durchlaufen Mädchen spielerisch und erfahrungsorientiert ihren weiblichen Zyklus mit den hormonellen Veränderungen und Jungen erleben die Reise der Spermien und ihre Bedeutung für den Fortgang des Lebens. Sie beginnen mit der Gleichung: Ei + Same = Baby. Das angelegte Potenzial in diesen Keimzellen wird zuerst in den Vordergrund gestellt und nicht die Verhütung. Die Jungen identifizieren sich zum Beispiel mit einem Spermium und wählen einen Namen für das Baby, falls sie das Ziel der Befruchtung erreichen. Am Ende werden die Mütter und Großmütter oder Väter und Großväter eingeladen, wenn sie ihr Erfahrungswissen in einer Show darstellen. Zu lernen, mit Sexualität in eigener Verantwortung und Regulation umzugehen, ist dann ein weiterer wichtiger Lernprozess zu einem späteren Zeitpunkt.

Rausgehen in die Welt – ein Experiment mit Sex und Herz

Durch das unübersehbare Wachstum der Brüste und Genitalien ist mit diesem größer werdenden Pol auch das Bedürfnis verknüpft, von dort in die Welt hinauszugehen und sich auszuprobieren. Darin liegt auch ein Bedürfnis, sich als ganze Persönlichkeit auszudrücken und sich auf der biologischen und auf der psychologischen Ebene mit einem Gegenüber freier Wahl zu verbinden. Das Experiment steht im Vordergrund, und sich mit verschiedenen Menschen als Gegenüber immer wieder neu zu erfahren, ist wichtig. Alles ist möglich. Was heute stimmt, kann morgen schon wieder ganz anders sein.

Sexual Grounding® sieht den biologischen sexuellen Drang in Jungen und in Mädchen – „die Geilheit" – grundsätzlich als dieselbe an. Am positiven Pol entspricht sie dem Drang, nach außen zu gehen und sich zu verbinden bzw. in den Worten Poppeliers: *‚Heart excitement' is the woman's urge to connect'* – sinngemäß übersetzt: „Die belebende Aktivierung im Herzen entspricht dem Drang der Frau, sich zu verbinden."

Innerer und äußerer Fluss in Jungen und Mädchen

Was biologisch beim Jungen nach außen wächst – der Penis mit seinem erektilen Drang und die Hoden – findet in derselben Weise beim Mädchen nach innen statt. Auch in der Vagina geschieht Wachstum – und damit neue Empfindungsfähigkeit nach innen bis zur Gebärmutter und den Eierstöcken. Die Ladung und das sexuelle Potenzial stehen sich gleichwertig gegenüber. Auf der genitalen Ebene geht die Richtung bei der Frau nach innen – beim Mann nach außen. In unserer Gesellschaft existieren diesbezüglich Geschlechtervorurteile, wie etwa „Jungen haben mehr sexuellen Drang", „Männer wollen immer nur das eine" oder „Männer sind geiler als Frauen".

Hier begegnen wir dem kulturellen Umgang mit Erektion. Wenn eine Frau in ihrer Vagina Lust und Erregung spürt, ist es im Außen nicht sichtbar. Sie kann sich so in der Öffentlichkeit bewegen, zum Beispiel in einer Sauna. Geht ein Mann mit einer Erektion durch die Stadt oder ins Schwimmbad, bekommt er sofort das Etikett eines Lustmolchs: „Einer, der nur Sex im Kopf hat." Männer sind mit ihrem besten Stück in der Öffentlichkeit nicht willkommen. Stellen wir uns einmal eine Gesellschaft vor, in der die Erektion ein positiv besetztes Männlichkeitssymbol wäre: Jeder Mann könnte sich daran freuen und sie stolz vor sich hertragen – wie im Beispiel mit der „Morgen-Pracht-Latte" – ohne immer gleich etwas zu wollen. Und die Frauen würden darauf schauen und sich auch an dieser Potenz als Ausdruck männlicher Kraft freuen, ohne sich bedroht zu fühlen. Es gibt ja kaum eine Generation von Männern, die sagen kann: „Wir sind von unseren Müttern hier gesehen worden und wir haben von unseren Vätern gelernt, diese männliche Kraft gut zu regulieren." Von daher fehlt diese Selbstverständlichkeit im Umgang damit.

In der Adoleszenz kann der Mann lernen, seine Liebe vom Herzen durch seine Genitalien nach außen zu geben. Die Frau kann lernen, sich im Empfangen bis in ihr Herz berühren zu lassen. Das ist die Basis für einen reifen

Austausch der sexuellen Energie zwischen Mann und Frau in Ergänzung zur rein genitalen Auf- und Entladung.

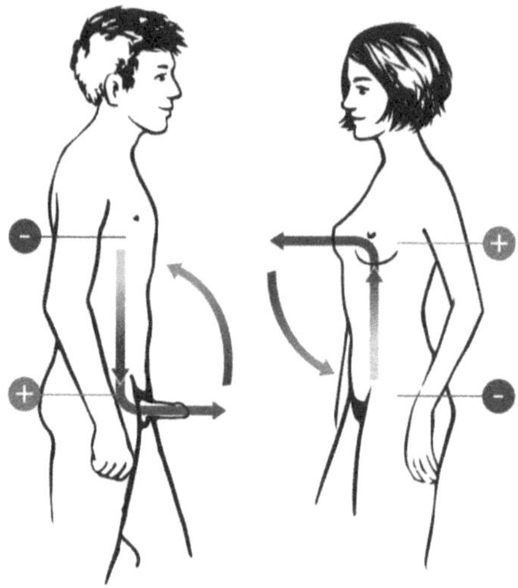

Energiekreislauf in der Pubertät

Wenn die Brüste der jungen Frau berührt werden, aktiviert das automatisch auch das rezeptive Zentrum in der Vagina. Der sexuelle Energiefluss kommt zu den Brüsten hin ins Strömen. Dies aktiviert den weiblichen Energiekreis. Man kann es sich wie einen inneren Magnetismus vorstellen: Durch die Aktivierung am Pluspol (den Brüsten) findet auch eine Anziehung bzw. eine Aktivierung in der Vagina statt. Sie wird darauf vorbereitet aufzunehmen, der Weg wird gebahnt. Die Jugendlichen gehen in die Welt hinaus von ihrem expressiven Pol aus und erforschen ihre Wirkung auf das andere Geschlecht. Dazu eine schöne und entwaffnende Geschichte einer jungen Frau:

> „Ich war ca. 17 oder 18 Jahre alt, als ich an einem schönen Sommernachmittag das Shoppingcenter in unserem Dorf verließ. Da waren drei Jungs aus Ex-Jugoslawien (zwischen 12 und 14 Jahren), und einer sprach mich ziemlich

> provokativ an: ‚Boa, geile Titten!' Ich erwiderte ihm: ‚Gell, magsch si mol alange? [Na, magst du sie mal anfassen?]' Mit meiner Antwort nahm ich ihm den Wind aus den Segeln und versetzte alle drei in großes Staunen, bis derselbe Junge wieder etwas stockend meinte: ‚Nein, sonst knallst du mir eine.' Nachdem ich ihm versicherte, dass ich es ernst meine und dies bestimmt nicht der Fall sein würde, näherte sich seine Hand meinem Busen, bis er diese kurz vorher wieder zurückzog und wieder sagte: ‚Nein, du würdest mich schlagen.' Als ich ihm wiederholt versicherte, ihn nicht zu schlagen, berührte er ganz flüchtig und vorsichtig meinen Busen. Danach sah ich ihn an und fragte ihn, ob das alles sei. Schließlich hatte er eine derart große Klappe gehabt und dann berührte er kaum meinen Busen. Zwei von den Jungs begleiteten mich anschließend nach Hause. Auf dem Weg führten wir ein berührendes Gespräch über die Sexualität. Es stellte sich heraus, dass dieses Thema bei ihnen zu Hause ein absolutes Tabu ist. Der Abschied war in Freundschaft."

Diese junge Frau konnte den Jungs aus einer gesunden inneren Grundhaltung heraus begegnen: „Ich bin eine schöne junge Frau– und mit dieser Überzeugung gehe ich in Würde und Freude raus in die Welt." Die Provokation der Jungen schmolz in sich zusammen durch die reale Berührung, und ihre eigene Unsicherheit kam zum Vorschein.

In würdevoller Aufrichtung die Welt wahrnehmen

Das folgende unterstützende Bild für das Rausgehen in die Welt kannst du als Frau nutzen. Stelle dir vor: „An meinen Brustknospen sind zwei Augen, und ich gehe durch die Welt und schaue von meinen Brüsten her als Frau in die Welt." Wenn du das ausprobierst, gehst du auch aufrecht und würdevoll in die Welt.
Oder als Mann kannst du dir vorstellen: „Ich habe ein wahrnehmendes Auge am Penis und schaue von dort her in die Welt." So bist du sofort mit deiner Aufmerksamkeit viel mehr da unten, auf eine offene Weise, die primär nichts will, sondern im ganzen Becken wahrnimmt.

Pubertät ist, wenn die Eltern peinlich werden

Eine Mutter erzählt:

„Ich kenne mich nicht mehr aus bei meiner 12-jährigen Tochter. Am Morgen kuschelt sie mit mir im Bett, und sobald wir aus dem Haus sind, sagt sie mir, ich solle mindestens 20 Meter vor ihr oder hinter ihr gehen – auf keinen Fall will sie von ihren Freundinnen mit mir zusammen gesehen werden."

Oder ein Vater:

„Jetzt muss ich mir neue Badehosen kaufen, da mir meine Tochter gestern erklärt hat, wenn ich diese ‚Schnäbiklemmerbadehose' anziehe, kommt sie sicher nicht mit mir ins Freibad."

In der Begleitung ist die klare elterliche Präsenz nach wie vor wichtig. Die Führung geschieht je älter die Kinder werden, umso mehr aus der Distanz, und Grenzen sind ein wichtiges Thema. Es ist wichtig, dass die Jugendlichen einen Referenzrahmen haben, in dem sie ihre experimentellen Erfahrungen einordnen und besprechen können.

Sie suchen vor allem ein authentisches Gegenüber, das männliche und weibliche Qualitäten integriert hat und Selbstregulation kennt. War in der ödipalen Phase das Elternpaar wichtig, sind es jetzt Vater und Mutter als Mann und Frau, die je auch für sich stehen können. Eine Position beziehen, eine klare Haltung vertreten, die eigenen Grenzen markieren – all das gibt Orientierung und trägt dazu bei, dass Jugendliche ihr Eigenes finden können. Wenn genügend Vertrauen da ist, kommen sie mit unterschiedlichen Fragen entweder zur Mutter oder zum Vater. Der Sohn, den das Verhalten eines begehrten Mädchens verwirrt, sucht die Mutter auf, um ein bestimmtes weibliches Verhalten besser zu verstehen, und danach vielleicht auch den Vater, um ihn zu fragen, wie er selbst früher mit solchen Situationen umgegangen ist. Wichtig bei dieser Begleitung ist eine lebendige Erinnerung an die eigene Sturm-und-Drang-Phase.

Besonders Mädchen grenzen sich in dieser Phase oft vermehrt von der vorwiegend als peinlich erlebten Mutter ab. Konnten sie als kleines Mädchen noch mit der Mutter identifiziert bleiben, müssen sie sich jetzt im Übergang zur erwachsenen Frau von der ersten Frau in ihrem Leben abgrenzen und differenzieren. „Ich werde eine Frau wie die Mutter – und trotzdem individuell eine ganz andere."

Dieser Abgrenzungsprozess erfordert von Müttern oft einen langen Atem und ein Loslassen von der geliebten Tochter, die sich später auf einer neuen, eigenen Basis wieder annähern wird. Die Badezimmertür wird plötzlich immer länger geschlossen, und wenn es vorher eine Nacktkultur gab zeigt sie sich nun meist nicht mehr nackt. Für das gegenseitige Vertrauen ist es wichtig, diese Grenzen zu respektieren. Gleichzeitig heißt es nicht, dass auch die Eltern ihre Gewohnheiten ändern müssen. Sie können zum Beispiel weiterhin nackt durchs Haus laufen – aber sicher nicht, wenn die Freunde der Kinder zu Besuch sind.

Die Kunst für Eltern ist es hier, die Jugendlichen loszulassen in ihre eigenen Erforschungswelten und gleichzeitig präsent und da zu sein für die kleinen Kontaktfenster, die sich zwischendurch öffnen. Und es ist auch wichtig, sich dafür zu interessieren, wo die Kinder real stehen in ihrem Erleben, und nicht Klischeebilder über sie zu stülpen. In diesem Übergang schwanken die emotionalen Innenwelten hin und her, und manchmal fühlt man sich jünger und am nächsten Tag schon halb erwachsen.

Zoe ist als Mutter sehr verwirrt über das, was sie mit ihrem 13-jährigen Sohn erlebt. Nils ist schon fast so groß wie sie und mitten im Stimmbruch. Tagsüber spielt er den coolen Jungen und beachtet sie kaum. Am Abend oder manchmal auch morgens kommt er allerdings oft zu ihr ins Bett zum Kuscheln und sucht ihre ganzkörperliche Nähe. Zoe schiebt ihn meist von sich und weicht aus, da für sie klar ist, dass ein 13jähriger Sohn nicht ins Bett der Mutter gehört. Noch dazu ist der Platz des Mannes neben ihr nicht besetzt, da sie sich gerade von ihrem Freund getrennt hat. Sie möchte auf keinen Fall ihren Sohn als Mann-Ersatz gebrauchen. Als Nils vier Jahre alt war, hat sich Zoe von seinem Vater getrennt, und er lebt seither mit seinem Bruder bei ihr. Beim Vater sind sie jedes zweite Wochenende.

Ich frage Zoe: „Als wie alt erlebst du Nils, wenn er zu dir ins Bett kommt – wirkt er wie 13 und kommt als junger Mann oder ist er eher wie ein kleiner Junge, der zum Kuscheln zu Mama kommt?" Für Zoe ist sofort klar, dass er als kleiner Junge kommt. Ich äußere die Vermutung, dass die aktuelle Trennung von ihrem Freund für ihn die Erinnerung an die damalige Trennung weckt und damit auch die Bedürfnisse des kleinen Jungens von damals. Zoe erinnert sich: „Ja, das kam damals definitiv zu kurz. Nils hat in der schwierigen Trennungszeit sicher sehr gelitten und für sich selbst zu wenig bekommen." Ich empfehle Zoe, ihn das nächste Mal körperlich ganz anzunehmen, so wie er kommt als innerlich kleiner Junge, sodass sein Bedürfnis auf der Ebene beantwortet wird, wie er sich gerade innerlich fühlt. Zoe kann das beim nächsten Mal umsetzen, ihn richtig lange ganz fest halten und dabei Worte finden, die den kleinen Jungen adressieren in seinem Gefühl von Verloren- und Alleinsein. Nils erlaubt sich, nochmals an ihrer Brust zu weinen und diese fehlende Erfahrung nachzuholen. Der nachhaltige Effekt ist für Zoe eindrücklich. Als wenn ein Puzzleteilchen an den richtigen Ort gerückt ist, erfüllt sich für ihn das ursprüngliche Bedürfnis und er kommt von diesem Moment an nicht mehr so in ihr Bett. Auf natürliche Weise findet er in der Folge als 13-jähriger seine Abgrenzung zur Mutter.

Dies ist ein schönes Beispiel, wie das Leben selbst immer wieder Möglichkeiten bietet, offene Gestalten zu schließen und Versäumtes zu einem späteren Zeitpunkt nachzuholen und zu integrieren. Es braucht von den Eltern eine Offenheit für den Moment und eine Wahrnehmung dafür, wo die Jugendlichen gerade sind, denn morgen ist alles schon wieder ganz anders. Mit dieser offenen Haltung fällt es leichter, sie dort abzuholen, wo sie wirklich sind. Festgelegte Konzepte werden dem Erleben kaum gerecht.

Häufig sind Eltern auch der Zeit voraus und sehen zum Beispiel im ersten Freund der Tochter schon den potenziellen Schwiegersohn. Leider verpassen sie so die Realität, was immer die Jugendlichen gerade am Erforschen sind.

Hierzu eine persönliche Erinnerung: Als ich mit 16 meinen ersten Freund hatte, gingen wir auf viele Bälle, und da seine Eltern ein Landgasthaus hatten, half ich auch manchmal dort bei Tanzveranstaltungen mit, Getränke auszuschenken. Wir verbrachten romantische Abende mit Schmusen, Tanzen, Reden bis zum Sonnenaufgang, das „erste Mal" war jedoch noch lange kein Thema. Von meiner Mutter hörte ich in dieser Zeit oft: „Nein, in ein Gasthaus würde ich nicht einheiraten wollen. Da bist du dauernd am Arbeiten und hast keine Zeit für die Kinder." Dass ich mich damit nicht ganz in meinem Erleben abgeholt fühlte, ist wahrscheinlich nachvollziehbar.

Um eine gute Basis für das Rausgehen in die Welt zu haben, ist eine unterstützende Haltung vom gegengeschlechtlichen Elternteil, die gleichzeitig freien Raum lässt, wichtig. Die nonverbale Botschaft der Mutter könnte sein: „Ich unterstütze dich, wenn du mit deiner Männlichkeit in die Welt gehst", oder als Vater: „Ich unterstütze dich, wenn du dich mit deiner Weiblichkeit zeigst und rausgehst, um andere zu treffen. Wenn du Orientierung oder Hilfe brauchst, kannst du jederzeit zu mir kommen."

Bodyforming – zwischen Selbstzweifel und Selbstbewusstsein

Ich war im letzten Sommer mit meinem Mann und unseren Töchtern in Brasilien und habe unter anderem mit verschiedenen Frauen über die dort weitverbreiteten kosmetischen Operationen gesprochen. Der 15. Geburtstag eines Mädchens wird dort in großem Stil gefeiert. Die Mädchen tragen weiße Brautkleider, um sich in ihrer schönsten Pracht heiratsfähig zu präsentieren. Zu meinem Erstaunen tanzen sie auch Wiener Walzer und werden so der Männerwelt vorgestellt. Die stolzen Eltern lassen sich dieses Fest etwas kosten und laden oft bis zu 200 Personen dazu ein. Fast das häufigste Geschenk zu diesem 15. Geburtstag ist ein Eingriff zur Brustvergrößerung oder sonst eine kosmetische Korrektur ihres Körpers.

Wieder im Bahnhof Zürich angekommen erschlägt mich fast ein überdimensionales Plakat, das mit dem Slogan der Selbstbestimmung „Meine Dinger, mein Ding" für eine Brustoperation für nur 9.800 Franken wirbt. Diese Welle überrollt uns jetzt in Europa, während große Stars in den USA mittlerweile ihre Brustimplantate wieder entfernen lassen.

In Gesprächen mit einigen Gynäkologinnen berichten diese mir übereinstimmend von der häufig erlebten Verunsicherung junger Mädchen, die oft schon beim ersten Besuch in ihrer Praxis mit der Frage kommen, ob sie ihre etwas vorstehenden inneren Schamlippen entfernen lassen sollten. Durch die weitverbreitete Intimrasur rückt die äußere Form der Vagina plötzlich ins Rampenlicht. So verlagert sich das Infragestellen der äußeren Körperform von den sichtbaren Brüsten auch vermehrt zu unserer Vulva. Hier wird von den Medien heute nicht die Vielfalt propagiert, sondern die Monokultur einer jungfräulich wirkenden „sauberen Mädchenmuschi". Das Argument, dass jede Vagina in ihrer Individualität anders und schön ist, zählt nicht mehr. War noch vor ein paar Jahren unter Jugendlichen eine unrasierte Vulva ein No-Go, so sind es jetzt vorstehende innere Schamlippen, die ihren Charme nicht mehr länger entfalten sollen. In „Vulva 3.0", einem Dokumentarfilm von Ulrike Zimmermann über kosmetische Vaginalkorrekturen, wird die Verbindung zur Pornoindustrie deutlich. Ein für die Pornoindustrie arbeitender Grafiker retuschiert am Bildschirm alle vorstehenden inneren Lippen weg, „da man(n) diese nicht sehen will".

Ich stelle mir verwundert die Frage: Wohin geht die lang erkämpfte Freiheit der Emanzipationsbewegung, in der sich Frauen erfolgreich dagegen wehrten, von Männern als Objekt behandelt zu werden. Ist diese Objektivierungstendenz noch so sehr in unseren Zellen eingeprägt, dass sich Frauen freiwillig und sogar unter dem Motto der Selbstbestimmung jetzt selbst wie ein Objekt behandeln und sich unters Messer legen, nach dem Motto „Ich bin frei und kann selbst bestimmen, wie ich meinen Körper formen will"? Leider merken sie dabei nicht, dass ihr freier Wille einer vorgegebenen uniformen Barbie-Norm folgt. Zum einen gehen wir auf die Barrikaden, wenn es um Genitalverstümmelung in Afrika geht, und andererseits und parallel dazu stutzen wir unsere inneren Flügel, um der von außen definierten Schönheitsnorm zu entsprechen. Werden wir unseren Töchtern zum 18. Geburtstag eine Vulva-Korrektur schenken oder vermitteln wir ihnen, dass in der Individualität ihrer Körper auch das Wissen liegt, was letztendlich gut und stimmig ist für sie – und was weniger? Beginnen wir, unsere Körper besser wahrzunehmen, realisieren wir meist erst den Preis, den wir mit Handlungen gegen unseren Körper bezahlen.

In meiner langjährigen Arbeit in Russland habe ich viele Frauen getroffen, die sich im Frauenkreis geoutet haben, dass sie durch ihre Brustoperation oder Gesichtskorrekturen gehofft hatten, dass ihr Mann bleiben würde. Viele drückten den Wunsch aus nach einer dauerhaften Beziehung, da es dort in den meisten Herkunftsgeschichten viele Beziehungsabbrüche gibt. Nicht selten hatten ihnen die Männer die kosmetischen Operationen bezahlt, die jedoch diesen Zweck nicht erfüllt haben. Svetlana berichtet zum Beispiel von dem hohen Preis, den sie selbst für diese OP bezahlt, nämlich dass sie viel weniger in ihren Brüsten spürt, die jetzt wie pralle Äpfel vorstehen, und viel für die verlorene sinnliche Empfindungsfähigkeit geben würde. Dabei wurden so manche Augen feucht, da viele Russinnen eine ähnliche Geschichte von Selbstverrat zu erzählen haben.

Ich spreche hier nicht von medizinischen Indikationen, wie zum Beispiel große Brüste zu verkleinern, da sie schwer sind und auf die Körperhaltung einwirken, oder erhebliche Abweichungen, die einen hohen Einfluss auf unser Selbstwertgefühl haben. In solchen Fällen kann eine kosmetische Veränderung sehr wohl auch unterstützen, um das beschädigte Selbstwertgefühl wieder aufzubauen.

Aber ich möchte betonen, dass die beste Mitgift, die wir unseren jungen Töchtern und Söhnen mitgeben können, eine liebevolle und wertschätzende Beziehung zum eigenen Körper ist. Nur dann können wir der medialen Überflutung von genormten Schönheitsidealen ein „Ich bin okay so wie ich bin" entgegensetzen.

Selbstliebe als Boden für unsere Liebesbeziehungen

Regulation auf der Körperebene

Der Körper besitzt die grundlegende Fähigkeit, über unser vegetatives Nervensystem ein inneres Gleichgewicht anzustreben, und lernt im Laufe der Jahre, sich selbst immer besser zu regulieren. Am Lebensbeginn und in den frühen formativen Jahren brauchen wir gut regulierte erwachsene Gegenüber, die unserem Organismus helfen, immer wieder in ein inneres Gleichgewicht zu kommen. Liebevolle Körperberührungen spielen dabei eine wichtige Rolle. Eine Mutter, die gut bei sich ist, kann in einer ruhigen und präsenten Umarmung ihren schreienden Säugling beruhigen. Jugendliche brauchen für ihre Experimente immer wieder auch die Konfrontation mit Grenzen und einen Orientierungsrahmen, der letztendlich Sicherheit gibt. Dort, wo sie ihre Grenzen nicht spüren, zum Beispiel im übermäßigen Konsum von Medien oder Drogen, braucht es Regulation von außen. Je besser sie lernen, sich selbst körperlich wahrzunehmen, ein Gespür für ihre Grenzen zu entwickeln und es wagen, diese zu kommunizieren, umso weniger Exzesse braucht es wahrscheinlich.

Auch in der Natur gibt es Grenzen. Wenn wir sie missachten, reguliert sich die Erde durch Stürme, Fluten, Brände etc., um aus dem Chaos ein neues

Gleichgewicht entstehen zu lassen. Nicht alles ist unbegrenzt möglich. Wenn wir die Ressourcen heute aufbrauchen und nicht an Morgen denken, bezahlen wir oder unsere Kinder irgendwann einen Preis dafür. In diesem Sinne steht eine zunehmende Selbstregulation in direktem Zusammenhang mit zunehmender Eigenverantwortung in einer achtsamen Haltung sich selbst, anderen und der Umwelt gegenüber. Wir können Bedürfnisse wahrnehmen, sie ausdrücken und lernen, wenn sie nicht sofort von außen erfüllt werden, gut bei uns selbst zu bleiben und sie zu regulieren.

In der körperlichen Sexualität hat dies mit einem guten Selbstkontakt und Selbstfürsorge zu tun. Je besser wir unseren Körper kennen und ihn erforschen in seiner Form und in seiner Fähigkeit, einen Container für den Liebesenergiefluss zu bilden, umso mehr können wir frei werden, damit zu spielen. Ich spreche hier von einem liebevollen ganzkörperlichen Selbstkontakt und nicht nur einer genitalen Auf- und Entladung, die oft schnell und mit viel Spannung abläuft. Im Tantra heißt es dazu: „Du selbst bist die Quelle deiner Lust." Nur wenn wir unseren Körper gut kennen und spüren, können wir auch in der Begegnung unsere Bedürfnisse wahrnehmen und einbringen. Die körperliche Selbstliebe bildet die Basis für die Intimität und den Austausch mit einem geliebten Menschen.

Anregung für ein Selbstlieberitual

Schenke dir immer wieder einmal ein Zeitfenster für einen liebevollen, körperlichen Kontakt mit dir selbst. Du kannst dich dafür vorbereiten wie auf ein Date mit einem Geliebten. Du kannst dafür zum Beispiel duschen, deinen Körper eincremen, dein Zimmer anregend für deine Sinne gestalten und dich dabei innerlich einstimmen auf ein Date mit dir selbst. So wie du dich für eine geliebte Person mit allen Sinnen öffnen würdest, so kannst du dich selbst erforschen, als wenn es das erste Mal wäre, dass du diesen Körper berührst. Zu Beginn kannst du

deine Hände reiben bis sie heiß werden und sie dann absichtslos und langsam über deinen Körper gleiten lassen. Wenn deine Aufmerksamkeit in deinen Händen ist, nimmst du als Liebende deine Haut und deine Körperformen wahr und schenkst dir genau die Berührung in der Qualität, die du gerne geben möchtest. Gleichzeitig kannst du deinen Atem von innen im Körper dorthin lenken, wo dich deine Hände gerade berühren, und dich rezeptiv dieser Berührung hingeben. So bist du Liebende und Geliebte in einem und kannst zwischen diesen Perspektiven hin und her pendeln. Dein Atem, die Präsenz und Wahrnehmung im Berührungskontakt sind wichtige Schlüssel dabei.
Erforsche deinen ganzen Körper und entdecke neue Orte und Berührungsqualitäten. Verfolge kein Ziel von Erregung und Entladung, auch nicht, wenn du dich den erogenen Zonen näherst, deinen Brüsten und Brustknospen, den äußeren und inneren Lippen deiner Vagina, deiner Perle, deinen Hoden und deinem Penis ..., sondern lass dich überraschen davon, was aus dem absichtslosen Berührungskontakt entstehen will. Der Weg ist das Ziel. Gib dir Zeit die Eigenpulsation im Gewebe zu spüren und den Atem in den Liebesorganen von innen her ausdehnen zu lassen. Immer wieder kannst du in einer wellenförmigen Bewegung deines Beckens und deines Brustraumes die innere Verbindung zwischen deinem Herz und deinen Liebesorganen wahrnehmen. Lass deine Hände abschließend auf diesen beiden Polen ruhen und atme in die Verbindung dazwischen. Dieselbe Achtsamkeit und Präsenz können wir auch im körperlichen Kontakt mit einem Gegenüber behalten.

Von der Fremdregulation zur Selbstregulation

In den Jugendjahren beginnen wir uns als werdende Frau/ als werdender Mann zu spüren und sind auf der Suche nach Feedback und Rückkoppelung – dass wir schön und attraktiv sind, sensibel und verletzlich, stark und cool. Die Bestätigung von außen für das, was wir innerlich spüren und womit wir innerlich beschäftigt sind, lässt unseren Selbstwert und die eigene geschlechtliche Identität reifen. So integriert sich im eigenen inneren Selbstverständnis immer mehr das von außen erlebte maskuline und feminine Vorbild der Eltern und anderen Rollenmodellen, sodass am Ende dieses männlichen und weiblichen Identitätsweges ein erwachsener Mann und eine erwachsene Frau stehen, die keine Gegenüber im Außen „brauchen“, um sich als Mann oder Frau zu bestätigen.

In diesem Übergang zum Erwachsenenleben wird die wichtige Regulation durch die Eltern und andere erwachsene Begleiter von der zunehmenden Fähigkeit zur Selbstregulation abgelöst. Dies ist ein fließender Übergang, und es ist hierbei hilfreich, wenn die Erlebnisse der Jugendlichen von den Erwachsenen in einen größeren Beziehungskontext gestellt werden können. Sie haben gut 20 Jahre mehr Erfahrung und können sich hoffentlich noch gut an ihre eigene Adoleszenz erinnern.

Trennen sich Elternpaare in der Pubertät ihrer Kinder, so beobachten wir häufig entweder eine Flucht nach vorne oder ein Identifizieren mit einem Elternteil auf Kosten der eigenen Pubertät.

Im ersten Fall, bei der Flucht nach vorne, gehen Jugendliche verstärkt hinaus ins Abenteuer, haben früher Geschlechtsverkehr und wollen so in Abgrenzung von den Eltern ihr eigenes Beziehungsleben einrichten. Oder sie identifizieren sich mit einem Elternteil, für den sie oft auch noch eine unterstützende Funktion übernehmen. Nicht selten landet so eine Tochter in der Rolle der „Freundin der Mutter“, auf Kosten ihrer eigenen, kaum gelebten Pubertät.

Pubertät – und die Eltern pubertieren mit

Manchmal pubertieren allerdings Eltern, angeregt durch die Pubertät ihrer Kinder, selbst zum zweiten Mal und vergessen dabei ihre Elternrolle.

Stella ist 13 Jahre alt, als sich ihre Eltern trennen. Damit hören zumindest die kaum auszuhaltenden Streits auf, und Papas Auszug entschärft die schneidende Atmosphäre im Haus. Nach dem Auszug in eine kleine Zweizimmerwohnung und sobald seine Anspannung sich etwas löst, befällt den Vater eine schwere Depression. Stella hält es fast nicht aus, ihren Vater so schwermütig und resigniert zu sehen. Sie beschließt, zu ihm zu ziehen, damit es ihm wieder besser geht. Sie kocht und putzt für ihn, aber leider würdigt er ihren schön gedeckten Tisch nicht wirklich, und ihr ganzes Bemühen scheint umsonst. Erst als ihr Notendurchschnitt in der Schule beträchtlich abfällt, holt die Mutter sie wieder zu sich nach Hause. Stella hasst ihre Mutter, da sie aus ihrer Sicht die Schuld an Papas Krise trägt. Ihre Mutter ist ausgebrochen aus der Beziehung und macht seither häufig die Nacht zum Tag. Über Internetbörsen trifft sie viele Männer, und oft schlafen sie dann auch bei ihr. Die Männergesichter am Frühstückstisch wechseln ständig. Auch das ist für Stella schwer auszuhalten. Genervt von den ewigen Stöhngeräuschen platzt sie eines Morgens ins Zimmer ihrer Mutter und schreit: „Ich hab keinen Bock mehr auf all die alten Säcke in deinem Bett. Es ist zum Kotzen!", was zu einem Eklat zwischen ihnen führt.

Mit 14 verliebt sich Stella in einen vier Jahre älteren Jungen, der gerade ausgezogen ist von zu Hause. Sie ist kaum wiederzuerkennen, färbt sich die Haare wasserstoffblond und schminkt sich auffällig. Vielleicht auch um die schwierige Zeit hinter sich zu lassen, stürzt sie sich kopfüber in diese Verliebtheit und in das sexuelle Experimentieren. Obwohl sie Schmerzen hat bei jeder Penetration, fühlt sie einen Befreiungsschlag. Sie übernachtet oft bei ihrem Freund, und ihre Mutter findet es super, dass sie beide jetzt endlich eine tolle Sexualität leben. Sie betrachtet ihre Tochter fast als Freundin und erzählt ihr sexuelle Details aus ihrem ausschweifenden Leben, die Stella gar nicht hören will. Dementsprechend behält sie ihre Erfahrungen für sich und hat niemanden, um sich mitzuteilen, da ihre Freundinnen noch weniger weit sind. Über ihre Gynäkologin, die sie aufsucht wegen ihrer häufigen Scheidenpilze, landet sie dann mit 17 Jahren bei mir.

Im Trennungsprozess ist sie mit beiden Eltern in einer Rollenverwirrung

gelandet. Für den Vater übernahm sie in seiner Krise erfolglos die ihn versorgende Mutterrolle. Gegenüber der Mutter war sie immer am Abgrenzen und musste sie regulieren statt umgekehrt. Was in der Flucht nach vorne völlig auf der Strecke geblieben ist: ihrem eigenen Rhythmus und Körperempfinden zu folgen und sich langsamer an ihre Sexualität anzunähern.
Als sie ihrer Vagina in der Therapie eine Stimme gibt, spricht diese sehr klar aus, dass ihre Symptome (Scheidenpilz, Schmerzen beim Geschlechtsverkehr) deutliche Botschaften sind, die endlich gehört werden wollen. Einmal sagt Stella: „Es fühlt sich an, als ob mir fünf Jahre fehlen und ich schon 18 bin, obwohl ich erst 17 werde." Eine gute Beschreibung für die Seiten in ihr, die übersprungen wurden. In der gemeinsamen Arbeit kann ihre 13-Jährige nachreifen, und es darf auch um ihre eigenen Gefühle in der schwierigen Trennungszeit gehen, die endlich gehört werden. Es gibt mehrere Aha-Erlebnisse: „Ah, so fühlt es sich an, wenn da regulierte Eltern sind, die mich begleiten, und nicht ich mich um ihre emotionalen Schwankungen und Krisen kümmern muss. Dann kann ich mich und meine eigenen Impulse besser wahrnehmen."
Als sie wieder stabileren Boden in sich spürt, trennt sie sich von ihrem Freund, da sie die Botschaften ihrer Vagina nicht mehr überhören will. Ihrer Vagina nähert sie sich erst mal in einem absichtslosen Selbstkontakt, indem sie ihren Finger ganz langsam einführt und erst mal ihre Aufmerksamkeit auf die Eigenpulsation in diesem Gewebe richtet. Warm, weich, in einem entspannten Da-Sein, öffnet sich mit der Zeit eine neue Innenwelt für sie.
Zwei Jahre später erhalte ich einen berührenden Brief von ihr, in dem sie mir mitteilt, dass sie wieder einen Freund hat und ihn genauso achtsam und zum ersten Mal ganz ohne Schmerzen empfangen konnte. Die Kommunikation mit ihrer Vagina sei jetzt so gut, dass sie sich nicht mehr über Pilze oder Infektionen bemerkbar machen müsse.

Das sind für mich die schönen Momente meiner Arbeit als Begleiterin, wenn ich Weichenstellungen zu einem erfüllteren Leben miterleben darf. Durch diese nachnährende Körpererfahrung mit gut regulierten Eltern konnte sie ihren Körper und ihre Vagina auf entspannte Weise neu wahrnehmen und damit mehr auf die eigene Weisheit des Liebesorgans hören und ihrer Selbstregulation vertrauen.

Wenn sich Eltern nach einer Trennung mit neuen Partnern zusammenfinden, ist es für jugendliche Kinder sehr erleichternd, wenn sie den Suchprozess, die Phase der unverbindlichen Dates, nicht eins zu eins miterleben müssen. Wenn Mutter oder Vater ihre wechselnden Partner mit nach Hause bringen und sie sich damit fast auf eine Ebene mit ihren Kindern stellen, bezahlen meist die Jugendlichen den Preis. Im Nachhinein fühlen sie sich oft als „Freunde" der Eltern missbraucht, auf Kosten ihrer eigenen Erfahrungen.

Es ist sehr empfehlenswert, neue Partner erst dann den Kindern vorzustellen, wenn sie auch in deren Leben von Bedeutung werden. Das heißt, wenn es eine ernsthaftere Absicht gibt, sich auf eine Beziehung mit Perspektive einzulassen. Die Kinder müssen dabei auch spüren, dass ihre Beziehung zum anderen Elternteil in keiner Weise gefährdet ist. Aussagen, dass sie jetzt endlich mit dem neuen Partner eine erfülltere Sexualität leben als mit dem Vater/der Mutter, werden oft selbstabwertend empfunden. Es ist daher wichtig, dass die erwachsenen Begleiter ein gutes Vorbild geben, was Selbstregulation heißt, sodass die Jugendlichen von ihnen lernen können, sich zunehmend selbst zu regulieren.

Porno statt Bravo

Ich möchte im Zusammenhang der Regulationsfrage auf das Thema Pornografie eingehen, da viele Jugendliche schon sehr früh damit in Kontakt kommen. In meiner Jugendzeit lieferte das „Bravo"-Heft, in dem Dr. Sommer alle Fragen von Teenagern rund um Sex beantwortete, einen wichtigen Beitrag zur Aufklärung. Heute ersetzen verschiedenste Pornoseiten (die nicht auf Jugendliche ausgerichtet sind) dieses damals vielgelesene Jugendmagazin. *„Kinder schauen Pornos – Eltern schauen weg“* – unter diesem Titel gab es einen eindrücklichen TV-Dokumentarfilm, der einen guten Einblick gibt, wie alleingelassen sich Jugendliche mit diesem Thema fühlen. Wie schon im Kapitel „Flüssigkeiten der Fruchtbarkeit“ angesprochen, schauen viele Jugendliche (vor allem Jungs) Pornos mit der Begründung, dass sie dort eine reale Aufklärung über konkrete Sexualität erhielten. Diese Bilder zeigen oft direkte genital aufgeladene Sexualität losgelöst vom realen Beziehungskontext. Es geht um Lust und Geilheit, aber kaum um einen Austausch von Geben und Nehmen in einer Beziehung.

„Sex sells“ – das ist die Motivation der Pornoindustrie; allerdings nicht mit der Absicht, Jugendliche aufzuklären, sondern vielmehr, um mit offenbar unerfüllten Bedürfnissen Erwachsener das große Geld zu verdienen. Bei vielen Jugendlichen klafft die Lücke zwischen äußerer Reizüberflutung und dem realen inneren Erleben in Beziehungen weit auseinander. Man hat schon alles gesehen und weiß alles, jedoch die konkrete Beziehungserfahrung steckt noch in den Kinderschuhen oder orientiert sich an diesen intensiven Bildern, „die man kaum mehr aus dem Hirn streichen kann“, wie einige berichten.

Mädchen sind hier gefordert, gut zu spüren, was sie wollen und wozu ihr Körper Nein sagt. Ein Abarbeiten von auf dem Bildschirm gesehenen Positionen: „zuerst von vorne, dann von hinten“, also genital und beim zweiten Mal schon anal, entspricht meist nicht ihrem inneren Erleben, geschweige denn ihren Wünschen. Manche Mädchen üben sich dann in „guter Performance“, ohne innerlich viel dabei zu spüren – ähnlich wie die Pornodarstellerinnen, die ja auch nicht dafür bezahlt werden, dass sie Lust haben. Zu meinem großen Erstaunen wünschen sich die Jugendlichen in diesem Dokumentarfilm explizit mehr Regulation, auch Begrenzung und konkreten Austausch zu diesen Themen mit ihren Eltern.

Hier sind erwachsene Begleiter gefragt, die das konkrete sexuelle Interesse adäquat aufnehmen und spiegeln können. Viele Eltern sind überfordert damit und reagieren mit moralischer Abwertung, wodurch sich die Jugendlichen vermehrt in ihrer eigenen Welt abschotten. Das Wichtigste dabei ist, den Kontakt zu den Jugendlichen nicht zu verlieren und für diese Themen und Probleme eine Anlaufstelle zu bieten.

Ein offenes Angebot des Interesses kann sich in der Haltung zeigen: „Ich bin interessiert an dem, was dich fasziniert und wo deine Neugier hingeht. Ah, du interessiert dich für Porno, und damit für Sex. Dieses Interesse ist wunderbar. Was fasziniert dich daran? Und was findest du dort, und was nicht?“ Vielleicht könnte ein Vater mit seinem Sohn mal zusammen darauf schauen, und aus der lebendigen Erinnerung an die eigenen Experimente der Pubertät kann die Brücke hergestellt werden zur konkreten Beziehungserfahrung. Wo und wie trifft das Gesehene auf die gelebte Realität und wie weit ist der Jugendliche innerlich damit? Vielleicht hat er schon viele Sexszenen gesehen und selbst noch nie geküsst? Was wären seine wünschbaren konkreten nächsten Schritte? Der Vater könnte die Wirkung dieser intensiven Bilder auch mit dem Sohn besprechen.

V: „Was macht es mit uns Männern, diese Bilder zu sehen?“

S: „Es wirkt erregend.“

V: „Das ist wunderbar, die Lust und die Erregung zu spüren. Auf mich wirken sie auch erregend. Jetzt ist allerdings die Frage: Wie kann ein Mann lernen, diese intensive Erregung zu regulieren, ohne sie im Wichsen sofort abzuführen? So wie wir in die Sexualität einsteigen, konditionieren wir uns auch. Manchmal kann es sein, dass diese intensiven Bilder sich dazwischenschieben, wenn wir eine Frau lieben und ihr sexuell begegnen wollen. Oder wir glauben, wir müssten dieses Programm abspulen, und sie ist ganz woanders und fühlt sich nicht gesehen. Wo stehst du mit Mädchen? Und gibt es eine Brücke von dieser Pornowelt in deine reale Beziehungswelt?“

Solche oder ähnliche Forschungsgespräche, die den Sohn abholen bei seinem Interesse, gleichzeitig eine Brücke schlagen in die reale Welt und verdeutlichen, dass die Verbindung zur Herzebene im Porno meist fehlt, können hilfreich sein.

Wir erhalten viel positives Feedback von Eltern und Lehrern, die plötzlich einen offenen Austausch mit ihren Jugendlichen zu diesen Themen beschreiben, der vorher nicht möglich war. Hier besteht ein hoher Bedarf an Erwachsenenbildung für verunsicherte Eltern und überforderte Pädagogen – die Jugendlichen warten darauf.

Es ist nie zu spät für ein erstes Mal

Ähnlich wie bei der ersten Menstruation oder dem ersten Samenerguss stellt sich auch mit dem ersten Geschlechtsverkehr die Frage des Dazugehörens. Diese Initiationserfahrung ist in meiner Erinnerung noch sehr präsent.

> Für meine Eltern war damals in katholischer Tradition klar, ihr erstes Mal findet in der Hochzeitsnacht statt. Dafür hatten sie sich sieben Jahre aufgespart oder, im Rückblick gesehen, auch gut darauf vorbereitet. Als Kinder hörten wir oft ihren wichtigen Slogan zum Thema Heiraten: „Drum prüfe, wer sich ewig bindet, ob sich das Herz zum Herzen findet." Diese Prüfung haben sie wunderbar gemeistert, da sie tatsächlich in Liebe durch Höhen und Tiefen zusammen geblieben sind, „bis der Tod euch scheidet". Meine Mutter war damals noch nicht aufgeklärt über ihren Zyklus, und so entstand ich sozusagen fast zu schnell, gleich in der Hochzeitsnacht. Mein schwieriges Erbe mit dieser Geschichte war, dass ich tief drinnen auch dieses Prüfungsmaß verinnerlicht hatte: „Es muss der Mann fürs Leben sein, dem ich mich beim ersten Mal hingebe." Gleichzeitig bewegte ich mich damals in einer Szene, in der man mehrere Beziehungen gleichzeitig lebte oder

Partner schnell wechselte und auf jeden Fall sicher nicht gleich an Hochzeit dachte. Über Sex redeten wir offen – da konnte ich verbal noch mithalten. Die Vorstellung, ich müsste mich einem Mann dieser Szene gegenüber outen, dass ich noch Jungfrau bin, wurde jedoch immer schwieriger.
So wählte ich für mein erstes Mal die Anonymität des fernen Auslands. Ich reiste mit einer Freundin nach Mexico, und bald nach unserer Ankunft begegnete uns ein schöner schwarzhaariger Indio aus Guatemala. Er war sozusagen fast der erste Mann, der mir über den Weg lief, und ich wusste, dass er genau dafür in mein Leben gekommen war. Wir konnten kaum Worte austauschen, da wir keine gemeinsame Sprache hatten. Unsere Körper fanden jedoch eine unmittelbare Sprache – er verstand sofort, dass es mein erstes Mal war, und führte mich liebevoll und mit allen Sinnen in das körperliche Liebesspiel ein. Ich war zutiefst dankbar für diese schöne, sinnliche Initiation und hatte trotzdem keinen Impuls, noch länger zu bleiben oder eine Beziehung zu beginnen. Für mich entkoppelte sich damit die unbewusste Bürde der Geschichte meiner Eltern, die sieben Jahre miteinander gegangen waren, bevor sie in der Hochzeitsnacht ihre Partnerwahl fürs Leben besiegelten.
Ein Stein war von meiner Brust gefallen. Endlich konnte ich auch mitreden.

Erst im Nachhinein verstand ich den tieferen Sinn der anonymen Initiation mancher Kulturen. Das erste Mal wird dort bewusst nicht an eine Liebesbeziehung gekoppelt, sondern die Jungen werden an der Schwelle zum Erwachsensein in die Kunst der körperlichen Liebe von erfahrenen Männern oder Frauen eingeführt. Dadurch werden die Beziehungen weniger belastet, da beide schon ein Erfahrungswissen mitbringen. Eine Freundin teilte mit mir folgende Geschichte:

„Im Gegensatz zu all meinen Freundinnen, denen zur Vorsicht geraten wurde, erhielt ich eine damals ungewöhnliche Botschaft für meinen Einstieg in die Sexualität. Meine Großmutter nahm mich als Jugendliche öfters beiseite und ermutigte mich mit den eindringlichen Worten: ‚Kauf niemals eine Katze im Sack', mich sexuell auszuprobieren vor der Ehe. Später erzählte sie mir von ihrer nahen Schulfreundin, die sich leider bis zur Hochzeitsnacht aufgespart hatte. In dieser ersten Liebesnacht kam das böse Erwachen, da ihr Mann sie nur anal penetrieren wollte und sie immer Schmerzen hatte dabei. Sie litt ihr ganzes Leben unter dieser Praktik, schämte sich sehr dafür und starb sehr früh. Da meine Großmutter die einzige Mitwisserin war, belastete dieses schwierige Schicksal ihrer besten Freundin ihr eigenes Leben sehr. Mit dieser Botschaft an mich brach sie das Schweigen und wünschte für ihre Enkelin eine bessere Vorbereitung in die sexuelle Liebe."

Das erste Mal ist ein wichtiges Ereignis in unserer sexuellen Geschichte und kann weichenstellend wirken. In unserer heutigen Zeit würden solche Erfahrungen hoffentlich nicht mehr im verschwiegenen Tabubereich bleiben. Das Leben bietet uns erfreulicherweise weitere Korrekturmöglichkeiten, falls es das erste Mal schiefgelaufen ist. Hier eine inspirierende Geschichte dazu:

Sabrina kommt mit 22 Jahren zu mir in die Praxis, da sie immer Schmerzen hat beim Geschlechtsverkehr. Auf mein Nachfragen hin, wie ihr erstes Mal war, erzählt sie: „Ich habe mit 18 Jahren das erste Mal mit meinem Freund geschlafen, mit ihm bin ich jetzt immer noch zusammen. Ich war so sehr verliebt in ihn und getraute mich vor dem ersten Mal nicht, ihm zu sagen, dass ich eigentlich noch Jungfrau bin." Sie überspielte diesen unsicheren Teil zu dem Preis, dass es für sie viel zu schnell war und von daher auch sehr schmerzhaft. Erst im Nachhinein konnte sie ihm sagen, dass es wehgetan hatte und dass es das erste Mal war für sie. Vier Jahre später ist es immer noch ein schwieriges Thema, da sie seither Geschlechtsverkehr ohne Schmerzen gar nicht kennt. Ihr Freund war damals sehr sauer auf sie, weil er, wenn er es gewusst hätte, viel bewusster und langsamer reingegangen wäre. Als Folge davon nahm er sich immer mehr zurück, mit einer Mischung aus Schuldgefühlen und zunehmendem innerem Frusterleben. Ihr Liebeszug ist mit diesem unglückseligen ersten Mal auf der falschen Schiene losgefahren und bewegte sich auf falsch eingefahrenen Gleisen. Beide fühlten sich um das

gemeinsame Erleben des „ersten Males“ betrogen. Mein Vorschlag an Sabrina war, dieses erste Mal in einem bewussten Setting nachzuholen.
Ich riet ihr also, so Liebe zu machen, als wenn es für beide das erste Mal sei, sich die ausreichende Zeit dafür zu nehmen, und damit auch dem Gewebe der Liebesorgane die Zeit zu geben, sich kennenzulernen und dann von innen her zu öffnen. Das haben sie gemacht, und seitdem sind wunderbarerweise ihre Schmerzen weg. Darüber hinaus ist ihr Liebemachen davon geprägt, sich mehr Zeit zu nehmen und das Ineinandersein mehr und mehr zu spüren – und wenn daraus heiße Leidenschaft entsteht, diese dann zu feiern und zu genießen.

Alle jungen Mädchen könnten daraus mitnehmen: „Es lohnt sich, auf mich zu hören, meiner Wahrnehmung in meiner Vagina zu vertrauen und diese auch zu kommunizieren. Nur wenn ich eine gute Eigenwahrnehmung in meiner Liebeshöhle habe, kann ich auch mitteilen, was ich möchte und was sich angenehm anfühlt.“

Die 23-jährige Verena kommt zu mir, da sie noch nie mit ihrem Freund geschlafen hat, weil es nicht funktioniert und er sie nicht penetrieren kann. Sie fragt sich, ob es wohl Vaginismus sei. Darüber hatte sie gelesen. Sie ist seit fünf Jahren mit ihrem Freund zusammen, und ihre Mutter ging mit ihr damals zum Gynäkologen. Schon mit 13 Jahren sagte sie zu ihrer Tochter: „Wenn du mit einem Freund zusammen bist, vereinbare ich sofort einen Termin für die Pille.“ Ihre Mutter weiß bis heute nicht, dass sie noch Jungfrau ist – aber sie nimmt die Pille seit fünf Jahren. Verena vertraute mit 20 dem Gynäkologen an, dass ihre Vagina zu eng sei. Er operierte sie und nahm eine Hautfalte weg, was aber die Grundsituation nicht veränderte.
Als sie zu mir kam, hatte sie überhaupt keine Eigenwahrnehmung für ihre Vagina. Allein sich selbst dort von außen über ihrer Jeans zu berühren, fand sie schon sehr komisch und fast eklig. In unserer gemeinsamen Arbeit beginnt sie, Freundschaft zu schließen mit ihrer Vagina, und ich empfehle ihr, einen schönen Namen für sie zu finden: Sie sagt spontan „Minna“.

Ich lade sie ein, zum ersten Mal in ihrem Leben ihrer Vagina eine Stimme zu geben und sich überraschen zu lassen, was Minna erzählen möchte aus ihrem Leben: „Ich bin die ... Minna... von der ... Verena ... und ich finde toll, dass sich Verena jetzt so mit mir beschäftigt. Als Kind hat sie mich manchmal heimlich erforscht und mich berührt, aber sie wusste gleichzeitig, dass sie etwas Verbotenes macht, und hatte immer Angst, entdeckt zu werden. Leider hat sie sich seit der ersten Mens ganz abgewendet von mir und findet mich hässlich."

Mit diesem kraftvollen Werkzeug aus der Gestaltarbeit – einem Körperteil eine Stimme und einen Ausdruck zu geben – entsteht ein sehr direkter Zugang zur sexuellen Entwicklungsgeschichte aus der Perspektive des Liebesorgans. Erfahrungsgemäß sind unsere Liebesorgane meist sehr klar in dem, was sie wollen und nicht wollen.

Verena und ich sprechen dann über Selbstliebe. Ihre einzige Freundin, mit der sie sich austauschte, fand onanieren doof - „das machen Frauen nur, wenn sie keinen Mann haben" -, und so machte sie es auch nicht. In unserer gemeinsamen Arbeit lernt sie langsam, den eigenen Kontakt mit ihrer Vagina aufzubauen, sich dort zu berühren und mehr und mehr ihre eigene Pulsation in dem Gewebe zu spüren. Durch das Fühlen ihres Innenraumes und der Eigenbewegung im Gewebe lernt sie auch, die Muskeln in den Vaginalwänden ganz leicht zu aktivieren, wieder loszulassen und eine Präsenz in diesem Gewebe aufzubauen.
Über diesen neuen Selbstkontakt spürt sie deutlich, dass sie sich grundsätzlich vor dem männlichen Glied ekelt, was nichts mit ihrem Freund zu tun hat. In dem Moment, in dem sie dem Nein, das sich als Spannung in ihrer Vagina manifestiert, einen Ausdruck geben kann - „Nein, geh weg, ich entscheide, wann ich Ja sage und wann nicht" -, löst sich die Spannung auf.
Den Ekel vor dem erwachsenen männlichen Penis kann sie ihrem Vater zuordnen, der sie mit 12 Jahren im Badezimmer völlig überrumpelte unter dem Motto „Jetzt musst du mal eine richtige Erektion sehen" und mit schnellen, hastigen Bewegungen ihr buchstäblich eine „unter die Nase rieb".

Sie konnte damals als 12-Jährige nicht reagieren und erstarrte innerlich. Am selben Abend musste sie sich einige Male erbrechen. So gut sie konnte vermied sie es in der Folge, mit ihrem Vater allein zu sein. Trotzdem musste sie während der Pubertät immer wieder mal sexualisierte anzügliche Bemerkungen von ihm erdulden, die ihr zutiefst peinlich waren.
Wir holen in der gemeinsamen Arbeit auch fehlende positive Mutterspiegelung in ihrer sexuellen Entwicklung nach. Ich gehe dafür bewusst und für beide definiert in die Rolle der Mutter und spiegele Verena positiv in verschiedenen Altersstufen (als Vorschulkind, das sich selbst entdeckt, und als Pubertierende, die gerade ihre Menstruation bekommt). Das heißt, ich nehme das auf, was sie in der Erinnerung gerade erlebt und unterstütze es positiv: „Es ist schön, sich zu berühren und zu entdecken. Das ist dein Körper, und du darfst in deinem Tempo herausfinden, was sich gut anfühlt und was nicht." Oder: „Dein Monatsblut erinnert dich jeden Monat an dein schöpferisches Potenzial als Frau. Es ist ein Grund zu feiern, dass du jetzt zu den Frauen gehörst." In Bezug auf den Übergriff vom Vater war ihr wichtig, von der Mutter zu hören: „Wenn dein Vater dir zu nahe kommt, werde ich nicht mehr wegschauen, sondern dich beschützen."
So kann sie nacherleben, wie es sich körperlich anfühlt, wenn sie als junges Mädchen eine positive Spiegelung von guten Eltern bekommt, von Eltern, die sie als schöne junge Frau sehen und nichts wollen von ihr. Es gilt auch, neu zu verankern, dass das erigierte Glied ein Ausdruck der männlichen Potenz ist, die grundsätzlich gut ist. Hier ist zuerst das klare Benennen wichtig, dass es nicht in Ordnung war vom Vater, sich ihr so zu nähern.
Mit ihrem Freund beginnt sie eine neue Forschungsreise, bei der er zum Beispiel mit seinem Penis an ihre Eingangspforte kommt und einfach dort verweilt, ohne irgendein Ziel. Beide sind damit beschäftigt, sich im Kontakt mit dem anderen selbst zu spüren. Da alle Versuche vorher in Frustration geendet hatten, hatten sie aufgehört, überhaupt etwas Neues zu probieren, und wenn, dann gab es nur ein Ziel, das sie nie erreichten.
Nach einem Jahr gemeinsamer Arbeit kommt sie freudestrahlend und berichtet vom erfolgreichen „ersten Mal". Verena gesteht mir, dass sie

eigentlich zu Beginn nicht gedacht hätte, dass es für sie auch einmal normal werden könnte, einen Mann in sich aufzunehmen. Ich habe sie von Anfang an in dem Vertrauen unterstützt, dass auch sie eine „gesunde normale Frau" ist, wie so viele andere auch, und dass ein Kernschlüssel im Erleben der erwachsenen Sexualität ist, sich selbst gut zu spüren.

Jede Vagina ist von ihrer Grundeigenschaft her ein rezeptives Liebesorgan, das die Bereitschaft hat, sich zu öffnen. Jeder Penis hat bildlich gesprochen seine Wurzel im Herzen, das Blut in seine Schwellkörper pumpt. Zusammen gibt es einen Pulsationskontakt und eine eigene Kommunikation, auf die es sich lohnt zu hören – am besten, indem wir immer wieder einmal innehalten, auch wenn der Sturm der Leidenschaft uns mitnimmt.

Anregung zum „Pulsationskontakt" mit deinem Liebesorgan

Es folgt nun eine Pulsationsübung nach der Sexual Grounding®-Therapie. Suche dir dafür einen ruhigen Ort, wo du für eine Weile entspannt für dich sein kannst, zum Beispiel am Abend im Bett vor dem Einschlafen. Als Mann umschließt du deinen Penis entspannt mit der Hand, als Frau legst du einen oder zwei Finger außen an den Eingang zur Vagina oder spürst mit deinem Finger das innere Eigenleben der Liebeshöhle. Beide spüren mit ihrer ganzen Präsenz und Aufmerksamkeit die Eigenpulsation in diesem Gewebe. Der Pulsschlag im Penis wird spürbar in einer ausdehnenden Pulsation nach außen. In der Vagina entsteht eine umhüllende Pulsationsbewegung nach innen. Der Atem kann dabei in der Vorstellung von innen an der Kontaktstelle landen. Das wirkt sehr entspannend und gleichzeitig belebend.
Es ist auch möglich, mit der Aufmerksamkeit hin und her zu pendeln zwischen der Wahrnehmung in der Hand und dem Liebesorgan. Ist die Aufmerksamkeit in deiner Hand, kannst du dir vorstellen, wie sich dein Liebesorgan aus der Perspektive eines Liebhabers/ einer Ge-

liebten anfühlt. Dabei gibt es kein Ziel, außer den präsenten Fühlkontakt im Hier und Jetzt wahrzunehmen.
Diese Erfahrung unterstützt uns dabei, die Eigenpulsation im Gewebe der Liebesorgane zu spüren und eine körperliche Präsenz in den Liebesorganen einzurichten. Meist verfeinert sich das sensible Empfinden, wodurch auch jede Liebesbegegnung in den Genitalien intensiver wahrgenommen werden kann.

Anatomie und Physiologie der Lust

Sexualität findet in unserem Körper statt. Ich möchte deshalb am Übergang zum erwachsenen Alter den Fokus auf die weiblichen und männlichen Sexualorgane als Liebesorgane richten und dabei im Zusammenhang mit dem Energiekreis einen neuen Blickwinkel einnehmen, der kaum in Lehrbüchern zu finden ist. Obwohl wir in einer aufgeklärten Gesellschaft leben, ist dieses Wissen um den Energiekreis für viele Frauen und Männer im Detail neu und kann ein tieferes Verständnis für das sexuelle Zusammenspiel bringen.

Betrachten wir die Funktionsweise der weiblichen und männlichen Liebesorgane, so können wir in beiden je einen Pluspol (Klitoris und Penis – die Energiebewegung geht nach außen) und einen Minuspol (G-Punkt und Prostata – Energierichtung nach innen) finden.

Die weiblichen Liebesorgane

Klitoris

Wenn wir die Klitoris als äußersten Pol im weiblichen Lustgewebe sehen, liegt der Vergleich mit einem kleinen Penis nahe. Äußerlich sieht man die Perle und spürt man den Schaft, innerlich hat sie zwei Schenkel in die

Tiefe, und ihre Schwellkörper sind in Verbindung mit dem Harnröhrenschwellgewebe. Sie kann erigieren, die Schwellkörper werden gefüllt, und eine klitorale Entladung ist wie eine gerichtete Energiebewegung nach außen. Sie entspricht der maskulinen Energieflussrichtung. Das Erleben der Entladung ist meist heiß, geil, kurz und intensiv – obwohl es auch hier eine Berührung gibt, die einlädt, zu entspannen und sich in die Berührung hinein auszudehnen. Die Muskelkontraktionen in der Vagina beim klitoralen Orgasmus sind wellenförmig nach außen gerichtet (*„push out contractions“*), und die Vagina verengt sich leicht dabei. Viele Frauen beschreiben auch, dass sie im ganzen Körper anspannen und erst nach der Entladung eine Entspannung erleben.

G-Punkt (Gräfenberg-Zone)

Dr. Ernst Gräfenberg, ein deutscher Gynäkologe, beschrieb Anfang der 50er-Jahre erstmals in der schulmedizinischen Literatur[17] den G-Punkt und die weibliche Ejakulation. In Frauenkreisen wird er auch manchmal „Göttinnenpunkt“ genannt. Den G-Punkt finden wir in ähnlich großem Abstand vom Vagina-Eingang nach innen (an der Vorderseite der Vagina zum Schambein hin), wie der Abstand der Klitoris außen zum Vagina-Eingang ist. Dieses walnussgroße, anfangs raue Gewebe reagiert nicht sofort mit Lustempfinden bei Berührung, sondern es braucht etwas Zeit, bis sich das Harnröhrenschwellgewebe mit Blut füllt. Aus demselben Gewebe, das in der fötalen Entwicklung zu den Harnröhrenschwellgewebedrüsen (G-Punkt) bei der Frau wird, entsteht beim Mann die Vorsteherdrüse (Prostata), die bei der Bildung der Samenflüssigkeit eine Rolle spielt. Durch die Stimulation des G-Punktes kann es zu einer Flüssigkeitsabsonderung aus den Harnröhrennebenkanälen kommen, die als weibliche Ejakulation oder „Freudenfluss“ bezeichnet wird. Manche Frauen haben das Gefühl, sie urinierten beim Orgasmus, was jedoch damit nichts zu tun hat.

17. Ernst Gräfenberg: The Role of the Urethra in Female Orgasm, In: International Journal of Sexology. Band 3, 1950, S. 145

Siegmund Freud hat die Legende vom „reifen vaginalen Orgasmus" in die Welt gesetzt, wonach Frauen allein durch Penetration zum Höhepunkt kommen sollen. Das ist bei manchen Frauen möglich, bei vielen aber nicht, und hat weniger mit Reife zu tun als mit unserer Anatomie. Je größer der Abstand von Klitoris und G-Punkt zum Eingang der Vagina ist, umso schwieriger wird es, ausschließlich durch direkte Penetration dieses Gewebe zu erreichen. Frauen berühren sich daher oft gerne zusätzlich mit den Fingern, um einen „klitoralen Orgasmus" zu erleben. (Wohlbemerkt: Klitoris und G-Punkt sind wie das äußere und innere Ende unseres Lustgewebes mit verschiedenen Schwellkörpern.)

Wenn die Entladung vom Gewebe der „G-Zone" ausgeht, entsteht eine wellenförmige Energiebewegung nach innen – die Vagina wölbt sich wie ein Kuppelzelt nach innen in die Tiefe auf, was auch als *tenting* bezeichnet wird. Die Energiebewegung ist dabei nach innen und oben Richtung Herz gerichtet und entspricht dem weiblichen Energiekreis. Meist spricht man von diesem Phänomen, wenn vom „vaginalen Orgasmus" die Rede ist.

In einer ESO (*Extended Sexual Orgasm*)-Sitzung[18] werden abwechselnd Klitoris und G-Punkt stimuliert, und kurz vor der Entladung wird jeweils zum anderen Pol gewechselt. Das Ziel ist, Energie aufzubauen, diese im Körper zu verteilen und ein orgastisches Erleben zu erreichen, ohne „in dem einen Orgasmus" zu entladen. So können Frauen lernen, die eigene Ladungskurve zu modulieren und die Phase der Entladung beliebig lange hinauszuzögern.

18. Alan und Donna Brauer, ESO – How you and your lover can give each other extended sexual orgasm, Warner Books 1983. In diesem Buch beschreiben die Autoren detailliert die sexuelle Reaktion des Mannes und der Frau. Durch abwechselndes Berühren von Klitoris und G-Punkt, Penis und Prostata, jeweils bis vor den „Point of no Return", kann eine ausgedehnte orgasmische Reaktion bewirkt werden, die nicht zur kompletten Entladung führt. Die Kontraktionen verlagern sich mehr in die Tiefe, und ein ganzheitlicheres orgasmisches Erleben wird möglich.

Gebärmuttermund

Es reduziert die weibliche Liebeshöhle, wenn man sich nur an ihren Lustpunkten orientiert. In ihrer Gesamtheit ist die Vagina ein rezeptives Kontaktorgan, deren empfangendes Zentrum am Gebärmuttermund liegt. Dort in der Tiefe findet eigentlich die alchemistische Verbindung in der Sexualität zwischen Mann und Frau statt. Ein Funke kann zwischen den beiden Polen der Eichelspitze (die auch eine Öffnung hat) und dem Gebärmuttermund überspringen, und der elektromagnetische Kreislauf beginnt zu strömen: vom gebenden Pluspol (Senden) zum rezeptiven Minuspol (Empfangen).

Der gebende Pol des Penis wird empfangen durch das innerste Tor – die innerste Öffnung in der Vagina –, von dort geht die Energiebewegung nach innen und oben bis zum Herzen hin. Auch die Gebärmutterschleimhaut schwillt bei Erregung mit Blut an. Die Gebärmutter wölbt sich beim *tenting* nach oben und verlängert damit die Vagina in die Tiefe. Dies entspricht der Einladung der Frau, den Penis des Mannes tief in sich zu fühlen und aufzunehmen. Wenn an diesem Ort eine Begegnung stattfindet, öffnet sich ein weiter, stiller, präsenter Raum. Eine Dimension wird berührt, in der man von stiller, entspannter Ekstase sprechen könnte. Die Tür zu diesem Raum kann nur aufgehen, wenn die Eichel auch wirklich dahin kommt und dort ein präsenter Kontakt stattfindet. Dieser Kontakt wird bei der stoßenden „Rein-Raus-Bewegung" immer wieder unterbrochen.

Wenn ein fühlender Penis in einer empfangenden Vagina landet und dort wirklich an- und aufgenommen wird, kann er dort entspannt bleiben. Der Penis dehnt sich in die Tiefe hinein aus und berührt den Gebärmuttereingang, dann geht er einen Millimeter zurück, um dazwischen Raum zu geben. Überlässt man die beiden Liebesorgane sich selbst, kann man fast innerlich zuschauen oder mitfühlen, wie sich dieser Penis mal ausdehnt und dann wieder entspannt in sich zusammensinkt, um sich dann wieder zu öffnen.

Eine Vagina, die zu viel Ladung oder Spannung hat, kann dazu beitragen, dass der Mann frühzeitig ejakuliert. Es ist, wie wenn zwei Pluspole sich schneller entladen würden. Je mehr eine Frau ihren empfänglichen Raum sensibilisiert, das heißt, immer wieder diesen rezeptiven Pol hält in dem Kontakt, umso mehr kann ein Mann da hineinentspannen und bleiben[19]. Man könnte sagen, wenn vor allem die Stimulation der Klitoris und die klitorale Entladung im Orgasmus in der weiblichen Sexualität eine große Rolle spielt, dann trainiert eine Frau eher den maskulinen Energiefluss mit der Entladung nach außen und weniger ihre rezeptive, empfängliche Kraft. Der Fokus auf das G-Punkt-Gewebe, und noch mehr auf die Tiefe rund um den Gebärmuttermund, aktiviert den femininen Energiefluss und auch die Hingabefähigkeit.

Diese verschiedenen Lustdimensionen können auch Frauenpaare zusammen erleben, indem sie mit ihren Fingern gegenseitig diese unterschiedlichen Qualitäten im Berührungskontakt erforschen.

In der feministischen Bewegung spielte die Entdeckung der Klitoris im Lusterleben der Frauen eine große Rolle. „Wir brauchen keine Männer in uns für unsere Orgasmen“, war ein häufiger Slogan. Viele Frauen kämpften allerdings mit maskulinen Verhaltensweisen für ihre Emanzipation. Es bleibt für mich unhinterfragt, dass dieser Befreiungsbewegung vieles zu verdanken ist, was heute für Frauen selbstverständlich ist. Aus vielen Gesprächen mit damaligen Aktivistinnen kenne ich aber auch den Preis, den sie mit einer Einbuße ihrer rezeptiven Weiblichkeit bezahlten. Auch in der zielorientierten und auf den Orgasmus fokussierten Sexualität spielt die Klitoris bei vielen Frauen eine große Rolle.

Mir ist bewusst, dass alle Aussagen rund um die Kategorien „feminin“ und „maskulin“ sofort auf dem Minenfeld der Genderdiskussion landen können.

19. Buchempfehlung dazu: Diana Richardson, Zeit für Liebe, Innenwelt Verlag 2002

Ich verwende diese Begriffe hier jenseits der biologischen Geschlechtszuordnung als polare Qualitäten in allen Menschen. Diese Darstellung soll als Anregung dienen, um die eigene Balance zwischen femininem und maskulinem Richtungsfluss einzurichten und selbst Erfahrungen damit zu machen. Wichtig finde ich dabei jedoch, nicht zu werten, sondern ein Bewusstsein für unterschiedliche Qualitäten zu wecken und so die Möglichkeit des Experimentierens im Sinne der Balance zu öffnen.

Die männlichen Liebesorgane

Der Penis ist der äußere, positive Pol der männlichen Liebesorgane, die Prostata ist der innere, rezeptive Pol, in Entsprechung zum G-Punkt bei der Frau.

Penis und Eichelspitze

Mit seinen drei Schwellkörpern und der Eichel samt Vorhaut ist der Penis ein sensibles Organ, das aber oft nicht so sensibel behandelt wird. Dem Gebärmuttermund bei der Frau steht die Eichelspitze beim Mann gegenüber, und rein optisch sehen sich die beiden sehr ähnlich. Das Bild der Berührung zwischen den beiden ist wie ein Funkensprung vom gebenden zum rezeptiven Pol, der den Kreislauf zwischen Mann und Frau in der Tiefe anregt und schließt. Die Eichel ist auch besonders sensibel für feine Berührung. In einer Tao-Massage wird die sanfte Berührung des *Frenulums* (Hautfalte/Bändchen zwischen Eichel und Vorhaut) als das „Tor zum Bewusstsein“ bezeichnet.

Die erektile Potenz – der Drive nach außen

Die Erektion wird über den Parasympathikus gesteuert – dem Teil des vegetativen Nervensystems, der für die Entspannung zuständig ist, und eigentlich steht die Erektion auch in direktem Zusammenhang mit Entspannung: Sie kann von selbst kommen und gehen.

Es gibt verschiedene Erektionsformen:

- spontane Erektion in der Jugend
- Erektion am Morgen (wegen einer vollen Blase)
- Erektion, wenn man angefasst wird (spontan)
- forcierte Erektion (Masturbation), um sich zu entladen, Spannung abzubauen
- Erektion durch Attraktion, verursacht durch projektive genitale Erregung
- reproduktive Erektion, durch spontane sexuelle Energie bei sexuellem Austausch
- nächtliche Erektion, im Traum

Erektionsstörungen treten häufig in stressvollen Zeiten auf. Zu hohe Anspannung verhindert eine natürliche Erektion. Jugendliche haben zu Beginn meist noch keinen Stress, außer sie sind übervoll mit äußeren Bildern über Sexualität und spüren inneren oder äußeren Erwartungsdruck. Die *Sexual Grounding® Therapy* bietet hier im Nacherleben der Pubertät eine neue Erfahrungsmöglichkeit durch die Pulsationsübung: Wenn der Junge aus einem entspannten Zustand heraus seinen Penis in seine Hand nimmt und die Eigenpulsation fühlt, kann er auch erleben, dass der Penis in seiner Hand wächst und erigiert, ohne dass er ihn stimuliert und daran reibt.

So könnte er die ganze Potenz spüren, die in diesem Liebesorgan liegt. Mit dem Drang der Ladung und Entladung nach außen zu gehen, entspricht dem maskulinen Energiekreis. Bringt ein Mann jedoch mehr Aufmerksamkeit ins Fühlen der Pulsation kann er seinen Drang regulieren lernen. Er kann auch lernen mit langsamen, entspannten, wellenförmigen Bewegungen im Becken und entlang der Wirbelsäule nach oben, die Ladung im Körper zu verteilen, oder nach oben ins Herz zu lenken, und so in einen Energieaustausch zu gehen, ohne sofort „zu entladen".

Prostata, der rezeptive Pol

Wird ein Mann über den Anus an der Prostata sanft berührt, kann er auch ein sich nach innen öffnendes Empfangen erleben. Diese Erfahrung können Homosexuelle teilen, wenn einer den femininen Part lebt und penetriert wird. Die Prostata erinnert von ihrer äußeren Form her an ein kleines Herz und energetisch öffnet ihre Berührung auch die Verbindung nach innen und oben zum Herzen hin. Von ihrer Funktion her produziert die Prostata ein flüssiges Sekret, „den Fluss, in dem die Samen sich fortbewegen".

In einer ESO-Sitzung, also der zuvor bereits erwähnten *Extended Sexual Orgasm*-Sitzung nach Alan und Donna Brauer, werden abwechselnd Penis und Prostata berührt, um so einem Mann eine längere Lustreise ohne Ejakulation zu ermöglichen. Vor dem *„Point of no Return"* wird nach innen, zum sanften Prostatakontakt, gewechselt, was den Energiestrom umkehrt und meist den Penis entspannen lässt. So wird eine feinere Aufmerksamkeit nach innen gerichtet.

Lernt ein Mann seine Wahrnehmung der Penispulsation zu vertiefen und auch eine Wahrnehmung für seine Prostata zu entwickeln, kann er besser seine sexuelle Energie regulieren und sich auch in beide Energiekreisläufe einschwingen. So kann er auch lernen, über seinen Atem den Energiekreis umzudrehen und die Energie nach innen und oben zum Herzen zu lenken, was ihm ein inneres orgastisches Erleben ohne Ejakulation nach außen ermöglicht – auch im Sinne der Selbstregulation. Besonders bei frühzeitiger Ejakulation ist dies eine wunderbare Möglichkeit, die eigene Lustkurve zu modulieren. Männer und Frauen können im Reifeprozess lernen, mehr und mehr die eigene innere Balance zwischen beiden Polen zu spüren, sowohl zwischen Sex und Herz als auch zwischen beiden Polen innerhalb der Liebesorgane.

Mir ist wichtig, bezüglich dieser unterschiedlichen Qualitäten keine Wertungen zu vermitteln, sondern Anregung zu geben, um damit zu experimentieren und sich darüber auszutauschen im Sinne einer erweiterten Wahrnehmungs- und Bewusstseinsentwicklung.

Die orgasmische Atemwelle und der Energiekreis als Selbstregulation

Ein älteres Modell, um den Verlauf der sexuellen Energie bei Männern und Frauen abzubilden, ist die Orgasmus-Kurve. Wir können unser sexuelles Erleben auch als einen Prozess sehen, in dem wir über unseren Atem Energie aufbauen, sie im ganzen Körper verteilen und halten lernen und sie schließlich wieder loslassen. Jack L. Rosenberg beschreibt entlang dieser Ladungskurve folgende acht Phasen:

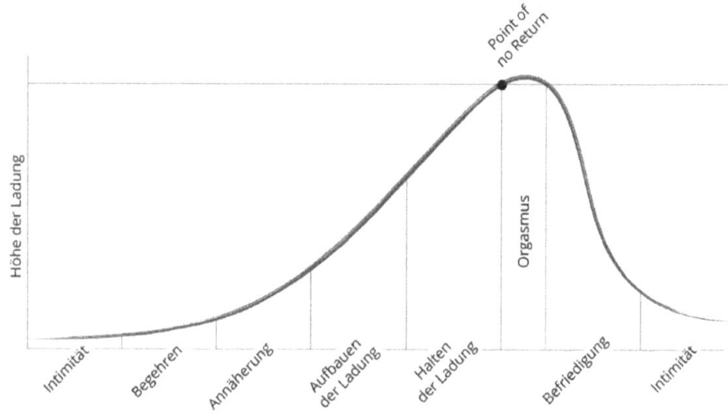

Verlauf eines orgastischen Zyklus nach Jack L. Rosenberg (horizontale Achse ist Zeitachse)

1. Intimität
2. Begehren/Lust
3. Annäherung
4. Ladungsaufbau
5. Aufrechterhalten der Ladung (Containment)

6. Orgasmus/Entladung
7. Befriedigung/Erfüllung
8. Intimität, wobei das Energieniveau am Ende meist höher ist als zu Beginn

Alle acht Phasen sind gleichwertig und es gilt: „Der Weg ist das Ziel" bzw. „‚Orga-muss' nicht sein, sondern ‚Orgas-kann', ‚Orgas-darf-sein'". Diese Haltung erleichtert es, sich von einer Zielfixierung, die meist im Kopf stattfindet, zu lösen.

Kernelemente einer erfüllt erlebten Sexualität

Eine gute Selbstregulation ist die Basis für Erfüllung in der Beziehung. Die Intensität des Erlebens steht in direktem Zusammenhang mit dem Ladungsaufbau im gesamten Körper und nicht nur in den Genitalien. Der wichtigste Schlüssel zum ganzkörperlichen Erleben ist der bewusste Atem und nicht die intensive Stimulierung der Genitalien. Auch die Verlangsamung der Bewegungen in einem flexiblen Rhythmus und wellenförmige Bewegungen im Becken und der Wirbelsäule helfen, die Energie zu verteilen. Ein totaler Orgasmus erfolgt, wenn sich die aufgebaute sexuelle Energie durch den ganzen Körper frei ausbreiten und so lange gehalten werden kann, bis sie den Körper auf natürliche Weise in der orgastischen Entladung wieder verlässt. Sich diesem Loslassen hinzugeben ist nur möglich bei voller Präsenz im Körper und hat mit Selbstaufgabe nichts zu tun. Es ist auch möglich die Energie in einem guten Containment[20] im Körper zu halten und im Energiekreislauf auszutauschen, ohne zu entladen. Dies unterstützt eine gute Verbindung zwischen unseren Sexualorganen, dem Herzpol und dem Augensegment (Sex-Herz-Bewusstsein) und auch die Präsenz in der sexuellen Begegnung.

20. Vom Englischen to contain = „zusammenhalten, bewahren"

Jeder Mann und jede Frau kann unabhängig von einem Gegenüber lernen, die eigene Energiekurve zu modulieren und damit auch das sexuelle Erleben in der Dauer und der Intensität beliebig zu variieren.

Folgende Übung fördert die Selbstregulation und einen guten Selbstkontakt. Sie kann auch auf die direkte Liebesbegegnung übertragen werden.

Orgasmische Atemwelle in Verbindung mit dem maskulinen/ femininen Energiekreis (nach Konzepten von IBP[21] und SGT)

Führe alle unten beschriebenen Schritte in deinem Atemrhythmus aus und achte dabei auf einen wellenförmigen Fluss von Spannungsaufbau und Entspannung.

1. Ankommen und Eigenraum

Lege dich entspannt auf den Rücken (die Unterlage sollte nicht zu weich sein) und gib dein Gewicht mit drei bis vier Atemzügen (jeweils beim Ausatmen loslassen) an den Boden ab.

Den oberen Raum einnehmen: Führe die Arme mit dem Einatmen seitlich (wie Flügel) nach oben und senke sie mit dem Ausatmen.

Den unteren Raum einnehmen: Führe die Beine abwechselnd mit dem Ein/atmen seitlich angewinkelt hoch und lege sie anschließend in der Mitte ausatmend ab. Mache diese Bewegungen eventuell noch mit Armen und Beinen (gleichzeitig) zusammen.

Nimm den eigenen Raum und deine Grenzen wahr - „Ich habe einen sicheren Ort und spüre meinen Raum und meine Grenzen."

21. Ein Dank an Sarah Radelfinger, die mit der „ondulierenden Atemwelle" die ersten Elemente zusammengestellt hat.

2. Cross Crawl – überkreuzende Bewegung

Diese Phase dient dem allgemeinen Energieaufbau. Mache abwechselnd diagonale Arm- und Beinbewegungen: Führe mit dem Einatmen den rechten Arm gestreckt und das linke Bein angewinkelt gleichzeitig nach vorne oben und senke beide wieder mit dem Ausatmen ab; verfolge dabei mit offenen Augen die Bewegung der Finger. Führe diese Bewegung dann mit dem linken Arm und dem rechten Bein aus und wiederhole dies jeweils noch mehrere Male.

3. Ondulierende (wellenförmige) Bewegungen

Diese Bewegungen unterstützen dabei, die aufgebaute Energie im Körper zu verteilen. Stelle die Beine angewinkelt an (die Fußsohlen hüftbreit) und beginne, dein Becken zu kreisen (hilfreich ist hier das Bild eines Zifferblatts am Boden, auf dem du alle Ziffern nachfährst) oder seitlich hin und her zu bewegen in einer sich rekelnden Bewegung. Atme dabei weiterhin wie in Wellen ein und aus und lasse mit dem Ausatmen Töne des Loslassens entstehen.

Übe danach dasselbe mit dem Brust- und Herzraum (wieder dem Bild des Zifferblatts folgend) in sinnlich rekelnden Bewegungen und mit Tönen beim Ausatmen; du kannst die Bewegungen eventuell mit den Armen in der Luft bewegend unterstützen.

4. Beckenschaukel/Brustschaukel

A. Lass dein Becken auf dem vorgestellten Zifferblatt von sechs Uhr (Steißbein) nach zwölf Uhr (LWS) hin und her schaukeln. Du kannst diese Beckenschaukel durch den Druck der Füße in die Unterlage verstärken (das untere Ende löst sich dabei gleichzeitig etwas vom Boden). Nimm dabei deine Atmung wahr und bewege dein Becken im Atemrhythmus. Wann und mit welcher Bewegung geschieht spontan das Ein- und Ausatmen?

B. Lass die Schaukelbewegung wellenförmig in den Brustraum weiterlaufen (Brustschaukel).

5. Atemwelle im maskulinen Energiekreislauf

Lege dich entspannt auf den Rücken, die Beine sind angewinkelt und die Füße hüftbreit am Boden aufgestellt. Atme beim Einatmen in der Vorstellung über das Herz ein; damit öffnet sich der Brust- und Herzraum, das Steißbein geht nach hinten (Hohlkreuz), der Nacken wird lang. Lasse dann mit dem Ausatmen den Atem nach unten in das Becken strömen und verstärke gleichzeitig den Druck über die Fußsohlen in den Boden; das Becken rollt dabei von unten her hoch. In der Vorstellung atmest du dabei durch die Genitalien (Penis/Vagina) aus – „vom Herzen her durch das Becken nach vorne geben". Dabei kannst du die Hände am Körper entlang vom Herzen zum Becken gleiten lassen und sie in einer gebenden Bewegung nach vorne strecken (den Kopf dabei loslassen nach hinten). Führe anschließend den Atemkreis zurück zum Herzen und berühre beim Einatmen wieder die Brust. Im Atemrhythmus kannst du als zusätzliches Element auch den Beckenboden aktivieren beim Ausatmen und loslassen beim Einatmen. Genieße eine Weile diesen wellenförmigen Energiekreislauf und spüre die Kraft und Hingabe in der maskulinen Qualität.

6. Atemwelle im femininen Energiekreislauf

Diesmal kannst du in der Vorstellung durch das Becken (Vagina/Penis) einatmen und aufnehmen; das Becken rollt dabei nach vorne (Steißbein hebt sich leicht); streiche dabei mit den Händen vom Beckenboden her am Körper entlang zum Brustraum nach oben – „dich beim Empfangen bis ins Herz berühren lassen". Verbinde dann mit dem Ausatmen den Energiekreis mit den Händen in einer gebenden Geste vom Herzen her in der Luft wieder zurück zum Becken; gleichzeitig öffnest du beim Ausatmen langsam die Beine (die Knie seitlich nach außen loslassen wie eine sich öffnende Muschel). Im Atemrhythmus kannst du auch wieder den Beckenboden leicht aktivieren beim Einatmen und loslassen beim Ausatmen. Genieße eine Weile diesen wellenförmigen Energiekreislauf und spüre die Hingabe und Kraft in der femininen Qualität.

Ich bin ein Mann/Ich bin eine Frau

Nimm dir noch einen Moment zum Nachspüren: Welches Prinzip liegt dir näher? Abschließend legst du eine Hand auf dein Herz und die andere auf deine Liebesorgane - spüre die innere Verbindung zwischen diesen Polen und nimm ihre Pulsation wahr. Fühle der Realität nach: „Ich bin ein Mann/Ich bin eine Frau - Ich bin."

Reifestufe 24 Jahre:
Trauen wir uns? – Einlassen mit Perspektive

> Liebe auf den ersten Blick ist einfach zu begreifen.
> Aber wenn zwei Menschen sich jahrelang angeschaut haben,
> dann wird sie ein Wunder.
>
> Sam Levenson

Nach dem Experimentierfeld der Pubertät wächst bei vielen der Wunsch, sich auf eine Beziehung mit Zukunftsperspektive einzulassen. In einer sexuellen Liebesbeziehung bleiben zu können, verbindlich zu werden und dabei die Eigenständigkeit nicht zu verlieren, wird zur Herausforderung. Wie können wir als Paar zusammen wachsen und gleichzeitig individuelle Ziele verfolgen?

Nicht die Sexualität an sich gilt es zu erforschen, sondern eher, wie wir die Sexualität innerhalb einer Partnerschaft lebendig halten können. Wie können sich Mann und Frau ergänzen, zusammen die Beziehung vertiefen und sich trotzdem innerlich frei fühlen? Hier begegnen wir der Polarität von zwei wichtigen Grundbedürfnissen, Bindung und Autonomie, die häufig in längeren Beziehungen unvereinbar scheinen. Reifungsschritte sind notwendig, oft auch eine Neubewertung dessen, was dem Einzelnen im Leben wirklich wichtig ist.

Freiheitsillusion – aus „frei sein von" wird „frei sein für"

Die Absicht, einen längeren Weg zusammen zu gehen, bedingt eine grundlegende Veränderung des Freiheitsverständnisses.

Frei sein von

Freiheit in der Pubertät heißt: „*Yes, we can* – alles ist möglich." Jugendliche haben zu jeder Zeit viele Optionen offen, und sobald etwas nicht mehr stimmig ist, wechseln sie den Ort, die Kleider, die Beziehung. Es gilt, frei zu werden von den Vorgaben der Eltern, von äußeren Zwängen, Autoritäten, übernommenen Werten, gesellschaftlichen Normen usw. Die Ich-Perspektive überwiegt. Wir versuchen in dieser Phase, das Eigene zu finden, indem wir frei werden und uns abgrenzen von allem, was wir nicht sind.

Je stärker die äußeren Vorgaben sind, umso mehr wehren sich Jugendliche gegen alles, was sie als einengend empfinden, um Raum für die Entdeckung ihrer Individualität zu haben. Freiheit heißt daher: „alles dürfen", möglichst keine Grenzen haben, möglichst keine Regeln, Normen und Verpflichtungen haben, möglichst auf die eigenen unmittelbaren Bedürfnisse zu achten und diesen nachgehen zu können. Das Verhalten ist eher selbstbezogen. Beziehungen gestalten sich wie zu einem Objekt (z. B. das Smartphone als wichtigster Begleiter) oder einem Teilaspekt und weniger wirklich zu einer Person in ihrer ganzen Dimension.

Auf dieser Reifestufe sind Beziehungen schneller austauschbar. Der Sinn dahinter liegt in der Entfaltung der Individualität und der Stärkung der Selbstregulationsfähigkeit. Wenn er oder sie das weitgehend erreicht hat, kommt ein neues Interesse: der Wunsch nach einer Perspektive mit einem Gegenüber, sich auf eine Person und eine Beziehung einzulassen und so Tiefe zu suchen. Das bedingt allerdings im Freiheitsverständnis einen Quantensprung.

Frei sein für

Sich auf eine längerfristige Beziehung einzulassen wird erst möglich, wenn wir innerlich „frei werden für … eine Wahl". Verbindlichkeit wird oft im Zusammenhang mit einem Gefühl des Freiheitsverlusts erlebt, nach dem Motto: „Wenn ich mich binde, bin ich nicht mehr frei." Hier ist die entscheidende Frage, wie wir verbindlich sein und uns dabei innerlich frei fühlen können. Sich einlassen auf einen Menschen bedeutet, sich jeden Tag frei zu entscheiden, wieder aufs Neue Ja zu sagen. Dann beginnt ein Prozess des Miteinander-Wachsens und -Reifens, der absolut lohnenswert ist.

Die neu gewonnene Freiheit ist nicht mehr in erster Linie eine Freiheit von Einschränkungen, sondern Freiheit für eine verbindliche Wahl. In der sexuellen Liebe geht es um die Wahl der Partnerin oder des Partners, der sexuellen Ausrichtung und Orientierung, der Beziehungsform, des Lebensrahmens usw. Die sexuelle Neugier verschiebt sich von der Objektebene (attraktiv erlebte Körperformen und Verhaltensweisen, bestimmte Sexualtechniken, spezielle Umstände) auf die Subjektebene (wer und wie ist sie/er eigentlich als sexuelles Gegenüber, als ganzer Mensch?). Das ganzheitliche Wesen, die gesamte Art interessieren dann. Dazu gehören auch das Interesse für die Herkunft und die Zuwendung zu den Schwiegereltern. Die Aussage „Ich wähle dich, aber mit deinen schwierigen Eltern will ich nichts zu tun haben", erzeugt einen tiefen Loyalitätskonflikt im Gegenüber und beinhaltet kein wirkliches Ja. Von den Schwiegereltern als Schwiegersohn oder -tochter angenommen zu werden und sich ihnen gegenüber zu zeigen und einzubringen, kann tief berühren.

Aus diesem neuen Freiheitsverständnis eine dyadische Beziehung zu wählen bedeutet das Ende der Freiheitsillusion im Sinne der „Freiheit von…". Durch die freie Wahl des Partners oder der Partnerin und des Beziehungsrahmens gewinnen wir an Größe und Würde.

Freiheit und Wahl

Wie frei sind wir wirklich in unserer Wahl? Die Frage nach der Anfangsanziehung am Beginn einer Beziehung ist meist im Nachhinein sehr aufschlussreich. Was suchen wir? Was sind die Kriterien unserer Wahl, und worauf beziehen wir uns dabei? Wähle ich den Blick der Augen, von denen ich mich endlich als Frau gesehen fühle? Die Komplimente, die meinen Selbstwert erhöhen? Die tolle sexy Figur, die mich als Mann beneidenswert macht? Den Status, der mir Sicherheit verspricht? Den Humor und das Lachen, die mich schwere Stunden vergessen lassen? Nicht selten können wir diese Anfangsanziehung in Zusammenhang bringen mit vermissten Qualitäten in unseren wichtigen Primärbeziehungen – in der Hoffnung, früher ungestillte Bedürfnisse mögen sich jetzt erfüllen. In der Honeymoon-Phase fühlen wir uns meist von der geliebten Person in unserem Potenzial gesehen. Das Grundgefühl ist: „Ich werde genau so angenommen, wie ich bin."

Nachdem die rosarote Brille der Verliebtheit abgelegt wird, wandeln sich diese idealisierten Aspekte der Anfangsanziehung und weniger angenehme Seiten der Partnerin/des Partners treten hervor. Die fürsorglichen Qualitäten werden plötzlich als überflutend und kontrollierend erlebt. Der freiheitsliebende, autonome Partner zeigt sich zunehmend unverbindlich und lässt sich nicht gerne festlegen. Die Leichtigkeit und das Lachen werden plötzlich als seicht und oberflächlich empfunden. Der ewige Tanz zwischen Nähe und Distanz beginnt. „Wie kann ich nah und intim sein und mich dabei nicht verlieren? Und wie kann ich in der Distanz die Verbindung halten?"

Der ewige Tanz von Nähe und Distanz

Das Bedürfnis nach Nähe, Intimität und Bindung steht dem Wunsch nach individuellem Freiraum (Distanz) und Autonomie[22] gegenüber. Wie wir mit diesen Polaritäten umgehen und sie regulieren, ist ein wichtiges Kernthema in fast allen Beziehungen.

22. Dazu ist der dreiteilige Artikel von Markus Fischer: Der ewige Tanz zwischen Nähe und Distanz (IBP Newsletter 2005/06) empfehlenswert.

Angst vor Verlassenheit trifft auf Angst vor Überflutung

Es zeigt sich in den unterschiedlichen Haltungen: „Wann können wir möglichst viel zusammen erleben?" gegenüber „Ich brauche mehr Freiraum und Zeit für mich!" Darunter liegen die Angst vor Verlassenheit und die Angst vor Überflutung. Meist teilen sich die Rollen auf, wobei sie auch von einem zum anderen Partner innerhalb einer Beziehung wechseln können. Es hilft, sich mit diesen Ängsten individuell zu beschäftigen und sie regulieren zu lernen, um nicht die Beziehung damit zu belasten. Die gute Botschaft ist, dass es erleichternde Spielregeln gibt, mit diesen Nähe/Distanz-Themen umzugehen.

Für die Person mit der hohen Verlassenheitsangst hilft es sehr, wenn der Partner:

- Verspätungen vorher ankündigt,
- nicht einfach wegläuft, ohne zu sagen, wann es ein nächstes Treffen gibt,
- sich den Freiraum nimmt mit der Abmachung einer nächsten Begegnung,
- das Commitment (verbindliche Zusage) in der Beziehung öfter bestätigt.

Die Person mit der Angst vor Überflutung braucht hingegen:

- den individuellen Freiraum als Basis für Intimität und Nähe (was letztendlich der Beziehung zugutekommt); es hilft, wenn der Partner realisiert: „Das Distanzbedürfnis meiner Partnerin ist nicht gegen mich gerichtet, sondern es dient ihrer eigenen Selbstwahrnehmung."
- gute Grenzen; sie/er muss sich selbst innerhalb der eigenen Grenzen wahrnehmen und genug Atemraum haben, um zu spüren, was sie/er will und um sich dann auch wieder anzunähern.

Der Tanz beginnt Spaß zu machen, je mehr wir einander in gutem Selbstkontakt nah sein können, ohne uns dabei zu verlieren, und in größerer Distanz die Verbindung halten können.

Liebesobjektkonstanz – den Pol halten in der Beziehung

Wenn ein Kind in seiner Autonomieentwicklung seine eigenen Erfahrungen in der Wegbewegung vom primären Liebesobjekt (Mutter/Vater) machen kann und diese in der erneuten Hinbewegung zu den Eltern integrieren kann, entwickelt es eine innere Konstanz und Verlässlichkeit in der Beziehung. Es darf seine eigenen Erfahrungsräume erforschen, und wenn es die Mutter braucht, kann das Kind kommen, das Erlebte teilen, und erhält eine Bestätigung oder Spiegelung dafür. Wenn diese wiederholten Spiegelungserfahrungen im Individuationsprozess des Erwachsenwerdens sich mehr und mehr innerlich verankern, „brauchen" wir kein Gegenüber mehr, um uns zu bestätigen.

Der Paar- und Sexualtherapeut David Schnarch[23] unterscheidet in der Dynamik des erwachsenen Beziehungsverhaltens zwischen fremdbestätigter und selbstbestätigter Intimität. Fremdbestätigte Intimität bedeutet zum Beispiel: „Ich brauche die Bestätigung des Partners von außen, um mich als sexuelle, sinnliche Frau zu fühlen". Selbstbestätigt wäre: „Ich bin eine sexuelle sinnliche Frau und kann dieses Gefühl aus meinem inneren Selbstwert beziehen." Wenn wir uns innerlich selbst bestätigen können und uns so in die Beziehung einbringen, kommt meist ganz viel zurück. Auf dieser Basis kann ein freier Austausch von Geben und Nehmen geschehen.

Die Herausforderung liegt darin, uns erwachsen und selbstreguliert einzubringen, und uns in unserem lebendigen Frau- oder Mannsein auszudrücken. Das Leitmotiv ist: „Mach dein Dich-Einbringen in die Beziehung

23. David Schnarch, Die Psychologie der sexuellen Leidenschaft, Klett-Cotta 2009

unabhängig davon, was vom Partner kommt oder nicht kommt." Das befreit aus Abhängigkeiten wie: „Ich kann nur Lust empfinden, wenn du mich begehrst" oder: „Ich werde nur erregt, wenn du erotische Unterwäsche trägst."

Ein gutes Experiment ist hier, sich zu beobachten, was mit den eigenen sexuellen Annäherungsimpulsen geschieht, wenn vom Gegenüber keine Resonanz oder sogar Zurückweisung erfolgt. Fällt der Impuls in sich zusammen und wir resignieren? Oder gelingt es, die Lebendigkeit des Impulses für uns zu behalten und in Selbstfürsorge zu wandeln?

Der Paartherapeut Ulrich Clement beschreibt es so, dass sich die gemeinsame Sexualität eines Paares mit der Zeit auf den kleinsten gemeinsamen Nenner reduziert.[24] Sie wird vorhersagbar und verliert die spontane Lebendigkeit.

Michael plant mit Isabelle die Hochzeit. Sie lieben sich seit vier Jahren und wollen eine Familie gründen. Im letzten Jahr hat für ihn der Stress in der Sexualität massiv zugenommen, und es finden kaum noch sexuelle Begegnungen statt. Seine eigenen Impulse und Bedürfnisse nimmt er kaum wahr, da er vor allem damit beschäftigt ist, es ihr recht zu machen. In den seltenen Fällen, wenn sie dann mal zusammen schlafen, ist es für Isabelle viel zu schnell vorbei, da er sofort kommt. Sie vermisst seine klaren Annäherungsimpulse oder dass er mal deutlich Position bezieht, denn er wartet auf ihre bestätigende Einladung und fragt immer zuerst, was sie will. So sind sie in einer Patt-Situation gelandet. Für Michael geht eine neue Welt auf, als er über die Arbeit mit dem Energiekreislauf und der Atemwelle wieder vermehrt seine eigene Lebendigkeit im ganzen Körper spürt. Er lernt, wie er seine sexuelle Ladung im Körper verteilen und lenken kann, ohne in der Einbahnstraße der frühzeitigen Ejakulation zu landen. Er realisiert auch, dass er für Isabelle kein

24. Ulrich Clement, Systemische Sexualtherapie, Klett-Cotta 2006

spürbares Gegenüber ist, wenn er nur bei ihr ist und dauernd versucht, ihre Bedürfnisse zu lesen (so wie er als Junge jahrelang vergeblich versucht hatte, seine Mutter glücklich zu machen). Wir arbeiten mit der vermissten Vaterunterstützung für sein Mannsein. Es entlockt ihm ein herzhaftes Lachen, sich seinen sonst sehr zurückhaltenden Vater vorzustellen, der seine Mutter sexuell einfach nimmt. Mit diesem inneren Ressourcebild seines draufgängerischen Vaters gelingt es ihm, Isabelle ins Bett zu verführen, obwohl sie sich schon an der Tür verabschiedet hat, und er berichtet mit einem schalkhaften Glanz in den Augen von ihrer Liebesbegegnung, die über eine Stunde anhielt.

In dieser Situation ist es ihm gelungen bei seinem Annäherungsimpuls zu bleiben, auch wenn von ihr primär keine Einladung spürbar war. Damit kommt er ihren innersten Wünschen von einem klaren Gegenüber viel näher, als wenn er sich ihr dauernd anpasst.

Den Pol zu halten in der Beziehung heißt, bei einer offenen, zugewandten Haltung zu bleiben, auch wenn der Partner gerade Nein sagt. Die Herausforderung ist es hier, dieses Nein zu respektieren und gleichzeitig nicht mit Rückzug oder Beziehungsabbruch zu reagieren, sondern innerlich in Kontakt zu bleiben. Wenn allerdings nie etwas von der anderen Seite zurückkommt, stellt sich schon die Frage, ob man am richtigen Ort „investiert".

Dyadisches Beziehen – „Ich und du und nichts dazwischen"

Auf dieser SGT-Reifestufe lernen wir die Fähigkeit zur dyadischen Beziehung. Es geht dabei um ein direktes Beziehen aufeinander, ohne etwas Drittes dazwischen zu stellen.

Aus der für das Kind üblichen Beziehungsform der Triade (das primäre Beziehungsdreieck zwischen Vater, Mutter und Kind) können junge Erwachsene zum direkten gleichwertigen Beziehen und Einlassen mit einem Partner oder einer Partnerin reifen. Er/sie lernt, sich auf ein Gegenüber in einem dyadischen Austausch zu beziehen. Damit ist eine direkte sexuelle Liebesbeziehung zwischen zwei Partnern gemeint: „Du und ich und nichts dazwischen." Wir müssen nicht mehr mit einer dritten Instanz „verhandeln" oder uns auch noch auf etwas Drittes beziehen, um unsere Bedürfnisse auszudrücken und erfüllen zu können, sondern können sie direkt zur Partnerin/zum Partner ausdrücken. So übernehmen wir auch Verantwortung für unsere Bedürfnisse und erwarten nicht vom Partner, dass er sie automatisch erfüllt. „Wenn er mich wirklich liebte, müsste er doch spüren, was ich brauche" ist zum Beispiel eine kindliche Erwartungshaltung an die Eltern.

Der Beziehungsraum als gemeinsames Drittes

Auf dieser Reifestufe gibt es drei Wahrnehmungsebenen, die wir im Beziehungsgeschehen berücksichtigen. Erstens: meine Beziehung zum Partner, zweitens: dessen Beziehung zu mir, und drittens: meine Beziehung zur Beziehung selbst. Dafür ist es nötig, dass wir bei unseren Handlungen und Verhaltensweisen beachten können, wie sie auf uns wirken und wie sie auf den Partner bzw. auf die Beziehung wirken. Dies unterscheidet sich vom Erleben der Pubertierenden, die vor allem mit sich selbst beschäftigt sind. Es braucht einen erneuten Reifeschritt, um diese erweiterten Ebenen miteinzubeziehen, der mit dem Übernehmen von Verantwortung zu tun hat. Aus diesem dyadischen Kontakt wächst die Beziehung als kreativ gestaltendes Element. Ich möchte das am Beispiel eines freien gemeinsamen Tanzes erläutern. Wenn zwei zusammen frei tanzen, ist da erst einmal der individuelle Tanz und der Ausdruck jedes Einzelnen für sich. Wenn wir uns im Tanz zu unserem Gegenüber hin ausdrücken, können wir unseren eigenen Tanz wahrnehmen und gleichzeitig auch den Ausdruck unseres Tanzpartners. Da können unterschiedliche Rhythmen sein oder auch unterschiedliche Qualitäten wie fließend, kraftvoll, sanft, schnell, langsam, sinnlich, erotisch, wenig oder viel Raum einnehmend. Mit der Zeit entsteht ein gemeinsamer Tanzraum – ein Beziehungstanz –, ein gemeinsamer Rhythmus, eine gemeinsame Qualität, ohne dass sich einer sofort dem anderen anpasst. Aus dem Bei-sich-Sein kann sich die Wahrnehmung auch auf das Gegenüber ausdehnen, und dann öffnen sich beide für den kreativen Beziehungsraum. Der Beziehungsraum als gemeinsames Drittes erwächst aus der Dyade und ist immer mehr als die Summe der beiden.

Triangulieren – wenn etwas störendes Drittes dazwischenkommt

In diese dyadische Beziehung können sich immer wieder auch störende Elemente einschleichen, sodass sich eine Dreieckskonstellation ergibt. Das sexuelle Dreieck ist laut Willem Poppeliers definiert als ein trianguläres Muster der Bedürfnisbefriedigung, in der eine Person durch einen dritten Referenzpunkt geht und seine oder ihre sexuellen Bedürfnisse nicht direkt befriedigen kann. Mit diesem Muster werden daher immer wieder „Drittobjekte“ in der intimen Beziehung mit anderen installiert. Dabei kann „das Dritte“ oder „Drittobjekt“ unter anderem eine Person, eine Eigenschaft, ein Gegenstand oder auch eine Verhaltensweise sein. Vereinfacht gesagt können wir uns fragen: „Was stellen wir in unseren Beziehungen als drittes Element dazwischen, um wirkliche Intimität und Nähe zu verhindern?“

Hier ein paar Beispiele für „das Dritte als störendes Element dazwischen“:

Familienangehörige

Margrit ist zu Fritz auf den Hof seiner Eltern gezogen. Die Schwiegereltern wohnen im oberen Stockwerk. Bei allen wichtigen Fragen zur Bewirtschaftung des Hofes bespricht Fritz diese zuerst mit seinen Eltern. Margrits Meinung zählt kaum. Zunehmend wirft sie ihm vor, er sei mehr mit seiner Mutter verheiratet als mit ihr, und beginnt sich in der Sexualität zurückzuziehen.
Sogar eigene Kinder können dazwischenstehen, wenn ein Paar mehr auf die Kinder fokussiert ist als auf die Paarbeziehung. Als Beispiel: Immer wenn sich eine sexuelle Begegnung anbahnt, kommt das Kind mit seinem Bedürfnis

dazwischen und erhält mehr Aufmerksamkeit als die erotische Beziehung. Meist wird dabei vergessen, dass die Kinder aus der Paarbeziehung entstanden sind, und diese nicht zuletzt für das Wohlergehen der Kinder prioritär zu pflegen ist.

Heimliche Geliebte

Oft erlebt man in einer heimlichen Außenbeziehung Qualitäten, die in der Hauptbeziehung nicht gelebt werden können. Was zu Beginn beflügelnd wirkt und sogar anfänglich die Beziehung stabilisieren kann, bindet jedoch auch Energie, die nicht frei in der Beziehung zur Verfügung steht und sich damit dazwischenschiebt.

Idealpartner (ein/e fantasierte/r Idealfrau/-mann, Pornodarsteller)

Die reale Partnerin wird an dem inneren Vergleichsbild gemessen und hat meist keine Chance, diesem Bild zu entsprechen.
Ein Klient mit häufigem Pornokonsum beschreibt: „Ich finde meine Frau nicht mehr anziehend und attraktiv; muss dabei schon gestehen, dass mir die großen Titten der Pornodarstellerinnen dazwischenkommen. Die hat sie nun einfach nicht. Obwohl sie nichts weiß davon, beklagt sie sich, dass ich sie nicht mehr als Frau sehe und begehre, womit sie ja auch recht hat."

Spezifische unausgedrückte sexuelle Erwartungen oder ein Wertesystem von richtig und falsch

Wenn es innere Überzeugungen oder Vorstellungen gibt, wie eine sexuelle Begegnung sein soll, so wird das reale sexuelle Erleben mit der Partnerin daran gemessen und hat wahrscheinlich wenig Chance zu genügen. Selbst wenn es sexuell revolutionierte Befreiungsvorstellungen sind, können sie zum Dogma und damit zu einem dritten Element dazwischen werden.

Unbewusste sexuelle Verhaltensweisen, die wir von Orientierungsfiguren übernommen haben

Larissa genießt mit Peter eine lebendige Sexualität mit viel Abenteuer und

Experiment. Einzig wenn Peter sie vor den gemeinsamen Kindern an den Brüsten oder am Hintern berührt, erhält er eine heftige Abfuhr mit abwertenden Bemerkungen. Erst als sie realisiert, dass dies genau der Reaktion ihrer Mutter auf die plumpen Annäherungsversuche ihres Vaters entspricht, kann sie sich der öffentlichen Annäherung von Peter neu öffnen.

Sextoys, Fetische, spezielle Sexualtechniken
Diese kommen störend dazwischen, wenn eine Fixierung darauf besteht und Sexualität nur so möglich ist („Ich werde nur erregt, wenn du ... High Heels oder bestimmte Kleider trägst, mich dominierst, dich unterwirfst, ...").
Etwas anderes ist, wenn ein Paar damit experimentiert, sich in verschiedenen Varianten neu ausprobiert und damit den Erlebnisraum in der Beziehung erweitert.

Sexuelle Fantasien (Hier macht es einen Unterschied, ob Fantasien kommuniziert werden oder sich innerlich dazwischenschieben.)

Pamela schämt sich für ihre Gewaltfantasien. In ihrer sexuellen Fantasie wird sie von einem kräftigen Mann an den Händen und Füßen angebunden und gegen ihren Willen sexuell genommen. Dieser innere Film läuft jedes Mal ab, während sie mit ihrem Partner schläft. Gleichzeitig nimmt ihr schlechtes Gewissen zu, da sie es als Fremdgehen empfindet. Erst als sie den Mut fasst, ihm diese Fantasie mitzuteilen, und sie zusammen ein Experiment wagen, das in einem regulierten Rahmen (klare Abmachung zu Grenzen, Rollen) zu inszenieren, wird aus dem ursprünglich störenden Dritten ein gemeinsamer Erlebnisraum, der eine neue Qualität von Hingabe ermöglicht.

Häufig wenn es um Gewaltfantasien geht, entsteht eine Verwirrung und oft auch Scham, da man ja keine reale Gewalt erleben möchte, und es in der Fantasie trotzdem erregend ist. So hat das Buch „Fifty Shades of Grey" zum Beispiel bei Millionen von Frauen den Nerv der tiefliegenden Sehnsucht nach Hingabe getroffen. Es lohnt sich im Umgang mit Fantasien die zugrundeliegende Qualität oder Sehnsucht zu erforschen, um deren Quintessenz ins breite Spektrum des Sexuallebens zu integrieren.

Fixierungen bei Zeit, Ort, Vorspiel, Berührungs- und Erregungsart, Rolle
Als Beispiel: den anderen sexuell stimulieren, damit er/sie sich uns sexuell zuwendet (statt uns direkt sexuell auszudrücken). Oder: Sex findet nur im Schlafzimmer statt, wenn Kerzen brennen oder eine schöne Musik läuft.

Körperliche Reaktionen, Migräne, Müdigkeit usw.
Angelika ertappt sich selbst dabei, dass sie immer wieder genau an den Tagen, an denen sie mit ihrem Partner einen sinnlichen Abend geplant hat, häufig schon am Vormittag einen Migräneanfall bekommt. Ihr Kopf übernimmt so auf höchst unangenehme Weise die Kontrolle und verhinderte schon einige sexuelle Begegnungen mit ihrem Mann. Erst als sie lernt, eine entspannte Präsenz und ihre Körperwahrnehmung im Becken zu entwickeln, realisiert sie, dass sie keine Angst haben muss, da sie jetzt ihre Grenzen gut spüren kann. Die Pulsationsübung der Vagina wurde ihr bestes Mittel gegen Migräne, da diese ihr hilft, durch die Aufmerksamkeitsverschiebung ins Becken den Energiestau im Kopf zu lösen.

Im Umgang mit dem störenden Dritten ist ein erster wichtiger Schritt zu erkennen, dass zu viel Aufmerksamkeit hin zu dem „Dritten“ geht und somit der Beziehung abgezogen wird. So kann das Dritte zu einem Katalysator in der Beziehung werden, wenn wir uns mit der Essenz dieses Dritten beschäftigen. Die darin gebundene Energie kann in die Beziehung integriert werden, wodurch sich die wichtige Bedeutung des Drittobjekts oft auflöst. Manches dritte Element kann man nicht eliminieren, wie zum Beispiel die eigenen Kinder oder Eltern. Hier ist es wichtig, diesen einen angemessenen Platz in der Beziehungsdynamik einzuräumen, sodass sie nicht mehr dazwischendrängen und der Intimraum der Beziehung gewahrt bleibt.

Hochzeit und Ehe – Eltern und Schwiegereltern sind mit im Boot

Obwohl die hohen Scheidungsraten ein Bild der Ehe als erfolgloses Unterfangen vermitteln, träumen viele junge Paare nach wie vor von der romantischen Hochzeit und halten an der ursprünglichen Idee fest, möglichst lange zusammenzubleiben. Es gibt neben der kirchlichen Hochzeit mittlerweile viele Formen, dieses Heiratsritual selbst zu gestalten und auch das Eheversprechen selbst zu wählen. Wozu sagen wir Ja? Das ist vor allem eine Frage des Commitments mit sich selbst. Mit dem Schritt des Heiratens beginnt eine neue Lebensphase.

Ein Hochzeitsritual markiert und verdeutlicht diesen wichtigen Übergang. Damit wird auch ein unterstützendes Feld durch die Anwesenheit und das Bezeugen aller beteiligten Personen kreiert. Schön ist ein Ritual, das beide Herkunftssysteme würdigt und diese als unterstützende Kraftquelle anerkennt. Eltern können wichtige Stützen sein für ihre in dieser Phase lebenden Söhne und Töchter, indem sie die jungen Paare ermuntern, sich einzulassen, und von eigenen Erfahrungen aus dieser Zeit berichten. Die Einbindung in das größere Ganze stellt diesen Schritt in einen erweiterten Rahmen und Zusammenhang, der auch die spirituelle Dimension berührt. Das wirkt für das Hochzeitspaar auch später in der Erinnerung an das Ritual noch als tragende Kraft. An einem Hochzeitsritual teilhaben zu können ist ein Geschenk und aktualisiert bei allen Beteiligten wesentliche Beziehungsfragen.

> In der afrikanischen Tradition des Dagara-Stammes werden bei einer Hochzeit alle anwesenden Paare eingeladen, ihre eigene Beziehung wieder neu zu definieren und ihr Eheversprechen zu erneuern. Dem wird in jedem Heiratsritual ein Platz gegeben. Alle Paare sollen sich einen Moment Zeit nehmen, sich gegenseitig daran erinnern, warum sie zusammen sind, und das Gute in ihrer Beziehung bekräftigen. Sie nützen dafür die Energie des Hochzeitsrituals, das sowieso im Zeichen einer verbindlichen Beziehung mit Zukunfts-

perspektive steht. So werden alle Beteiligten daran erinnert, für sich zu klären: „Wo stehe ich in der Beziehungsfrage und was will ich eigentlich?"

Diesen Schritt im Kreise von Familie und Freunden mit einem Ritual oder Fest zu bekräftigen, bindet die Beziehung in ein größeres Unterstützungsnetz ein. Als ein Beispiel ist mir unser Hochzeitsritual noch in wunderbarer Erinnerung:

Inspiriert von unserer Mann-Frau-Arbeit haben mein Mann und ich vor gut 20 Jahren zusammen mit unseren beiden Ritualleitern (einem Mann und einer Frau) unser Hochzeitsritual kreiert, das wir zusätzlich zur standesamtlichen Trauung in Österreich etwas später in der Schweiz vollzogen. Die Erinnerung an diesen Tag ist noch so lebendig, dass es sich wie gestern anfühlt. An einem sonnigen Sommertag stehen wir draußen in der Natur in einem großen Kreis von Freunden und unseren beiden Herkunftsfamilien. Die beiden Ritualleiter eröffnen das Feld, laden die Kräfte der Elemente ein und binden dieses Hochzeitsritual in die spirituelle Dimension ein:„Möge diese Verbindung gelebt werden im Einklang mit dem größeren Ganzen und zum Wohle aller Beteiligten."
Anschließend bilden wir zwei Kreise – einen Männer- und einen Frauenkreis. Ich gehe ins Zentrum des Frauenkreises und Robert zu den Männern. Es berührt mich sehr, all diese wichtigen Frauen in meinem Leben um mich versammelt zu sehen, inklusive der ersten Frau in meinem Leben – meine Mutter. Nach einem Lied geben mir alle Frauen aus ihrer eigenen Lebens- und Beziehungserfahrung wichtige Einsichten und Wünsche für diesen Schritt mit. Meine Tränen fließen über in diesem Bad von weiblicher Schönheit und nährender Unterstützung. Anschließend wechseln wir den Kreis, ich gehe zu den Männern und Robert kommt in den Frauenkreis. Im Männerkreis spüre ich eine zentrierende Kraft, die mich innerlich aufrichtet. Es ist spannend, die Aussagen und Perspektiven der Männer zu hören – sie bekräftigen ihre Wünsche noch mit einem Klangfeld ihrer volltönenden Stimmen.
Wir bilden wieder einen großen Kreis, in dem sich unsere Herkunftsfamilien

gegenüberstehen. Zusammen gehen wir nacheinander zu unseren beiden Eltern und bedanken uns je für die Unterstützung, die wir von ihnen auf unserem Lebensweg bis jetzt erhalten haben, und wir bitten sie um ihren Segen für unsere Verbindung. Für uns überraschend haben beide Eltern ein symbolisches Geschenk mitgebracht. Mein Vater als Herzblutimker schenkt uns eine große Bienenwachskerze und meine Mutter segnet uns mit dem Kreuzzeichen und einem Weihwasser aus Lourdes. Seine Eltern überreichen uns einen Korb mit Zwetschgen vom Baum, den sie damals zu Roberts Geburt gepflanzt haben, und heißen mich als Schwiegertochter willkommen, mit dem Wunsch, dass ich in der Schweiz Wurzeln schlage und eine neue Heimat finde. Wir stellen uns jeweils vor unsere Eltern und Geschwister, und ausgehend von der spürbaren Unterstützung durch unsere Herkunftsfamilie im Rücken gehen wir aufeinander zu in die Mitte des Kreises und teilen unser Eheversprechen und die Ringe. Zum Hohelied der Liebe, das zwei Freunde für uns singen, regnet es Reis und Rosenblätter für eine fruchtbare Verbindung und es beginnt ein rauschendes Fest.

Wenn ich diese Zeilen jetzt 20 Jahre später schreibe, so spüre ich noch immer die tiefere Bedeutung dieses Rituals und die nachhaltige Bekräftigung dieses Reifeschrittes durch das Bezeugen und Mitfeiern unserer Familien und Freunde. Die Fruchtbarkeit hat sich eingestellt, und wir dürfen zwei wunderbare Töchter ins Leben hineinbegleiten.

Wie schon erwähnt, sagt Willem Poppeliers: „Beziehung ist zu groß, als dass sie zwei Menschen allein bewältigen könnten.“ Nicht zuletzt deshalb spielt die ausgesöhnte innere und äußere Verbindung zu den Eltern und Schwiegereltern für den eigenen Boden im Leben und für das Gelingen unserer Liebesbeziehung eine große Rolle.

Der Blick auf die Schwiegereltern zeigt, woher der Partner kommt – wir blicken auf den Ursprung. Lehnt man die Schwiegereltern ab, ist es kaum möglich, den Partner ganz anzunehmen, da sie ja seine Herkunft repräsentieren. Auch wenn Eltern die Partnerwahl ihres Sohnes oder ihrer Tochter ablehnen, bewirkt dies meist einen tiefen inneren Loyalitätskonflikt. Wenn jemand die Eltern seiner Partnerin ablehnt oder abwertet, sagt er in der Tiefe Nein zu ihrer Wurzel. Und wenn wir unsere eigenen Eltern ablehnen, haben wir ebenfalls einen tiefen Konflikt, da wir uns selbst in einem Teil unseres Ursprungs ablehnen – das erzeugt eine innere Reibung.

Kerstin und Roman haben sich im Urlaub auf Mallorca kennengelernt und dort die schönste Sexualität ihres Lebens zusammen erlebt. Beide waren in Kürze überzeugt, den Partner fürs Leben gefunden zu haben. So feierten sie schon ein Jahr später ihre Traumhochzeit, und ihre Liebe vertiefte sich zusehends. Zwei Jahre später spürte Kerstin wie aus heiterem Himmel bei der sexuellen Vereinigung plötzlich zunehmende Schmerzen in ihrer Vagina. Laut ihrer Gynäkologin war physisch alles normal. Sie suchte Begleitung, da sie schwanger werden wollte und Roman sie mittlerweile kaum mehr penetrieren konnte. Erst als wir ihre Eltern zu diesem Thema im Raum platzieren, offenbart sich ein schwerwiegendes Dilemma. Beide stammen aus sozial sehr unterschiedlichen Schichten. Romans Eltern führen ein erfolgreiches Familienunternehmen im Sanitärbereich, während Kerstins Mutter sich seit dem Tod ihres Mannes vor zehn Jahren finanziell kaum über Wasser halten konnte. Beide Eltern lernten sich bei der Hochzeit kennen, und Romans Eltern boten der damals arbeitslosen Mutter von Kerstin einen Job als Sekretärin in ihrer Firma an, den sie hocherfreut annahm. Leider erfüllte sie diesen Job nicht zur Zufriedenheit ihrer Arbeitgeber und sie erhielt nach eineinhalb Jahren die Kündigung. Sie fühlte sich ungerecht behandelt, verletzt und erlebte einen schambehafteten doppelten Gesichtsverlust. Nie wieder wollte sie mit dieser Familie etwas zu tun haben. Diese Ablehnung übertrug sich auch auf ihren Schwiegersohn, obwohl sie immer stolz auf ihn war. Es kam zu einem schmerzhaften Bruch zwischen Mutter und Tochter, da Kerstin sich in diesem Konflikt für ihren geliebten Mann entschied. Innerlich leidet sie allerdings sehr unter der Trennung, da sie sich noch immer verantwortlich fühlt für ihre Mutter. Es fällt ihr wie Schuppen von den Augen, als sie in der schmerzhaften Verschließung ihrer Vagina die tiefe Loyalität zu ihrer Mutter erkennt, die ihren Mann ablehnt. In einem gut vorbereiteten Gespräch kann sie ihrer Mutter den Preis darlegen, den sie in diesem Loyalitätskonflikt bezahlt, mit der Konsequenz, dass es eventuell keine Kinder geben wird aus dieser Beziehung zu dem Mann, den sie aufrichtig liebt. Auch die Mutter hatte mittlerweile einige schlaflose Nächte verbracht und kann sich nun darauf besinnen, dass ihr das Glück ihrer Tochter letztendlich wichtiger ist als ihr eigener Gesichtsverlust und dass ihre Versagenserfahrung nichts mit Roman zu tun hat. Diese Entspannung in ihrer Beziehung wirkt sofort entspannend auf Kerstins Vagina, und vier Monate später teilt sie mir erfreut mit, dass sie schwanger ist.

Diesen Wandel mitzuerleben, war für mich eines der eindrücklichsten Erlebnisse, da Kerstin zu Beginn so verzweifelt und resigniert war und nach einem Jahr vergeblicher Versuche kaum noch an eine Hilfe glaubte. Das Beispiel verdeutlicht, dass die Eltern und Schwiegereltern eine wichtige Funktion haben für das Gelingen der Beziehungen ihrer erwachsenen Söhne und Töchter.

Kommen Paare in meine Beratungspraxis und schildern ihren Kernkonflikt, dann lasse ich sie oft aus dem Gefühlserleben ihrer Krisensituation die eigenen Eltern, oder manchmal auch die männliche und weibliche Generationenlinie, im Raum platzieren. Meist wird sofort deutlich, dass in den meisten Fällen die verinnerlichte Unterstützung zu diesem Thema fehlt, beziehungsweise ein ähnlich schwieriges Thema auch im Herkunftssystem existiert.

Häufig ist es zum Beispiel der Fall, dass die Sexualität sich, nachdem die Kinder geboren sind, aus der Beziehung schleicht oder nicht mehr als erfüllend erlebt wird. Meist existiert auch keine Vorstellung einer erfüllenden Sexualität der Eltern, geschweige denn der Großeltern, einer Generation, in der dieses Thema ohnehin ein Tabu war.

Ein Ressourcebild kann hier sein: Eltern im Hintergrund zu haben, die eine lebendige Sexualität teilen und es geschafft haben, diese Flamme nicht erlöschen zu lassen. Sobald sich beide Partner mit diesem Bild einer lebendigen Sexualität zwischen ihren Eltern verbinden, gibt es meist eine spürbare Veränderung im eigenen Körpererleben. Vor allem entsteht wieder eine innere Verbindung zwischen Genitalien und Herzbereich, die oft blockiert ist, wenn der sexuelle Austausch nicht mehr fließt.

> Herbert und Daniela sind ein gut eingespieltes Elternteam, wenn es um ihre pubertären Kinder geht. In ihrem Paarleben hat es seit über zwei Jahren keine sexuelle Begegnung mehr gegeben. Die sexuelle Aufbruchsstimmung der jugendlichen Kinder in ihrem Haus rüttelt jedoch an ihrem asexuellen Zusammenleben und motiviert sie, sich diesem Thema zuzuwenden.
> Herbert beschreibt sein Ressourcebild: „Wenn mein Vater seine Männlichkeit nicht zurückhält und meine Mutter einfach nimmt und sie sich ihm hingeben kann, dann spüre ich plötzlich ein warmes Prickeln in meinem Penis und den Hoden, das auch mein Herz berührt." Daniela: „Für mich ist das Wichtigste, dass die Frauen hinter mir sinnliche, sexuelle Wesen sind und nicht nur funktionieren und die Familie managen. Dann entspannt sich mein Becken und ich könnte mit dir (lächelt ihren Mann verführerisch an) eine sinnliche Massage teilen." Durch das innere Rückverbinden mit fehlenden Ressourcen aus dem Herkunftssystem (in diesem Beispiel eine lebendige Sexualität zwischen den Eltern) können sie diese auch zwischen ihnen wieder aufleben lassen. Dies hat auch eine direkte Auswirkung auf ihre Teenager, die sich plötzlich ihren Eltern gegenüber mit dem Thema Sexualität öffnen – wahrscheinlich weil diese den Boden dafür bereitet haben, indem sie selbst dieses Thema angingen.

Es ist immer faszinierend zu beobachten, wie sich plötzlich wieder Türen öffnen in der realen Mann-Frau-Beziehung, wenn sich beide Partner den fehlenden Ressourcen in ihrem Herkunftssystem zuwenden und diese neu in sich selbst erschließen.

Begegnen wir mit dieser neuen Offenheit auch unseren Eltern und Schwiegereltern, geschehen oft kleine Wunder, und sie verhalten sich plötzlich wie die „gewünschten guten Eltern". Es ist, als wenn sie im Resonanzfeld auch plötzlich mehr Zugang hätten zu ihren Ressourcen. Oder können wir sie plötzlich besser annehmen, weil wir offener zu ihnen sind?

Die Wirkung im Feld geht immer in alle Richtungen. Alte Verstrickungen können sich lösen, und wir können uns neu verbinden mit dem Potenzial der Männer und Frauen in der Generationenlinie hinter uns. Auf dieser Basis können wir uns auch mehr und mehr in unsere Liebesbeziehung einbringen, uns austauschen, und erwarten weniger, dass etwas vom Partner kommen soll.

Sexuelle Kraft und Hingabe – nehmen und genommen werden

Nach jahrelangen Beobachtungen von Prozessen rund um die sexuelle Liebe gibt es wiederkehrende sexuelle Ressourcebilder, die unsere innerste Lebendigkeit freisetzen. Diese haben elementar damit zu tun, wie sehr wir in unserer Kraft sein können und es wagen, uns damit zuzumuten – gleichzeitig aber auch in die Hingabe gehen zu können. Dies erfordert von beiden Seiten eine gute Präsenz im Hier und Jetzt, ein gegenseitiges Vertrauen und einen sicheren Ort. Kann sich ein Mann wirklich in seiner phallischen Kraft wahrnehmen, sich zumuten und die Frau sexuell nehmen, ohne über sie hinwegzugehen oder seine Macht zu demonstrieren? Und kann sich die Frau ihm lustvoll hingeben, ohne passiv zu sein oder sich aufzugeben? Dasselbe gilt umgekehrt: Kann eine Frau sich in ihrer ganzen Leidenschaft zumuten und ihre Bedürfnisse einbringen? Und kann der Mann sich ihr auch hingeben? Gleichgeschlechtliche Paare können sich fragen, ob sie beide Qualitäten leben oder eher in aufgeteilten Rollen. Beide Pole bedingen einander. In der Hingabe liegt eine ureigene Kraft. Die Angst sich hinzugeben, berührt meist die Angst, sich aufzugeben oder sich zu verlieren. Von daher ist ein guter Selbstkontakt mit dem eigenen Körper unabdingbar. Es ist jedoch weise zu wissen, wo wir uns hingeben können und wo nicht. Sobald Drogen, Alkohol oder Gewalt im Spiel sind, ist es kein guter Moment, sich in Hingabe zu üben.

Viele Menschen suchen experimentelle Räume, wie zum Beispiel in den unterschiedlichen sexuellen Vorlieben des BDSM[25], um sich in einem Rahmen von gut abgesteckten Grenzen selbst zu erfahren. Wagen wir, diesen archaischen Qualitäten auch in unseren verbindlichen Beziehungen Raum zu geben? Eine wichtige Frage dabei ist, ob wir in unserem Herz damit verbunden sind und von dort in die Handlungsimpulse gehen können, sodass wir uns selbst und andere nicht wie ein Objekt behandeln. Aus dieser inneren Verbindung zwischen Sex, Herz und Bewusstsein entstehen ganzheitliche Begegnungen. Die Aufmerksamkeit und Präsenz in unsere Genitalien zu bringen hat hier häufig am meisten Nachholbedarf, da wir es weder in der Familie noch in der Schule auf natürliche Weise gelernt haben.

Das Potenzial der sexuellen Liebe

Neben der menschlichen Fortpflanzung und Arterhaltung besteht eine wichtige Funktion der männlichen und weiblichen Liebesorgane darin, Liebe zu generieren, indem sie in einen Energieaustausch gehen. Balancieren sich die Pulsation und die zielorientierte Richtung mehr und mehr im Inneren, ermöglicht dies nach unserer Erfahrung einen wirklichen Energieaustausch der Liebesorgane – und damit mehr Erfüllung in der Beziehung.

25. BDSM ist eine in der Fachliteratur gebräuchliche Sammelbezeichnung für eine Gruppe sexueller Vorlieben. Der Begriff leitet sich von den englischen Bezeichnungen Bondage and Discipline (Fesselung und Disziplinierung), Dominance and Submission (Beherrschung und Unterwerfung), Sadism, Masochism (Sadismus und Masochismus) ab.

Zwischen Mann und Frau entsteht so ein Energiekreislauf aus der Verbindung von Genitalien und Herz. Es ist etwas anderes, ob sich ein Paar dieses Kreislaufs bewusst ist und ihn pflegt oder ob das Liebesspiel vorwiegend auf rein genitaler Aufladung und Entladung („rein, raus – rein, raus – entladen – einschlafen") basiert. Letzteres lässt viele Frauen, aber auch Männer, letztendlich unbefriedigt und leer zurück und führt oft zur Lustlosigkeit.

Präsenzorientierte Sexualität versus Ladungs-/Entladungssex

Für Männer ist es ein Lernprozess, ihren Penis wirklich zu fühlen in seiner feinen Eigenpulsation. Er dehnt sich aus, bevor die Richtung dazukommt. Wenn er ganz prall gefüllt ist und nur nach der Ejakulation strebt, geht es immer um das Ziel der Entladung und weniger um den Energieaustausch zwischen Penis und Vagina. Im schnellen Stoßen gibt es eine Hinbewegung, gefolgt von einer Wegbewegung – ein Ankoppeln und sofortiges wieder Abkoppeln –, sodass kein wirklicher Kontakt stattfinden kann, außer in dem Moment der Entladung. Das schnelle Stoßen und Reiben, das sich mechanisch abspult und zum Orgasmus drängt, bleibt körperlich meist auf die Genitalebene beschränkt und der Beziehungskontakt fehlt oft dabei.

Ich höre von vielen Frauen, dass sie sich beim mechanischen Endspurt innerlich abkoppeln und warten, bis es vorbei ist. Seine häufige Frage, ob sie auch einen Orgasmus hatte, beantwortet sie dann entsprechend oft mit Nein, oder einige täuschen es vor, um ihn zu bestätigen.

Ich spreche hier nicht von einer leidenschaftlichen Begegnung, die vom Beckenfeuer ausgeht und in der beide sich einer heißen, wild und feurigen Qualität in voller Lebendigkeit hingeben. Das ist wunderbar. Die Kernfrage ist hier: Wie präsent sind beide in ihrem Körper und welche Kontaktqualität entsteht zwischen ihnen? Die Verlangsamung der Bewegung beim Liebesspiel und das bewusste Spüren am Ort der körperlichen Berührung ist häufig ein wichtiger Schlüssel zur Präsenz.

Das Erleben dieses präsenten Kontakts an der Gebärmutter kann für eine Frau diesen urweiblichen Seinsraum öffnen, wie eine Klientin beschreibt: „Ich bin wie die Erde – absolut da und präsent, weit und still –, spüre eine ekstatische Ausdehnung – Liebe." Auch der Mann kann seine Energie mehr aus einer Seinsqualität lenken und in die Tiefe der Frau richten. Willem Poppeliers regt an, der Mann könne, statt auf das „Ich komme!" ausgerichtet zu sein, zu seiner Frau sagen: „Ich bleibe!" Er kann sich öffnen für diesen Innenraum der Vagina und seine Präsenz darin ausdehnen.

Hier ist wichtig, keine neue Moral aufzustellen im Sinne von: „Entladung ist schlecht, darf nicht sein", sondern eher ein Bewusstsein für die Unterschiede zu entwickeln. Wenn der Mann ejakuliert, dann gibt er mit dem Samen seine Essenz – seine Kerninformation – in die Frau! Seine Herausforderung wäre es, darin seine Verbindung zu seinem Ejakulat zu stärken. Männer ejakulieren in der Regel und dann „ist es weg". Oft landet seine Essenz auch im Abfallkorb oder in der Toilette.

Das könnte auch damit zu tun haben, dass wir die Sexualität von der Reproduktion abgekoppelt haben. Männer können ständig ejakulieren, da die Verhütungsfrage meist von außen geregelt ist (Pille, Spirale, Kondom...). Ein Mann kann aber auch einen Orgasmus erleben, ohne zu ejakulieren, und meist ist die Energie dabei mehr im ganzen Körper verteilt.
Dazu Zitate eines Paares:

> David: „Sie auszufüllen (die Vagina seiner Frau) – das ist erfüllend. Zu merken, ich muss ja gar nichts tun, sondern kann es dem Gewebe der Liebesorgane überlassen in einen Austausch zu gehen, ist schon entspannend."

> Janine: „Früher war ich sehr auf meine Orgasmen fixiert. Im Nachhinein stelle ich fest, dass das Objekt der Befriedigung dabei austauschbar war. Es konnte auch ein Dildo oder ein Vibrator sein, oder eben mein Mann. Heute macht es einen Unterschied für mich als Frau, da ich in erster Linie mit dem Empfangen

beschäftigt bin. Dabei nehme ich in meine Wahrnehmung auch den Penis mit rein, der sich da in mir ausdehnt. Ich bin nicht bei ihm und verliere mich in ihm, aber ich spüre, da kommt eine maskuline Energie und die nehme ich gerne auf. Das erlebe ich im wahrsten Sinne des Wortes als erfüllend."

David: „Für mich als Mann heißt das: Ich bin nicht nur mit meiner Erektion und mit meiner Ladung und dem Ziel des Orgasmus beschäftigt, sondern ich spüre auch meine Umgebung. Wo bin ich da eigentlich? Welches Gewebe umgibt mich? Dann spüre ich, dass die Vaginahöhle ein Gewebe ist, mit dem ich nicht wirklich in Berührung komme, wenn ich nur dagegenstoße, sondern dort entsteht Kontakt aus dem Austausch im Spüren. Wenn mein Penis zu hoch geladen ist, dann fühle ich weniger die Verbindung von meinem Herzen her."

Wenn er sich für den Raum, in den er sich hineinbegibt, öffnen kann – und sie wiederum spüren kann, wen sie da aufnimmt, dann entsteht aus dem Sich-Öffnen für den Partner ein anderer Kontakt. Die Voraussetzung ist jedoch ein präsenter Kontakt mit sich selbst und der eigenen Verbindung zwischen Herz und Genitalien.

Arbeitet man mit Berührung direkt am Körper, spürt man zum Beispiel Spannung im Gewebe. Wenn man an einer spannungsgeladenen Stelle einen präsenten Kontakt hält, kann das Gewebe entspannen und sich öffnen. Genauso geschieht es in dem Gewebe von Vagina und Penis. Ein präsenter Kontakt ermöglicht auch das Loslassen von gespeicherter Information schwieriger Hintergrundgeschichte aus dem Gewebe. Dies kann ein neues Öffnen für den Liebesaustausch im Hier und Jetzt ermöglichen.

Die Kernfrage ist: Was für ein gemeinsamer Raum entsteht zwischen Mann und Frau und wie können sie sich gegenseitig befruchten? Auch gleichgeschlechtliche Paare können in ihrem gegenseitigen Berührungskontakt der Liebesorgane diese Qualität und diesen Raum öffnen.

Der Energiekreislauf in der sexuellen Liebesbegegnung

Ein Paar kann Liebe generieren, indem beide in diesen Energieaustausch des weiblichen und männlichen Energieflusses gehen. Die folgende Übung dient zur Vorbereitung oder kann auch in der direkten Liebesbegegnung angewendet werden. Mann und Frau verbinden die Liebesorgane miteinander und überlassen es der originellen Weisheit dieser beiden Organe, wie sie zusammen sein wollen. Sie spüren die Pole und verbinden sich darüber. Die Frau ist in erster Linie damit beschäftigt, in ihrer Vagina empfangend zu sein und die Energie des Mannes bis in ihr Herz kommen zu lassen. Kann er sie über seinen Penis bis ins Herz berühren? Fließt ihre Liebe von ihrem Herzen zu ihm zurück? Der Mann drückt seine Liebe aus dem Herzen durch seinen Penis aus.

Wenn sie ineinander diesen magnetischen Kreislauf schließen, kann dann schon Bewegung entstehen. Der Puls im Gewebe der Liebesorgane wird spürbar. Aus diesem Kontakt ergeben sich feine Bewegungen von innen, als wenn Penis und Vagina ein eigenes Gespräch miteinander führten. Es wird feuchter. Das ist ein völlig anderes Erleben, als einfach „rein, raus – rein, raus“ zu praktizieren und dabei immer wieder den Kontakt zu entkoppeln. Der hier beschriebene Ladungsaufbau basiert nicht auf Reibung, sondern auf Beziehungskontakt zwischen den Organen. Das kann unabhängig von Lust geschehen. Ein Paar könnte das genauso im Terminkalender eintragen, etwa mit dem Kürzel „Plug-in time“, wie sie auch andere Verabredungen eintragen. Lässt sich ein Paar wirklich ein auf diese neue Ebene, bedeutet es eine komplett neue Weichenstellung in ihrer Sexualität, weg vom konsumorientierten Verhalten der eigenen Lustbefriedigung, hin zu einer gemeinsamen Präsenz im Austausch der sexuellen Energie. Hier bietet das „Making Love“-Retreat[26] eine wunderbare Ergänzung.

26. Ein siebentägiges Seminar für Paare von Diana & Michael Richardson. Die Paare praktizieren dabei jeweils in ihrem Zimmer über Stunden ein präsentes Ineinandersein der Genitalien und erfahren eine Verbindung aus dem Energieaustausch der beiden Energiekreise (Energiekreismodell wie im SGT).

Schlüssel für eine gelingende Beziehung mit Perspektive

Wir verwenden in der Arbeit mit Paaren oft folgendes Vergleichsbild: „Kein Garten ohne Gärtner" - Eine Liebesbeziehung ist wie ein Garten, der gepflegt werden will, damit Früchte reifen. Hier ein paar praktische Vorschläge für alltägliche Beziehungspflege bzw. die Qualitätspaarzeit. Das Wichtigste ist, sich Zeitfenster für wirkliches dyadisches Begegnen einzurichten und diese im Terminkalender einzuplanen.

Dyadisches Beziehen

Das Paar beginnt, indem es sich in der reservierten Zeit gegenübersitzt und sich ganz von den eigenen unmittelbaren Impulsen leiten lässt, die aus dem Bezogensein erwachsen. Sie beziehen sich nicht auf Drittes außerhalb von ihnen, sondern es gilt: „Du und ich und nichts dazwischen." Die Hauptfrage ist: „Was habe ich zu geben?" und nicht: „Was habe ich von meinem Partner zu bekommen?" Schenke zwischendurch deinem Partner genau das, was du am liebsten von ihm/ihr bekommen möchtest.

Zwiegespräche[27]

Das Paar reserviert sich 60 bis 90 Minuten ungestörte Zeit. Jeder von beiden hat in diesem Zeitraum insgesamt gleich viel Redezeit und sie machen ab, wie sie sich diese Zeit aufteilen. Der oder die Sprechende drückt sich so aus, wie er oder sie will, berichtet von sich in „Ich-Botschaften". Der oder die Zuhörende hört zu und stellt höchstens Verständnisfragen, gibt sonst keine Kommentare oder eigene Bemerkungen ab. Wenn Paare tendenziell aneinander vorbeireden, macht es Sinn, zu Beginn das Gehörte in der Essenz zu wiederholen: „Ich habe von dir gehört, dass ..." Zwiegespräche fördern ein präsentes Miteinander und gegenseitiges Gehört- und Verstandenwerden.

27. Siehe dazu das Buch von Michael Lukas Moeller, Die Wahrheit beginnt zu zweit, Rowohlt 1992

Daraus ergibt sich meist auch im Alltag eine achtsame und respektvolle Kommunikation.

„Zeit für Liebe" einplanen

Das Paar wartet nicht nur darauf, dass „es" spontan passiert, sondern plant Zeitfenster für die Liebe ein. In diesen reservierten Oasen findet die Liebesbegegnung statt, wie auch immer das Paar diese gestalten möchte. Präsenz, Atem, Stimme und Bewegung sind wichtige Schlüssel dabei. Dieser Termin hat Priorität im Terminkalender. Als Vorbereitung sorgt jeder für eine gute Präsenz im eigenen Körper und eine offene Grundhaltung für die Begegnung (auch einplanen, um vorher abzuschalten von Arbeit, Kindern, to-do-listen).

Meditative Liebe[28]

Die Partner verbinden sich genital in einem „präsenten Ineinandersein". Beide bringen ihre Aufmerksamkeit auf diesen Kontakt der Liebesorgane in der Verbindung zum Herzpol. Sie „tun" nichts. Anstatt dass, wie häufig, der Reibungskontakt im Vordergrund steht, sind hier die Berührung und das Dasein bestimmend und erfüllend. Jegliche Bewegung entsteht aus diesem pulsierenden Kontakt der Liebesorgane. So kann zwischen den Polen (Genital, Herz, Augen) ein Energieaustausch geschehen, im Gegensatz zur rein genitalen Aufladung und Entladung.

Wunsch und Erfüllung oder Yin-Yang

Die Partner teilen sich die zur Verfügung stehende Zeit (Stunden bis evt. sogar Tage) auf. Der „König" oder die „Königin" (Yang) kann in dieser Zeit wünschen und bestimmen - natürlich lauter Dinge, die möglichst beide genießen können und die den anderen weder demütigen noch verletzen. Der „Diener" oder die „Dienerin" (Yin) erfüllt

28. Siehe dazu auch das Buch von Diana Richardson, Zeit für Liebe, a. a. O.

die Wünsche auf die bestmögliche Art und Weise, ohne sich selbst zu übergehen. Manchmal müssen, natürlich mit dem nötigen Respekt, Grenzen geäußert werden. In beiden Rollen liegt ein Lernpotenzial für die Balance von Geben und Empfangen in der Beziehung.

Weitere Vorschläge

Tagebuch schreiben, eigene Ressourcen pflegen, eine gute Balance finden zwischen Raum und Zeit für sich und Beziehungspflege, zusammen tanzen etc. ...

Reifestufe 34 Jahre: Das gemeinsame Dritte – 1 + 1 = 3

> Die wachsende Zuneigung zweier Liebenden
> ist eigentlich schon der Lebenswille des neuen Individuums,
> welches sie zeugen können.
>
> Arthur Schopenhauer

„Ich möchte ein Kind mit dir." Vielleicht gibt es eine Erinnerung an den Moment, in dem du diesen Satz von einer geliebten Person gehört hast oder ihn selbst nach einigem hin und her über die Lippen gebracht hast. Weckt er schöne Vorstellungen von einem Familienleben mit Kindern oder überwiegen eher Ängste und Zweifel? Dazu kann sich jede Frau und jeder Mann folgende Fragen stellen: „Was müsste ich aufgeben und loslassen, um diesen Schritt zu wagen? Fühle ich mich bereit, Verantwortung zu übernehmen, um ein Kind zu begleiten und damit meine Bedürfnisse manchmal in den Hintergrund zu stellen? Bin ich wirklich bereit, weiterzugeben an die nächste Generation, oder will ich unbedingt ein Kind für mich, weil mein Leben nicht erfüllt ist?"

Willem Poppeliers drückt es so aus: „Nach einer Weile verlangt jede Paarbeziehung nach etwas gemeinsamem Dritten." Das kann allerdings vieles sein: ein Kind, ein Haus, Projekte, ein gemeinsames Öffnen für die spirituelle Dimension usw. Das gemeinsame Dritte ist etwas, das aus der Beziehung entsteht und über die Beziehung hinauswirkt. Es ist mehr als die Summe der beiden und entwickelt oft ein Eigenleben, sodass sich daraus die Gleichung 1 +1 = 3 ergibt. Bis jetzt war das Paar damit beschäftigt, die gemeinsame Sexualität auszukosten, bis aus dieser Energie die Frage und der Wunsch nach einer gemeinsamen Frucht, die aus der Beziehung hervorgeht, auftaucht. Öffnen wir in unserer Sexualität den Raum für dieses kreative dritte Element, so wächst die sexuelle Begegnung über die individuelle Lustbefriedigung hinaus. Menschliche Sexualität kann so zu einem Tor werden, durch das wir unser Eingebundensein in ein größeres Ganzes erfahren können.

Liebe machen für ein Kind

Entsteht in einem Paar der Wunsch nach Kindern, öffnet sich auch in der gemeinsamen Sexualität eine neue Dimension. Es entsteht ein gemeinsames Drittes, das zu Beginn als gemeinsamer Wunsch, als Idee, vorhanden ist. In der Sexualität geht es nicht mehr nur um seinen und ihren Orgasmus, sondern sie dient der Verwirklichung des gemeinsamen Kinderwunsches. In der *Sexual Grounding® Therapy* unterscheiden wir zwischen „Sexualität zur individuellen Lustbefriedigung“ und „Sexualität zur Öffnung für ein gemeinsames Drittes“.

Wenn wir uns im Liebesspiel öffnen für ein Kind, werden wir immer wieder damit konfrontiert, loszulassen, leer zu werden, und damit Platz zu schaffen für eine unbekannte Dimension in der Beziehung. Sich dafür zu öffnen heißt auch, Demut zu lernen: „Nur weil ich jetzt bereit bin, und wir beide das wollen, heißt das noch lange nicht, dass es auch so geschieht.“

Trotz der modernen Technologie der assistierten Befruchtung gibt es immer noch einen offenen Faktor, den wir Menschen nicht steuern können – und das bleibt hoffentlich noch eine ganze Weile so! Sobald wir zu sehr mit der Machbarkeit identifiziert sind, fokussieren wir uns zu sehr auf das ersehnte Dritte außerhalb und weniger auf die dyadische Begegnung, aus der das Dritte wächst, wenn es reif ist. Nicht zuletzt deshalb wird in diesem Prozess aus einer lebendigen Sexualität oft nur mehr ein technisches Mittel zum Zweck.

Beim unerfüllten Kinderwunsch kommt es manchmal zu einer natürlichen Schwangerschaft, sobald ein Adoptionsverfahren läuft. Warum? Eine mögliche These ist: weil die Eltern sich dann für das nicht eigene Kind öffnen, und das wird zum gemeinsamen Dritten. Es geht nicht mehr um sie persönlich, sondern sie stellen sich in den Dienst für ein fremdes Kind. Dieses Loslassen der alten Vorstellung kann zur Öffnung für eine Empfängnis führen. Es geht nicht mehr um das Bedürfnis der Eltern selbst, sondern um ein Weitergeben.

Wird diese Entscheidung bewusst getroffen, so kann ein Paar schon in dem Sich-Öffnen des „Liebemachens für ein Kind" eine transformative Kraft spüren. Hier wird deutlicher, dass der Fokus in der Sexualität mehr und mehr auf dem Geben liegt und weniger auf der eigenen Lustbefriedigung, was nicht heißt, dass es nicht auch sehr lustvoll und leidenschaftlich sein kann. Häufig bringt dies eine zusätzliche Dimension ins Lusterleben.

In diesem Zusammenhang möchte ich gern noch einen anderen Aspekt ansprechen: Viele Kinder kommen ungeplant oder sogar gegen den Willen der Eltern zur Welt. Hier gilt vor allem: So schwierig die Entstehungsgeschichte auch war, das Leben hat sich durchgesetzt.

Das Ja dafür, ins Leben zu kommen, war letztendlich stärker als die lebensfeindlichen Umstände, zum Beispiel wenn jemand durch eine Vergewaltigung entstanden ist oder Abtreibungsversuche überlebt hat. Schauen wir auf das Kind, fällt es uns eventuell leichter zu würdigen, was dabei Gutes herausgekommen ist. Immer wieder erlebe ich in Menschen, die aus widrigen Umständen entstanden sind, eine schlummernde Kraft. Diese kann erst befreit werden und sich so richtig entfalten, wenn in der Tiefe ein Annehmen der eigenen Entstehungsgeschichte geschieht.

Danielle ist HIV-positiv. Sie lebt mit dieser Diagnose schon seit dreißig Jahren. Seit sieben Jahren lebt sie nach einem langen, schwierigen Beziehungsweg in

einer glücklichen Liebesbeziehung zu einem Mann und auch körperlich ist sie wieder auf der Sonnenseite des Lebens angekommen. In ihrer Biografie gibt es allerdings dunkle Gewitterwolken. Aus Rebellion gegen ihr spießbürgerlich erlebtes Elternhaus tauchte sie mit 17 ab in exzessive Schattenwelten der Fixerszene und infizierte sich bei einem ihrer Partner mit Aids. Von diesem wurde sie zwei Mal schwanger. Leider hat sich der Virus bei der Geburt auf beide Töchter übertragen. Diese schockierende Nachricht erfuhr sie allerdings erst bei der Geburt der zweiten Tochter Seraphine. Sie schwor sich damals den Kampf gegen Aids zu führen und der Welt zu beweisen, dass sie ihre Töchter retten kann. Mit der jüngeren Tochter wurde sie oft schwer geprüft. Seraphine war viel krank und ihr Leben hing immer wieder nur an einem seidenen Faden. Mit 16 wurde Seraphine nach einem Selbstmordversuch mit einer Überdosis Tabletten in die Klinik eingeliefert.
Danach musste Danielle von ihrer verzweifelten Tochter hören: „Ich habe nur für dich überlebt, damit du deinen Kampf gewinnst. Für mich ist es ein Scheißleben. Ich wäre lieber tot, als ein Todesengel zu sein."
Erst da realisierte Danielle, dass sie den Lebenskampf nicht für ihre Tochter kämpfen kann und sie konnte ihr schweren Herzens sagen: „Für mich musst du nicht mehr leben. Wenn du wirklich gehen willst, werde ich dich loslassen. Aber ich wünsche dir, dass du für dich ein Ja zum Leben findest."
Nach dieser Auseinandersetzung konnte Seraphine mit therapeutischer Unterstützung erst beginnen, diese Frage für sich neu zu prüfen. Obwohl sie sich für eine längere Phase distanzierte von ihrer Mutter, konnte sie ihr zwei Jahre später sagen, dass die aktuelle gesunde Liebesbeziehung ihrer Mutter ein Motivationsfaktor war, dass es auch für sie möglich sein könnte, einmal eine erfüllte Beziehung zu leben. Sie stellte die Weichen wieder ins Leben hinein.

Prozess von Zeugung – Schwangerschaft – Geburt

Das gesamte Geschehen von der Zeugung über die Schwangerschaft bis zur Geburt ist ein Transformationsprozess, der sich auch im Energiekreismodell widerspiegelt.

Das potenzielle Kind – oder ein gemeinsames Drittes – einladen

Die folgende Erfahrung kann eine gute Vorbereitung sein für Paare, die einen Kinderwunsch haben.
Ihr stellt euch in einem Abstand von ungefähr einem Meter einander gegenüber. Beide atmet ihr den Energiekreis und fokussiert euch dabei zunehmend auf das Geben in den leeren Raum zwischen euch. Mit der Zeit entsteht ein gemeinsames Drittes als Energiegebilde, das mehr ist als die Summe zweier Individuen: 1 + 1 = 3. Was immer daraus auftaucht an inneren Bildern, Gefühlsqualitäten, Eigenschaften, Farben etc., könnt ihr dann zueinander ausdrücken. Das kann eine Energiequalität sein oder etwas Konkretes, das aufgetaucht ist.
Jeder kann so auf unterschiedliche Weise eine Wahrnehmung des kreativen dritten Elements, des Beziehungsraumes zwischen dem Paar, spüren. Nach einer Weile könnt ihr einen gemeinsamen Abschluss finden und euch noch austauschen über die Erfahrung des gemeinsamen Dritten – und das kann auch sehr unterschiedlich wahrgenommen werden

Maskuliner und femininer Energiekreis im Verlauf der Reproduktion

Durch die Befruchtung wird die gemeinsame Idee in der Frau zur körperlichen Wirklichkeit. Wie oben im Kapitel zur Zeugung schon beschrieben, kommt der Mann nur aus der Distanz in Kontakt mit den Eizellen. Für ihn ist das Erlebnis abstrakt, weil er es nicht im eigenen Körper spürt, was aus seinem Samen in der Frau weiterwächst. In ihr verbindet sich sein

Same mit ihrer Eizelle. Seine Herausforderung ist es, aus dieser Distanz die Verbindung seiner Liebe zum Kind zu halten. Das gemeinsame Kind inkarniert sich außerhalb seines Körpers. In der Frau begegnen sich die Idee eines Kindes und das reale Kind im Körper selbst.

Bei der Zeugung sind Mann und Frau in ihrer geschlechtlichen Polarität. Der Mann gibt seinen Samen durch seinen positiven Pol in die Frau und die Frau kann nichts tun, außer ihn bis in ihre Gebärmutter aufzunehmen (wobei das Ei wieder aktiv ist im Aufnehmen des Samens). Der Mann ist im maskulinen Energiekreis und die Frau im femininen.

Das Kind manifestiert sich in ihrem Körper, nistet sich ein und wächst darin. Es ist ein Transformationsprozess von der rezeptiven Aufnahme bis hin zur aktiven Geburt. Die Frau gebärt das Kind durch ihr Becken, sie lässt es nach unten hin los. Die Kontraktionsbewegungen der Wehen fördern die Austreibung nach unten. Diesem gewaltigen Gebärprozess kann sie sich letztendlich nur hingeben und muss dabei vielleicht auch ihre Vorstellungen uber das Gebären loslassen. Energetisch ist sie in der Austreibungsphase im maskulinen Energiekreis.

Der Mann kann hier nichts tun. Er wird hier nicht wirklich gebraucht, wenn eine gute Geburtsbegleitung dabei ist, und doch ist er absolut wichtig mit seiner Präsenz. Er kann unterstützen im einfachen Da-Sein und so das gemeinsame Kind in Empfang nehmen. Energetisch ist er so im femininen Energiekreis, in einer rezeptiven Grundhaltung. Schon unmittelbar nach der Geburt mit dem ersten Anlegen des Babys an die Brust kehrt sich der Energiekreis wieder um, und aus den Brüsten fließt Milch. Die Gebärmutter zieht sich wieder nach oben hin zurück. Das aktiviert wieder den weiblichen Kreislauf. Viele Frauen haben beim Stillen angenehme Empfindungen in ihrer Vagina, denn es gibt eine energetische Verbindung zwischen Brüsten und Vagina, über die eine Aktivierung nach innen stattfindet.

Daria und Simon freuen sich auf ihr zweites Kind. Ihr erster Sohn ist nach einem anstrengenden Geburtsprozess mit Wehenmittel und einer Saugglocke in der Klinik zur Welt gekommen. Jetzt möchte Daria ins Geburtshaus wechseln und wünscht sich eine neue Erfahrung mit weniger medizinischen Eingriffen. Simon ist Arzt und möchte die medizinische Sicherheit und Notfallausrüstung des Krankenhauses nicht aufgeben. Seine Schwester arbeitet zudem mit behinderten Kindern, und als sie von der Idee des Geburtshauses hört, mischt sie sich vehement ein und ruft Daria an, um ihr zu sagen, dass sie es so unverantwortlich und egoistisch finde, wenn sie ihren Wunsch nach einer möglichst natürlichen Geburt über die Sicherheit des Kindes stellt. Plötzlich fühlt sich Daria allein gegenüber der Familie von Simon und ist im Dilemma: Soll sie ihrem Körper vertrauen oder dem Druck seiner Sippe folgen und wieder in die Klinik gehen? In dieser polarisierenden Situation sehen beide keinen Weg mehr und streiten viel über die unterschiedlichen Haltungen. Daria hat Angst vor den Schuldzuweisungen seiner Familie und möchte, falls etwas schiefgeht, ohne das Ja von Simon diese Verantwortung nicht allein tragen. In der Therapiesitzung stimmen sich beide auf das Kind im Bauch ein mit der Frage: „Wie möchtest du geboren werden?" Simon sagt: „Wenn ich mit unserem gemeinsamen Baby in Verbindung bin, dann vertraue ich der Mama, und das Wichtigste ist, dass es ihr gut geht." Ich frage nach: „Und wie ist es mit der äußeren Sicherheit?" – er: „Wenn meine Mama sich sicher fühlt, dann bin ich auch sicher." – Daria ist überrascht, diese Worte aus Simons Mund zu hören. Beide sind sich einig, dass es ihnen im Geburtsprozess um das Wohl des Kindes, aber auch das der Mutter geht. Simon stellt sich nach dieser Sitzung hinter Daria, und sie wählen das Geburtshaus. Nachdem sie mit der Hebamme auch das Notfallszenario besprochen haben, kann er nun entspannen, und vier Wochen später wird ihre Tochter ohne Komplikationen im Geburtshaus geboren.

Der Fokuswechsel auf das gemeinsame Kind hat beiden aus der polarisierenden Haltung geholfen.

Schwangerschaft und Sexualität

Oft werden Fragen gestellt wie: „Wie wirkt sich die sexuelle Begegnung von Mann und Frau während der Schwangerschaft auf das Kind aus? Ist es gut für das Kind, oder kann heftiger Sex auch schaden?"

Dazu der Erfahrungsbericht eines Paares:

> „In unserer zweiten Schwangerschaft haben wir im achten Monat eine Woche das ‚Making Love Retreat' gemacht. Das ist ein Seminar für Paare, bei dem es um ein präsentes Liebemachen aus dem Fühlkontakt der Liebesorgane geht. Im privaten Raum des eigenen Zimmers verbrachten wir mehrere Stunden am Tag ‚eingestöpselt' ineinander. Es war sehr entspannend, einfach ineinander zu sein und dabei jede Bewegung aus den Organen der Liebe entstehen zu lassen. Hier und jetzt, du und ich und nichts dazwischen. Manchmal habe ich über zwei Stunden auf dem Rücken gelegen in der Scherenposition, einer Körperhaltung, die im achten Monat eigentlich nicht mehr lange schmerzfrei möglich ist. Es war, als wenn sich das Kind im Bauch genau darauf einrichten und es diesen Kontakt der Eltern absolut genießen würde. So kann der Penis direkt am Muttermund Kontakt aufnehmen und dort verweilen, als wenn er ‚Hallo' sagen würde an der Pforte zur Höhle, in der das Kind wächst.
> Wir hatten oft den Eindruck, das sei die beste Geburtsvorbereitung sowohl für das Baby im Bauch als auch für unsere Beziehung."

Viele Frauen erleben eine vermehrte Lust in der Schwangerschaft und können durch die vermehrte Durchblutung im ganzen Beckenbereich die sexuelle Begegnung intensiver genießen. Wenn beide im Bewusstsein haben, dass das gemeinsame Kind schon im Bauch mit dabei ist, verändert sich auch etwas in der Qualität der Sexualität. Grundsätzlich gilt: Was für das Paar gut und erfüllend ist, tut auch dem Kind gut. Dann spielt es keine Rolle, ob es wild und leidenschaftlich ist oder still und ruhig.

Hebammen empfehlen manchmal den Paaren, Liebe zu machen, wenn der eigentliche Geburtstermin schon verstrichen ist. Das bewirkt eine

Oxytocin-Ausschüttung, die in Verbindung mit den Prostaglandinen im Ejakulat einleitend auf die Geburt (nur bei Geburtsreife) wirken kann.

Für eine schwangere Frau ist es sehr frustrierend oder auch verletzend, wenn der Mann die sexuelle Anziehung zu ihr mit dem wachsenden Bauch verliert. In seinem inneren Erleben sieht er in seiner Partnerin dann oft mehr die Mutter als die erotische Frau. Mit der Mutter geht man nicht ins Bett, und sexy ist es schon gar nicht. Gehen Männer während der Schwangerschaft ihrer Partnerin fremd, wiegt die Verletzung oft doppelt so schwer, weil sich alles im Organismus der Frau auf diese Bindung einstellt. Er wiederum kann sich überflutet fühlen von so viel Weiblichkeit (wie vielleicht schon früher von seiner Mutter) und flüchtet dann, um sich als Mann nicht zu verlieren oder anderswo Bestätigung zu suchen. Solche Dynamiken brauchen im Nachhinein Zeit und Aufmerksamkeit, um verschlossene Beziehungstüren wieder aufgehen zu lassen.

Kaspar und Nina haben geheiratet und wünschen sich ein Kind, das sich auch bald einnistet. Während der ersten drei Monate der Schwangerschaft kämpft Nina mit Übelkeit und Erbrechen und fühlt sich oft bleiern schwer. Genau in dieser Zeit trifft Kaspar beim Fünf-Rhythmen-Tanzen, wo er regelmäßig allein hingeht, Sonja und verliebt sich in sie. Kaspar erlebt ein Schwebegefühl, Schmetterlinge im Bauch und könnte mit Sonja davonfliegen (seine Worte).
In der Beziehung fühlt er mit zunehmender Schwangerschaft eine Beklemmung im Hals, sein Freiheitsgefühl ist deutlich eingeschränkt, und er stellt sogar in Frage, ob er mit Nina seine ganze Lebendigkeit je werde ausleben können. Sein Erleben beim Tanzen mit Sonja ist komplett frei, sein Körper prickelt bis in alle Zellen, und er äußert dazu: „Hier kann ich so sein, wie ich bin, mit all meiner Lebendigkeit."
Im vierten Monat machen Kaspar und Nina zusammen Urlaub, und seine Frau spürt intuitiv, dass er nicht ganz präsent ist. Sie fragt ihn, ob eine andere Frau im Spiel sei. Kaspar erzählt ihr von seiner Verliebtheit, was sie natürlich sehr verletzt. Dazu kommt, dass Nina vor genau dieser Situation immer Angst

hatte. Schon nachdem er Nina davon erzählt hat, wird sein „Verliebtheitsrauschgefühl" deutlich weniger. Obwohl der Drang nach wie vor stark ist, dieses Gefühl voll auszuleben, beginnt eine ehrliche Diskussion zwischen den Ehepartnern, und Kaspar kann sein Engegefühl, seine Ängste und Wünsche ausdrücken. Mit Sonja hat er nie geschlafen und auch an dem Punkt entschieden, dass er es nicht weiter ausleben will, sondern seine Aufmerksamkeit in seiner Ehe behalten möchte.

In der Therapiesitzung stellen wir das Paar gegenüber auf, mit ihren Elternstellvertretern jeweils dahinter. Kaspar spürt sofort ein zuschnürendes Gefühl im Hals - ausgelöst durch seine Frau, die ihm gegenüber steht, und durch ihren Hintergrund, wo er viel Schwere wahrnimmt. Beim Blick auf den Bauch und das werdende Kind ist sein Gefühl noch am besten. Seinen Vater spürt er hinter sich als Unterstützung, seine Mutter platziert er weiter hinten als Bedrohung. Er kann sofort sehen, dass seine Fluchtreaktion mit ihr zu tun hat. Sein Ressourcebild ist eine sinnliche Mutter, die mit seinem Vater auch nach der Geburt der Kinder eine lebendige Sexualität lebt, und sein Vater, der ihm aus dieser neu belebten Verbindung sagt: „Es lohnt sich zu bleiben."

Als Ninas Eltern im Hintergrund sich einander zuwenden und sich an den Moment erinnern, in dem sie ihre Tochter lustvoll gezeugt haben, geben sie folgende Botschaft an die schwangere Nina: „Mit dieser Lust darfst du dich für immer verbinden!" Die Schwere verschwindet, und Kaspar wendet sich Nina in neuer Leichtigkeit zu.

Diese stark vereinfachte Darstellung spiegelt die Essenz des Prozesses wider, der die beiden bis zur Geburt ihrer Tochter und darüber hinaus begleitet. Sie können die belastenden und einschränkenden Muster ihrer Herkunft hinter sich lassen und sich zunehmend mit dem angelegten Potenzial ihrer lustvollen Lebendigkeit verbinden. Besonders genießen sie die unbeschwerten Momente, in denen sie zu dritt lachen und herumbalgen.

Geburt

Für jede Frau ist die Geburt ihrer Kinder eine Initiationserfahrung, in der das Wunder des neuen Lebens möglich wird – ein kraftvoller Akt der Hingabe an ein größeres Geschehen.

Gegen Ende meiner ersten Schwangerschaft überfiel mich eine große Angst vor der konkreten Geburt. Ich konnte mir nicht vorstellen, wie diese riesige Kugel in meinem Bauch jemals durch die vergleichsweise kleine Öffnung meiner Vagina passen sollte. Zwei Bilder halfen mir sehr im Umgang mit dieser Angst: Ich stellte mir alle meine weiblichen Ahninnen vor, angefangen bei meiner Mutter, die ein zu kleines Becken hatte – und trotzdem bin ich nach längerem Feststecken letztendlich da rausgekommen –, ihre Mutter, die mitten in ihrer Wohnstube zehn Kinder geboren hatte, und all die Frauen dahinter, die zu ihrer damaligen Zeit sicher keine einfachen Bedingungen zum Gebären hatten. Und so sagte ich mir: „Wenn all diese Frauen in meiner weiblichen Linie es geschafft haben, dann wird es wohl bei mir auch klappen, dass das in meiner Vorstellung Unmögliche möglich wird."

Das zweite Bild entstand beim Durchqueren des überfüllten Bahnhofs in Zürich. Ich bewegte mich inmitten dieses Gewusels verschiedenster Menschen aus unterschiedlichen Kulturen, Farben, Größen und Altersstufen und plötzlich durchfuhr es mich: All diese Menschen gehen hier, weil sie irgendwann durch diese enge Eintrittspforte ins Leben geschlüpft sind; alle in dieser Menschenmenge wurden von ihrer Mutter geboren und alle haben es geschafft (Mütter und Kinder), dann werde wohl auch ich es schaffen, unser Kind auf natürlichem Weg zu gebären.

Diese zwei Ressourcebilder gaben mir Kraft in meiner Vorbereitung auf die Geburt, und ich konnte mit ihrer Unterstützung meine Angst vor dem Gebären regulieren. Ich kann mich noch wie heute an den kraftvollen Moment nach der langen und auch anstrengenden Geburt auf natürlichem Weg erinnern, wo ich in mein Tagebuch geschrieben habe: „Danke für dieses Initiationserlebnis – Möge ich mich in allen schwierigen Lebenssituationen daran erinnern, dass das scheinbar Unmögliche möglich ist."

Ein unterstützendes Bild für die Geburt

Je näher die Geburt kommt, umso eher tauchen oft Ängste auf im Hinblick auf den konkreten körperlichen Durchgang des Babys durch den Gebärkanal. Hierfür kann es eine wunderbare Unterstützung sein, sich innerlich zu verbinden mit der Gebärkraft der weiblichen Ahninnen - mit der Mutter, den Großmüttern, Urgroßmüttern und all den Frauen, die vor uns schon geboren haben. Wenn so viele Frauen seit Generationen Kinder geboren haben, kannst auch du Vertrauen haben in deinen Körper und in seine Fähigkeit, dieses archaische Geschehen zu bewältigen.

In vielen Kulturen ist eine Geburt reine Frauensache, und vor ein bis zwei Generationen waren die Männer auch bei uns nicht dabei. Heute versuchen die meisten Väter bei der Geburt ihrer Kinder anwesend zu sein. Viele Männer sind allerdings unsicher, da sie aktiv nicht viel dazu beitragen können, außer den Kontakt zu Mutter und Kind zu halten. Das scheint äußerlich wenig zu sein, aber gerade die unterstützende Präsenz und der Kontakt des Vaters zum Kind während der Geburt ist sehr wichtig. Die Frau ist meist von diesem heftigen Gebärprozess, dem sie sich nur hingeben kann, überwältigt.

Hier kann der Vater die Verbindung und Kommunikation mit dem Kind halten und ihm innerlich erklären, was passiert, wenn Eingriffe geschehen; er kann bei einer Peridural-Anästhesie dem Kind erklären: „Jetzt gibt es eine PDA, damit deine Mutter weniger Schmerzen hat und das Gewebe entspannen kann. Wir sind trotzdem mit dir in Verbindung." Ansonsten könnte sich das Baby plötzlich alleingelassen fühlen, wenn das Gewebe drum herum nicht mehr mithilft. Oder bei dem Einsatz einer Saugglocke, einer Zange oder bei einem Kaiserschnitt kann er dem Baby zum Beispiel sagen: „Jetzt holt dich der Arzt mit Löffelchen raus, damit du schneller bei uns bist." Für das Kind ist es wichtig, dass es sich willkommen fühlt und dass dies notwendige Mittel sind, um seinen Weg ins Leben zu ermöglichen. Die Kernbotschaft des Vaters an das Kind ist hier: „Du bist nicht allein in dem Geschehen, wir sind da, wir freuen uns auf dich. Du bist willkommen!"

Der Vater kann so während des Geburtsprozesses den Kontakt mit dem Kind aus der „nahen Distanz" halten, und natürlich auch seine Frau unterstützen durch seine Präsenz. Sie gebärt nicht allein, sondern es sind zumindest drei Beteiligte, körperlich sie und das Kind, energetisch auch der Vater. Viele Hebammen haben ein gutes Gespür für diese Dynamik und unterstützen das gerne. Der Vater kann nach dem Auspulsieren die Nabelschnur durchtrennen als symbolische Begleitung der ersten Trennung von Mutter und Baby. Er kann das Kind nach der Geburt empfangen, in seine Arme schließen und an sein Herz nehmen – er ist im rezeptiven Pol. Dadurch fühlt die Frau sich unterstützt.

Wenn der Mann den Energiestrom während der Geburt umkehrt, das heißt in eine rezeptive Grundhaltung geht, kann er die Liebe auch dem Baby geben und ist in der ersten Zeit nach der Geburt genital nicht mehr so aktiv. Die Orientierung im Herzen des Mannes ändert sich. Das Baby ist wichtiger als seine sexuellen Bedürfnisse an die Frau. Das hilft seiner Frau, ihre Liebe zum Mann auf einer neuen Ebene zu finden. Der Penis hat in dieser Zeit nach der Geburt keine Funktion im Sinne der Ejakulation. Es braucht kein zweites Kind, wenn die Mutter ein Baby hat und es stillt.

Edgar, ca. 50, und seine Vatergeschichte zu Geburt und Erektion:

„Als meine erste Tochter geboren war, konnte ich die ersten drei Tage und Nächte bei meiner Frau und meiner neugeborenen Tochter im Geburtshaus verbringen. Die Geburt meiner Tochter war das größte Geschenk meines Lebens in dieser Zeit. Es war die erste Nacht nach der Geburt, und meine Frau lag schlafend neben mir. Ich lag erfüllt von Glück neben ihr und war hellwach, mit unserer neugeborenen Tochter auf meinem Bauch. Dieses Gefühl der Freude und des Vaterstolzes war so groß, dass aus meinem

Inneren eine Erektion entstand, die ganz lange einfach da war." Wie eine Folge des Gefühls der Freude in seinem Herzen. (Beim Erzählen wird seine Stimme ein wenig leiser und etwas unsicher, ob das auch okay sei.)

„Obwohl es für mich ein klares und reines Gefühl war, schob ich meine Tochter hoch auf meine Brust und zu meinem Herzen, sodass das Baby nicht in Körperkontakt war mit meiner Erektion. Als ob es kein Zeitgefühl gäbe, lag ich so mit ihr eine kleine Ewigkeit, erfüllt in allen Zellen in stolzem Vaterglück" - was sich auch in dieser anhaltenden Erektion ausdrückte.

Für ihn blieb dieser Moment bis vor zwei Jahren in kostbarer Erinnerung, und er hat bis heute eine gute Beziehung zu seiner Tochter.

Da war aber auch eine Verunsicherung: „Eigentlich dürfte es nicht sein!" Eine Erektion ist ja im gängigen Bewusstsein gekoppelt mit dem Drang, erwachsene Sexualität auszuleben, und gleichzeitig hatte die Situation etwas Reines und Unschuldiges. Deshalb erzählte er lange niemandem davon.

Vor zwei Jahren berichtete er von diesem Erlebnis in einem Seminar, worauf die ganze Gruppe wütend über ihn herfiel und auch der Leiter ihm böse Absichten des Missbrauches unterstellte. Das Urteil des Missbrauchs seiner Tochter wurde über ihn verhängt.

Seitdem nagten der Zweifel und die Unsicherheit in ihm, ob das in Ordnung war oder nicht. Erst durch die Erfahrung in unserem Seminar konnte er sich wieder mit dem Ursprungsgefühl der Unschuld und Reinheit verbinden. Diese Erektion, die aus der Freude über die Geburt entstanden ist, kann hier durchaus als Ausdruck seiner übervollen, bedingungslosen Liebe zu seiner Tochter gesehen werden. Auf ihm lag sein Kind, die Frucht seiner männlichen Potenz.

Eine Erektion, die vom Puls des Herzens im Penis (die Wurzel des Penis liegt im Herzen) getragen ist, und keinen Drang zur Entladung beinhaltet – ein Zustand von absichtslosem Verweilen. Der Rückschluss auf das „Ausleben erwachsener sexueller Bedürfnisbefriedigung" wäre hier in meiner Einschätzung fehlgeleitet. Diese Geschichte spiegelt die männliche Verunsicherung und die allgemeinen Vorurteile gegenüber der erektilen Potenz wieder. *Sexual Grounding*® bietet einen klaren Kontext, der eine differenzierte Betrachtungsweise (z.B. von verschiedenen Erektionsformen) dieser Situation ermöglicht und diese in einen Referenzrahmen von Sexualität und Beziehung stellt.

Sexualität nach der Geburt

Die Geburt ist ein tief gehender Moment „im Leben einer Vagina“, und alle Frauen haben ihre Geburtsgeschichten noch sehr gut in Erinnerung. Je nachdem, wie heftig oder kompliziert dieser Durchgang war, braucht es eine längere oder kürzere Erholungspause. Der erste Geschlechtsverkehr danach ist anders als alle Male davor.

Das erste Mal nach der Geburt

Wenn in dieser delikaten ersten Zeit nach der Geburt des Kindes das Bedürfnis nach einem wirklichen Energieaustausch wächst, ist es wichtig, dass dieser in erster Linie durch einen präsenten Fühlkontakt zwischen den Liebesorganen ohne Reibung und ohne Rein-raus-Bewegung geschieht.

Es wäre sehr schön, wenn der Mann einfach nur langsam reingeht und erst einmal die Veränderung in diesem Raum spürt. Vielleicht nimmt er es als einen weiteren Raum wahr, der sich erst wieder neu einrichten muss. Es kann für beide tief berührend sein, in einem präsenten Ineinander-Verweilen diese Veränderung zu teilen. Einfach Ineinandersein und über den Atem diese gemeinsame Präsenz in diesem Raum wahrnehmen – das lässt beide erst wirklich die Veränderung spüren, die stattgefunden hat. Informationen darüber sind eventuell schon im Sexualunterricht in der Schule oder spätestens in der Geburtsvorbereitung eine Bereicherung. Manche Paare sind noch sehr jung bei der Geburt ihrer Kinder und gehen nicht wirklich vorbereitet in die Elternschaft.

Liliane über die erste genitale Begegnung nach der Geburt:

> „Nach der Geburt unserer ersten Tochter, die auch traumatische Elemente hatte, brauchte meine Vagina fast fünf Monate eine Ruhepause. Obwohl die Sexualität immer lustvoll war, hatte meine Vagina kein Bedürfnis nach einer Begegnung mit dem Penis meines Mannes. Der erste Kontakt war dann, einfach nur langsam ineinander zu gehen und diesen neuen Zustand zu fühlen. Auch für meinen Mann war das ein ungewohntes Gefühl - diese Vagina ist nicht mehr nur Lusthöhle, sondern da ging unser Kind durch -, was für ihn den Mutteraspekt wachrief. Ich begann spontan zu weinen, ohne ersichtlichen Anlass. Es war, als ob sich damit die ganze Geburtsladung, die noch in dem Gewebe war, entladen würde, was sehr befreiend war. So geschah ein tiefes Loslassen, ein Freilassen der ganzen Anspannung während der Geburt, während der ich über längere Zeit einen Geburtsstillstand mit heftigsten Wehen hatte. Es war, als wenn das Gewebe in der Vagina sich entleeren würde von dem Geburtsstress, um wieder ein leerer, offener, empfangender Raum zu sein für die Begegnung mit dem Penis meines Mannes. Dabei waren wir über lange Zeit einfach nur ineinander, ohne Bewegung, und ließen diese Entladungen geschehen. Mit all den Tränen war es ein sehr schönes gemeinsames Erleben und ein gemeinsames Neuorientieren, ein Spüren, dass wir von nun an nicht mehr nur zu zweit sind. Und dies auch einen Einfluss auf unsere Sexualität haben wird."

Es wäre absolut jedem Paar zu empfehlen, speziell beim ersten Liebemachen nach der Geburt, diesen neuen Zustand zu fühlen und einfach nur ineinander zu sein, ohne zu bewegen. Das ist keine Frage von Lust oder Unlust. Es ist fast Alchemie, wenn man diesem Gewebe die Möglichkeit gibt, das Neue zu fühlen und auch das ganze Geburtsgeschehen wieder daraus zu entlassen. Sich wieder neu zu öffnen – das braucht Zeit. Beim zweiten Kind ist das oft schneller möglich, da auch die Geburt meist leichter ist. Eine Frau erzählte mir von ihrer Verletzung durch die Qualität der Sexualität nach der Geburt:

Bis zu ihrer ersten Schwangerschaft lebte Nora mit ihrem Mann eine leidenschaftliche Ladungs-/ Entladungssexualität. Erregung und Stimulierung der Klitoris war dabei immer ein wichtiger Teil ihrer Sexualität gewesen.
Kurz nachdem ihr Mann „gekommen" war, stellte er ihr fast immer die Frage: „Und, hast du einen Orgasmus gehabt?"
Nach der Geburt, die sehr schwierig war, wollte ihr Partner schon bald wieder weitermachen wie zuvor. Er hatte Lust auf Sex und auch auf sie, und um ihn nicht zu verletzen, machte sie mit. Zu ihrem Erstaunen reagierte ihre Klitoris überhaupt nicht auf seine Berührungen, ganz im Gegenteil, sie hatte das Gefühl, sie habe sich zurückgezogen und versteckt.
Sie suchte damals nach Information in Büchern und fühlte sich sehr alleingelassen in ihrem Erleben. Überall fand sie nur Aussagen wie: „Das braucht nur Zeit, und man muss sich das Liebemachen organisieren. Man muss nur dafür sorgen, dass es auch trotz Kinder weiter stattfindet, dann kommen die Orgasmen schon wieder."
Dass es aber eine energetische Veränderung gibt, besonders auch in der Stillzeit, in der dieser weibliche Energiekreis von den Brüsten her aktiviert ist, fand sie nirgends. So sagte sie Ja zur gleichen Sexualität wie vorher, obwohl sie innerlich nichts spürte dabei und sich gefühlsmäßig eher mehr distanzierte von ihrem Mann. Sobald er ihre Klitoris zu stimulieren begann, war das für sie eher ein Aus-Schalter und sie stellte innerlich auch ab und hoffte, dass er möglichst schnell zu seinem Orgasmus kommen würde.
Leider konnte sie sich in der Folge über Jahre nicht mehr öffnen in der Sexualität mit ihrem Mann, was auch fast zur Trennung führte.

Nicht selten höre ich von Frauen, dass sie in dieser ersten Zeit, wenn der Mann seine sexuellen Bedürfnisse einfordert, oft das Gefühl haben: „Jetzt habe ich nicht nur ein Kind, sondern zwei, die was wollen von mir." Der Geburtsprozess, die Frau und die Beziehung zum Kind entscheiden, wann der Zeitpunkt für die sexuelle Wiedervereinigung für die Eltern gekommen ist. Der Vater ist in dieser Phase als Mann gefordert, seine sexuelle Energie selbst zu regulieren und darauf zu vertrauen, dass seine Zeit als

Mann wiederkommt. Auch er muss sich in der neuen Rolle als Vater einfinden, und das Kind ist erst einmal wichtiger als seine sexuellen Bedürfnisse an seine Frau. Möglicherweise bleiben einige Frauen nach der Geburt zu lange in einem Ungleichgewicht von Geben und Nehmen. Das kann vor allem dann geschehen, wenn sie alles allein machen muss und überfordert ist. Es ist aber eventuell auch so, wenn sie die Unterstützung des Mannes aufgrund von Geschlechtervorurteilen („Geburt ist Frauensache", „Auf Männer kann man sich nicht verlassen", „Ich muss als Frau alles allein machen") nicht zulassen kann.

Erich kommt nach einem langen Arbeitstag nach Hause und freut sich auf eine erotische Begegnung mit Silvia. Er bringt sogar noch eine lachsfarbene Rose mit, ihre Lieblingsfarbe. Schon von draußen hört er das Brüllen seines Sohnes und die genervte Stimme seiner Frau. Silvia übergibt ihm beim Betreten der Wohnung sofort den Sohn und sagt: „Ich brauch eine Pause, übernimm du endlich mal!" Er drückt ihr schnell noch die Rose in die Hand, die sie kommentarlos in eine Vase stellt, bevor sie in ihrem Zimmer verschwindet. Der Traum von der erotischen Nacht fällt wieder einmal wie ein Kartenhaus in sich zusammen, und er fügt sich in seine abendliche Vaterrolle. Auch er läuft langsam am Limit, aber das Frustrierendste für ihn ist, dass er trotz anstrengender Arbeitstage und oft nahtloser Übernahme seines Sohnes am Abend Silvia nicht zufriedenstellen kann. Permanent vermittelt sie ihm das Gefühl, egal welchen Einsatz er bringt, es sei nie genug.

Viele Väter landen so in einer Resignation und ziehen sich aus dem gemeinsamen Engagement für das Baby zurück. Frauen müssen da akzeptieren lernen, dass Männer und Väter es manchmal ganz anders machen, aber deswegen nicht weniger gut. Wenn ein Paar den gegenseitigen Beitrag zum gemeinsamen Familienprojekt anerkennen kann, ist das schon sehr viel wert. Dazu gehört bei einer eher klassischen Rollenaufteilung auch seine Arbeit im Beruf, die meist den finanziellen Rahmen und damit die existenzielle Sicherheit der Familie gewährleistet.

Stillen

Für Frauen geschieht in der Stillzeit ein wichtiges *Bonding* (Bindung) mit dem Baby. Diese Momente des Stillens können als heilige Räume zwischen Mutter und Kind betrachtet werden, in denen Ablenkungen durch die mediale Welt, wie zum Beispiel durch Computer und Handy, nicht erwünscht sind. Die Selbstregulation der Mutter ist dafür ein wichtiger Boden. Schon unmittelbar nach der Geburt mit dem ersten Anlegen des Babys an die Brust kehrt sich der Geburtsfluss nach unten wieder um, und aus den Brüsten fließt Milch. Körperenergetisch ist dabei der weibliche Energiekreis aktiviert, an den der Säugling angeschlossen ist. Viele Frauen haben, wie schon erwähnt, auch angenehme Empfindungen in ihrer Vagina beim Stillen, weil es eine energetische Verbindung dahin gibt und durch das Saugen an der Brust eine Aktivierung nach innen stattfindet.

Eine Mutter gibt beim Stillen auch körperlich viel. Von daher ist es in dieser Zeit besonders wichtig, dass sie gut auf ihre eigenen Ressourcen achtet. Wenn sie jedoch ohne die nährende innere Verbindung zu ihrer eigenen Quelle (u.a. der weiblichen Ahninnen) gibt, erschöpft sie sich häufig schneller. Ich empfehle deshalb, sich als Frau besonders in der Phase des Stillens mit dem weiblichen Energiekreis zu verbinden. Die Verbindung mit der weiblichen Generationenlinie wirkt ebenfalls als kraftgebende Ressource.

Dazu ein Bericht von Ulrike:

„Ich habe meine drei Kinder gestillt und hatte besonders in der Stillzeit das Gefühl, dass meine kreative Energie in der Muttermilch gebunden ist. Ich hatte keine innovativen Ideen mehr. Vorher war ich sehr inspiriert, ging durch die Natur und hatte viele Ideen für Projekte. Mit der Zeit nahm die Erschöpfung zu sowie das Gefühl: ‚Ich laufe aus und habe keine Energie mehr, bin nur mehr müde.' Dies veränderte sich beim dritten Kind, als mich meine Therapeutin an den weiblichen Energiekreis erinnerte und ich begann, diesen zu praktizieren. Ich verband mich mit der unerschöpflichen Urkraft der Erde und stellte mir vor, ich nehme diese Erdkraft durch meine Vagina auf.

Dort wirkt sie heilend auf das Gewebe, das durch den Geburtsvorgang noch gezeichnet ist. Diese Urkraft ließ ich durch meine Vagina in meine Gebärmutter bis nach oben in meine Brüste strömen und gab sie durch die Muttermilch an meine Tochter. Das brachte sofort eine Veränderung: Ich fühlte mich nicht mehr ausgelaugt, sondern angeschlossen an die unerschöpfliche Quelle von Mutter Erde. Es kam immer mehr Energie nach. Auch die Vorstellung, mit meinen weiblichen Ahninnen verbunden zu sein und auch von ihnen unterstützt zu werden, hat mir sehr geholfen. Meine Mutter, die Großmütter und Urgroßmütter schauen wohlwollend auf mich und freuen sich an dem Leben, das weitergeht in meiner Tochter. Für mich war dies das beste Rezept gegen die Müdigkeit und das mich Ausgelaugt-Fühlen und auch gegen leichte Staugefühle in der Brust. Ich habe in der Stillzeit auch oft allein für mich den weiblichen Kreislauf geatmet und mich beim Einatmen über meine Vagina mit der regenerativen Kraft der Erde verbunden."

Die Erfahrung in meiner therapeutischen Praxis mit Frauen, die an postnatalen Erschöpfungszuständen leiden, zeigt, dass es häufig einen Zusammenhang mit einer fehlenden verinnerlichten weiblichen Unterstützung gibt. So können unerlöste Themen in den Beziehungen zur eigenen Mutter – Großmutter – Urgroßmutter mit der Mutterschaft an die Oberfläche drängen. Dies äußert sich in einer mangelnden Kapazität, aus dem Empfangen von hinten (der weiblichen Ahnenlinie) weiterzugeben an die nächste Generation. Umso wichtiger ist es, sich rund um die Geburt ein gutes Unterstützungsnetz von Freunden, Eltern, Schwiegereltern zu organisieren.

Ganz der Opa, ganz die Oma – systemische Bedeutung der Großeltern

Die Geburt ist ein einschneidendes Ereignis im Leben aller beteiligten Personen. Sobald ein Kind unterwegs ist, bewegt dies viel im ganzen Familiensystem. Im gemeinsamen Kind müssten beide bereit sein, die besten und schwierigsten Seiten seiner selbst, des Partners und auch der Eltern und Schwiegereltern anzutreffen. Das Kind verbindet die Eltern und Schwiegereltern des Paares zu einem neuen gemeinsamen Familiensystem, da sich beide Großeltern in dem Kind reflektiert sehen. Im gemeinsamen Kind bleibt die Verbindung der Eltern selbst im Fall einer Trennung sogar bis über den Tod hinaus bestehen.

Mit der Geburt des Kindes beginnt gleichzeitig eine neue Lebensphase für die Eltern. Das bedeutet auch, die Phase einer gewissen Ungebundenheit loszulassen, um für das kommende Leben Verantwortung zu übernehmen. Es dreht sich nicht mehr alles um das Paar und die eigenen Bedürfnisse, sondern auch darum, Eltern zu sein und dieses neue Wesen auf seinem individuellen Weg ins Leben zu begleiten. Jedes Neugeborene ist primär ein rezeptives, sinnliches Wesen, offen für Liebe, Zuwendung und Nahrung auf allen Ebenen. Das Baby gibt genug durch seine bloße Anwesenheit und hätte das Recht auf eine verantwortungsvolle Begleitung durch die Eltern. In der Generationenlinie rutschen dadurch nun alle einen Platz nach hinten. Das heißt, wir sind nicht mehr nur die Kinder unser Eltern, sondern auch die Eltern unserer Kinder, was unsere Eltern zu Großeltern macht.

Aus der Perspektive der eigenen Eltern schließt sich ein Kreis, wenn ihre Kinder selbst Eltern werden – und sie damit zu Großeltern. Das Lebensrad dreht sich weiter. Willem Poppeliers sagt dazu: „Wenn erwachsene Söhne oder Töchter selbst Eltern werden, sind sie damit für ihre Eltern aus der Kindrolle entlassen. Die Projektion des Kindes geht auf die Enkel über."

Für erwachsene Töchter oder Söhne, die nicht reproduzieren, ist es oft schwierig, diese Rolle gegenüber den Eltern zu verlassen. Die Frage des gemeinsamen Dritten spielt auch hier eine Rolle und verknüpft sich auch mit den Fragen: „Wofür möchten wir uns gerne engagieren? Was entsteht aus unserer Beziehung, das über unsere Beziehung hinaus eine Bedeutung hat? Wofür übernehmen wir Verantwortung?"

Erst die Geburt eines Kindes verbindet die beiden Herkunftssysteme des Paares. Die Bindung nimmt zu. Im Enkelkind sehen sich alle vier Großeltern reflektiert. Aus der Perspektive des Kindes gibt es eine neue Ahnenpyramide. Deshalb werden oft die Fragen gestellt: „Wem gleicht es? Ganz der Opa oder ganz die Oma?"

Während die Eltern in der Kinderphase auch beruflich oft Stress erleben, sind die Großeltern meist ausgeglichener und müssen nichts mehr im Leben beweisen. Sie können sich auf die Erlebenswelt der Kinder im Hier und Jetzt oft besser einlassen, zum Beispiel mit ihnen eine Schnecke beobachten, die einen Weg überquert. Von daher haben sie eine wichtige Daseins-Funktion in dieser für Kinder oft unverständlichen, zielorientierten Welt. Sie können auch das Paar unterstützen, indem sie die Enkelkinder für ein Wochenende zu sich nehmen, und damit die Eltern wieder einmal Zeit für sich als Liebespaar haben. Erfahrung zeigt: Wenn die Eltern die Paarebene pflegen, geht es den Kindern auch gut.

Franziska (60) ist durch ihre erwachsene Tochter Gisela vor zwei Jahren Großmutter geworden. Die Mutterrolle überforderte Gisela. Sie fühlte sich zunehmend unglücklich und war drauf und dran, ihren Mann zu verlassen, da sie frei sein wollte und Lust auf andere Männer hatte. Gleichzeitig hatte sie ein schlechtes Gewissen ihrer kleinen Tochter gegenüber, ertrug es aber nicht, wenn Franziska sie nahm und ihr die „bessere Mutter" vorspielte.
So hielt sie die Großmutter fern von der Enkelin. Franziska litt sehr darunter, dass sie ihre Enkelin kaum sehen konnte und die Beziehung ihrer Tochter zu scheitern drohte, so wie ihre eigene Beziehung auch damals auseinandergegangen war.
Wir stellen ihre weibliche Linie auf - die Enkelin, ihre Tochter, sie selbst, ihre Mutter und ihre Großmutter. Dabei wird deutlich, dass es abwechselnd zwei gegensätzliche Themen in dieser Frauenlinie gibt. Die Großmutter war eine erdrückende Übermutter, Franziskas eigene Mutter hatte nur Sex im Kopf und verließ ihren Mann und ihre kleine Tochter sehr früh, um sich auszuleben.

Sie dachte dabei nur an sich. Franziska will in der Folge vor allem eine gute Mutter sein und hat wiederum ihre Sexualität abgespalten. Sie lebt ihre Sexualität schon lange nicht mehr. Vor ihrer Trennung wurde sie sogar von ihrem Mann einmal vergewaltigt. Gisela ist gerade auf dem besten Weg, die Geschichte ihrer Großmutter zu wiederholen. „Übermutter oder Hure" wechseln sich ab. Am liebsten würde Franziska all diese sexbesessenen Frauen rausstellen, gleichzeitig will sie sich ihrer eigenen Sexualität annähern. Die Herausforderung ist, die sexuelle, sinnliche Frau mit dem Muttersein zusammenzubringen – und das Entweder-Oder" aufzulösen.
Erst indem sie sich mit dieser Frauenlinie hinter sich verbindet über ihre Mutter, die sie bis dahin massiv ablehnte, kann sie beide Seiten auch in sich selbst spüren.
Franziska realisiert, dass sie die Großmutter ihrer Enkelin ist und nicht die bessere Mutter als ihre Tochter. Von da an versucht sie, Gisela in der Mutterrolle zu unterstützen, sie zu bestärken, dass sie die beste Mutter für ihr Kind sei, und gleichzeitig ist sie eine sinnliche, sexuelle Frau. Für Franziska geschieht fast ein Wunder: Ihre Tochter kann sich öffnen für Franziskas Unterstützung und gibt ihr von sich aus die Enkelin öfters zum Hüten – diese Zeit nützt sie jeweils für sich selbst. Und siehe da, es beginnt ein ehrlicher Austausch mit ihrem Mann, und sie fanden wieder zueinander.

Wenn eine Person in der Generationslinie einen Knoten löst, hat es immer eine Auswirkung in beide Richtungen der Linie – auf die Generationen nach vorne und nach hinten. Besonders wenn es in der Beziehung zwischen den Eltern schwierig wird, ist der Blick auf das Kind wichtig. Es verkörpert, dass etwas Gutes aus dieser Verbindung entstanden ist. Die Großeltern auf beiden Seiten könnten auch im Falle einer Trennung der Eltern die Verbindung halten, anstatt sich zu identifizieren mit dem oft polarisierenden Kampf im Scheidungsgefecht.

Trennung, Patchwork-Familien und Kindeswohl

Die steigenden Scheidungsraten zeigen eine andere Realität als das *Sexual Grounding®* Modell. Immer mehr Paare trennen sich, und die Leidtragenden sind oft die Kinder. Bilden sich neue Konstellationen entstehen Patchworkgeflechte, die häufig sehr komplex sind. Wenn Kinder aus verschiedenen Beziehungen entstehen, erhöht sich die Herausforderung, die dazugehörigen Eltern- und Großelternbeziehungen zu pflegen. Ich möchte hier zuerst im Speziellen auf die zugrundeliegende Dynamik von Dreiecksbeziehungen eingehen. Viele Paare sind im Verlauf ihrer Beziehung mit einer Außenbeziehung konfrontiert, und nicht selten bedeutet es den Beginn einer Trennung oder aber auch eine Vertiefung der Beziehung durch eine fruchtbare Auseinandersetzung.

Außenbeziehung – ein ungelöster ödipaler Konflikt?

In die Beratungspraxis kommen Paare meist an dem Punkt, an dem der Partner herausfindet, dass eine Außenbeziehung am Laufen ist, oder wenn diese schon beendet ist und die Nachwirkung der Verletzung immer noch zwischen den beiden Partnern steht. Manchmal kommen Paare auch ganz zu Beginn des Verliebens, noch bevor sie es ausleben (was ein wunderbarer Moment ist, damit zu arbeiten), – aber sicher nie in der Phase, während eine Außenbeziehung heimlich läuft.

Oft präsentieren Paare diese Dynamik dann aus den polarisierten Rollen von Opfer und Täter – aus meiner Perspektive sehe ich jedoch häufig eine 50/50-Situation in der Beteiligung beider Partner. So stelle ich zu Beginn häufig die Frage an den verlassenen Partner, der sich meist als Opfer fühlt: „Auf welche Weise haben Sie eventuell vor der Außenbeziehung schon die Beziehung verlassen?" Es geht dabei nicht um die Schuldfrage, sondern um Verantwortungsübernahme aus beiden Positionen. Meist wird deutlich, dass es einen Reifeschritt in der Beziehung braucht. Nicht selten beginnt durch diesen Auslöser eine ehrliche und offene Auseinandersetzung, wie sie davor kaum möglich war.

So stellt sich die Kernfrage: „Was braucht die Beziehung, damit beide daran wachsen können?“ Es ist oft sehr erkenntnisreich, die gegenwärtige Konstellation der Dreiecksbeziehung auf das ursprüngliche ödipale Dreieck abzubilden. Ich gehe hier vor allem auf die Sichtweise aus der *Sexual Grounding®-Therapy*-Perspektive ein. Wie schon beschrieben. erhöht sich die projektive Ebene der Elternbeziehung auf die Partnerin/den Partner mitzunehmender Verbindlichkeit in der Beziehung. Das heißt, wir erleben mit unseren PartnerInnen zunehmend die kontrollierenden, einschränkenden, schwierigen und verletzenden Seiten, die wir auch von früher aus der ursprünglichen Elterndynamik her kennen.

In der Anfangsphase, vor allem wenn die Außenbeziehung geheim gehalten wird, geschieht oftmals eine Aufspaltung der projektiven Ebene auf die Ehefrau und die Geliebte. Dazu ein Beispiel einer häufigen Dynamik, die man genauso in umgekehrte Rollen übertragen kann:

> Kevin und Ruth sind seit 17 Jahren verheiratet und haben drei Kinder im Alter von 9, 11 und 14 Jahren. In ihrer gemeinsamen Elternschaft funktionieren sie über die Jahre ergänzend zusammen, und das Familienleben hat für beide einen hohen Stellenwert. Leider haben sie ihre sexuelle Paarbeziehung vernachlässigt, was zunehmend zu einer unterschwelligen Frustration führte. Ruth hat sich aus dem sexuellen Kontakt zurückgezogen, und Kevin erlebt sie oft als „Aufträge erteilende Befehlshaberin“, der er nie zu ihrer vollen Zufriedenheit gerecht werden kann. In einer beruflichen Weiterbildung lernt er die attraktive Laura kennen, und schon am ersten Abend in der Bar funkt es total zwischen ihnen. Sie flirten nach allen Regeln der Kunst, und die Anziehung ist so stark, dass sie schon am zweiten Abend in eine leidenschaftliche Liebesnacht mündet. Kevin hat sich schon lange nicht mehr so lebendig

und frei gefühlt, und auch die offensichtliche Bestätigung seiner Männlichkeit wirkt wie Seelenbalsam. Fast hatte er schon vergessen, wie geil guter Sex sein kann. Für ihn ist klar, dass dieses intensive Abenteuer erst mal sein Geheimnis bleibt. Laura umwirbt ihn auch nach dem Seminar erfolgreich, und obwohl er es anfänglich dabei belassen wollte, suchen sie sich heimliche Oasen für ihre sexuellen Begegnungen. Kevin findet, sogar Ruth profitiere davon, da er mit diesem Energieschub viel weniger Widerstand gegen ihre Erledigungslisten spürt und ihre Wünsche schneller erledigen kann.

Das entspricht fast schon einem Klischeebild (und seit der Emanzipationsbewegung gibt es dieses zunehmend auch in umgekehrten Rollen): Der Mann hat eine heimliche Geliebte – mit ihr fühlt er sich beflügelt und frei. Sie nimmt ihn, so wie er ist, und geht auf ihn ein. Wenn sie viel jünger ist, bewundert sie ihn wahrscheinlich auch. Die Sexualität mit ihr ist intensiv und leidenschaftlich. Von seiner Ehefrau, der er es in seinem Empfinden nie recht machen kann, fühlt er sich zunehmend kontrolliert, oder er sieht sie vor allem als Mutter der gemeinsamen Kinder. Die Sexualität ist eingeschlafen in ihrer Beziehung.

Auf die ödipale Situation vereinfacht übertragen trägt die Ehefrau die negative Projektion seiner realen Mutter – die Geliebte hingegen hat viele Züge einer idealen Mutter, die ihm damals gefehlt hat. Mit ihr kann er so sein, wie er ist, und fühlt sich ganz angenommen. Diese Sichtweise würde sich höchstwahrscheinlich ändern, sobald er die Geliebte heiratet und den Alltag mit ihr verbringen würde – was ja meist nicht geschieht.

Die Geliebte könnte sich aus ihrer Position fragen: „Warum verliebe ich mich in gebundene Männer, die nicht wirklich frei sind für mich?" Wiederholt sich auch hier eine Dynamik ihrer Ursprungssituation, in der sie zum Beispiel als Vatertochter eventuell zu viel Aufmerksamkeit von ihm erhalten hat und die Mutter ihren Platz als Frau an der Seite ihres Mannes nicht wirklich eingenommen hat? In der heimlichen Beziehung zum verheirateten Ehemann bekommt sie zwar die bestätigende Botschaft, seine Traumfrau zu sein, aber letztendlich trennt er sich trotzdem nicht von seiner Familie. Damit wiederholt sich ihre Erfahrung von damals, dass sie den Vater letztendlich nicht für sich haben kann und darin allein bleibt.

Die Ehefrau spielt ebenfalls ihren Part im Dreieck. Wie weit investiert sie in ihren Selbstwert und ihre Würde? Wie weit nimmt sie den Platz als Frau an der Seite ihres Mannes ein? Oder hat sie sich vorher schon zurückgezogen aus der gemeinsamen Sexualität?

Gina lebte zehn Jahre in einer platonischen freundschaftlichen Beziehung mit Dominik zusammen. Mit ihm teilte sie die Begeisterung für Musik, für Kunst und eine schöne Wohnung, aber keine körperliche Sexualität. Eine leidenschaftliche Affäre, in der sie die heimliche Geliebte ist, lässt sie spüren, dass sie nicht auf die körperliche Liebe verzichten will in ihrem Leben, und sie trennt sich von Dominik. Zum ersten Mal lebt sie eine romantische und leidenschaftliche Sexualität in einer Intensität, die sie nur in ihren kühnsten Träumen herbeisehnte. Der heimliche Geliebte ist ihr Kunstlehrer, verheiratet, Vater von zwei Kindern, und seine Frau weiß von nichts. Die Genugtuung, dass er mit Gina die beste Sexualität seines Lebens hat, wird immer wieder durch feine Stiche in ihr Herz gestört, da sie ihre Liebe in keiner Weise öffentlich ausdrücken kann. Nur er bestimmt, wann sie sich treffen, und für ihn ist auch klar, dass er seine Frau nicht verlassen wird. So magisch ihre heimlichen Liebesnächte auch sind, erlebt sie immer deutlicher eine schmerzliche innere Trennung zwischen Sex und Herz. In der langen Beziehung zu Dominik überwog die Herzebene, und nun lebt sie eine intensive Sexualität (obwohl sie auch tiefe Gespräche führen), aber beides ist nicht vereinbar. Als wir diese Dreieckskonstellation auf ihre Beziehung zu den Eltern übertragen, wird deutlich, dass sie auch dort als Mädchen schon früh das Gefühl hatte, sie sei die bessere Frau als ihre Mutter. Ihre Eltern lebten Sexualität wohl nur einmal zu ihrer Zeugung, und auch das ist für sie fast nicht vorstellbar. Ihren Vater hat Gina als attraktiven Mann in Erinnerung und für sie war es ein Rätsel, wie er seine männliche Energie regulieren konnte, da ihre Mutter nicht offen war dafür. Als sie sich ihre Eltern im therapeutischen Setting in einer leidenschaftlichen Liebesbegegnung vorstellt, steigt Trauer auf über den Verlust ihrer besonderen Position mit ihrem Vater. In der Folge spürt sie einen feinen inneren Strom zwischen ihrer Vagina und ihrem Herzen und sagt: „Jetzt kann ich gehen und fühle mich frei für eine Beziehung."

Dies sind nur zwei mögliche Varianten, wie die ursprüngliche ödipale Konstellation im Falle von Außenbeziehungen wirken kann. Generell kann man sich aus allen drei Positionen die Frage stellen: „Was wiederholt sich aus dem eigenen Ursprungsdreieck (Vater-Mutter-Kind) in der aktuellen Dynamik? Welche Aspekte erfüllt der/die Geliebte, die zum Beispiel mein Vater/meine Mutter damals nicht geben konnte?" Häufig verändert sich, wenn man sich mit diesen vermissten und ersehnten Qualitäten innerlich verbindet und sie zurückverknüpft mit dem Ursprung im ödipalen Dreieck, die äußere Anziehung. Besonders wenn Kinder beteiligt sind, lohnt es sich doppelt, diese inneren Dynamiken zu erforschen.

Wird die Außenbeziehung aufgedeckt, kommt der Konflikt meist belebend in die Beziehung. Nicht selten hatte der/die Geliebte eine Katalysatorfunktion für die etwas eingeschlafene Partnerschaft. Beide werden wachgerüttelt, und die Ehe vertieft sich durch die Auseinandersetzung damit – oder es führt zur Trennung. Der verletzende Aspekt ist in der Aufarbeitung immer ein wichtiger Faktor. Wird der/die Betrogene angelogen (obwohl sie/er spürt, dass etwas läuft), wirkt der Vertrauensbruch meist doppelt, da man sich um die eigene Wahrnehmung betrogen fühlt. Manchmal hilft es, einen bewussten Verletzungsausgleich zu finden. Der Partner, der im Gesamtgeschehen mehr verletzt wurde, hat einen Wunsch frei – sich etwas zu wünschen (in einem begrenzten Zeitraum), das einen Ausgleich zur Verletzung herstellt. Das hört sich einfach an, ist aber ein komplexer Prozess, der häufig eine Begleitung braucht.

Manchmal verlieben sich Partner, obwohl in der bestehenden Ehe alles bestens läuft und es eigentlich keinen Grund gibt wegzugehen. Dann sind die Hintergründe dafür meist subtiler. Meiner Erfahrung nach sind Dreiecksbeziehungen meist nicht dauerhaft, außer sie unterstützen das bestehende System aus allen Positionen. Es lohnt sich, die Chance für einen Lernprozess aller Beteiligten zu nutzen.

Selten kommen Paare auch mit dem Wunsch, sich beim „Öffnen ihrer Beziehung" begleiten zu lassen. Meine Fragen dazu sind dann: Ist es ein beidseitiger Wunsch oder möchte vor allem eine Person die Beziehung öffnen? Wie weit ist dieser Wunsch von einer Ideologie dahinter geprägt? Das kann zum Beispiel sein durch die Zugehörigkeit zu einer Gruppe oder eine Leitfigur, die ein polyamores Beziehungsmodell als erstrebenswert darstellt. Je mehr dieser Impuls von außen beeinflusst wird, umso häufiger werden eigene Grenzen dabei übergangen und Verletzungen häufen sich. Der Balanceakt besteht dann darin, sich selbst treu zu bleiben und gleichzeitig den wahrhaftigen Beziehungskontakt zu allen beteiligten Personen aufrechtzuerhalten. Dies gelingt am ehesten, wenn die Beziehungsgestaltung organisch wächst und nicht von außen indoktriniert wird.[29]

Trennung – Scheitern oder Gelingen

Für eine Beziehung braucht es zwei – eine Trennung kann hingegen auch eine Person herbeiführen. Hier zeigt sich die Macht des Neins; zum Beispiel in einer Beziehung mit unterschiedlichem sexuellen Begehren bestimmt meist die Person mit dem größeren Nein, wie häufig Sexualität stattfindet. Ebenfalls entscheidet die Person, die sich aus der Beziehung verabschiedet, über das Ende. Meist sind allerdings die Beweggründe viel-

29. Weiterführende Literatur zu Dreiecksbeziehungen gibt es u. a. von Hans Jellouschek (z. B. Im Irrgarten der Liebe, Kreuz Verlag 2005) und Ulrich Clement (z. B. Wenn Liebe fremdgeht, Ullstein 2010).

schichtig und auf beide Seiten verteilt. Besonders wenn sich die Kernfamilie durch eine Scheidung auflöst, ist dies häufig mit Schmerz, Scham und Versagensgefühlen verbunden. Damit sterben vielleicht auch das Ideal der romantischen Liebe und die Vision des gemeinsamen Familienprojekts.

Trennungsgründe gibt es verschiedene: destruktive Machkämpfe mit zunehmenden Verletzungen, verschwindende Sexualität oder sehr unterschiedliche Bedürfnisse, Außenbeziehungen, zu hoher Stress und eine Vernachlässigung der Paarbeziehung usw. Wenn keine gemeinsamen Kinder entstanden sind, kann eine Beziehung entflochten werden, ohne dass etwas bleibt außer Erinnerung und Lernerfahrung. Sobald gemeinsame Kinder da sind, bleibt eine Verbindung zum Partner bis über den Tod hinaus bestehen. Die schwierigste Phase für alle Beteiligten ist meist die Zeit vor der effektiven Trennung. Hier häufen sich die Verletzungen, unlösbaren Konflikte und kaum auszuhaltenden Stimmungsschwankungen. Besonders wenn Konflikte über die Kinder ausgetragen werden, leiden diese sehr darunter. Manchmal bringen Eltern sogar das Argument, dass die Trennung von den Kindern gewünscht sei. Kürzlich sagte eine Klientin zu mir: „Meine Tochter sagte mir auch schon öfter: ‚Warum trennt ihr euch nicht endlich?‘“

Kinder wollen grundsätzlich immer das Beste fur ihre Eltern. Wenn sie erleben, dass ihre Eltern in destruktiven Umgangsformen verstrickt sind, wünschen sie sich natürlich, das möge aufhören. Wenn sie für sich selbst wünschen könnten, wäre der Wunsch, dass die Eltern einen konstruktiven Weg finden könnten, in der Beziehung zu bleiben und sich darin lebendig zu entfalten. Ich vertrete hier oft die Position der Kinder und appelliere an Paare, sobald sie gemeinsame Kinder haben, die Entscheidung zur Trennung drei Mal mehr zu hinterfragen. Außerdem ist es wünschenswert, die Kinder aus dem Spannungsfeld zu nehmen und sich allenfalls individuell oder als Paar professionelle Hilfe zu holen. Hier kann es sich lohnen, sich den Krisen zu stellen und die anstehenden Themen aufzuarbeiten.

Überwiegen jedoch destruktive Muster und Verletzungen oder ist die individuelle Entwicklung zu verschieden, kann es für alle Beteiligten gesünder sein, sich zu trennen oder eine Scheidung einzuleiten.

Auch eine Trennung erfordert Beziehungsarbeit und sollte mit demselben Respekt behandelt werden wie eine beginnende Verbindung. Was braucht es, damit beide sich auf Augenhöhe verabschieden können und in Würde ihren Weg weitergehen können? Es liegt in der Verantwortung der Eltern, die Beziehung so gut aufzuarbeiten, dass beide weiterhin die gemeinsame Elternrolle gut gestalten können.

Wichtige Elemente für eine gute Trennung:

- Die gegenseitige Wertschätzung beider Partner und das Anerkennen dessen, was in ihrer Beziehung gut und schön war. Dabei hilft es, sich an die Anfangsanziehung zu erinnern.
- Das Schwierige und Verletzende benennen und darin vom Partner gehört und, wenn möglich, auch anerkannt werden.
- Dass im Kind verbunden bleiben darf, was sich im Äußeren (Elternebene) trennt. Schön wäre es, wenn die Eltern dem Sohn/der Tochter vermitteln könnten: „Zu den besten Dingen meines Lebens gehört, dass ich dich damals mit deiner Mutter/deinem Vater gezeugt habe. Auch wenn wir uns auseinandergelebt haben: Du hast einen guten Vater/eine gute Mutter." Dies bedeutet, zu der Realität zu stehen, dass sie damals diese Wahl füreinander getroffen haben. Spürt das Kind darin auch die Wertschätzung für den Ex-Partner, dann kann es in seinem Sein entspannen. Eine Abwertung des Partners bedeutet auch immer eine Abwertung im Erleben für das Kind. Es macht automatisch die Schlussfolgerung: „Wenn mein Vater/meine Mutter nicht gut ist, dann ist auch ein Teil von mir nicht gut."
- Beide Partner nehmen eine erwachsene Position ein und übernehmen Verantwortung für die gemeinsamen Kinder, das heißt, sie tragen

dazu bei, den Elternjob gut zu machen. Dazu gehört auch die Fähigkeit zu differenzieren: Können die Eltern ihre allenfalls ungelöste Paardynamik hintenanstellen und sich vor allem bei wichtigen Ereignissen im Leben des Kindes (Schule, Berufswahl, Heirat, Geburt der Enkel usw.) auf das Wohl des Sohnes/der Tochter fokussieren? Jeder ist dabei für seinen „Beziehungsrucksack" selbst verantwortlich.

Joana erzählt nach ihrer Hochzeit mit einem strahlenden Lächeln folgende Geschichte. „Wir hatten ein wunderbares Hochzeitsfest, aber fast das Schönste war für mich, meine beiden Eltern ganz entspannt zusammen zu sehen. Sie haben sich vor 15 Jahren getrennt, als ich in der Pubertät war, und die Stimmung war auch danach oft angespannt, sodass ich gemeinsame Anlässe immer fürchtete. Auf meiner Hochzeit sah ich sie plötzlich zusammen ausgelassen tanzen und lachen. Ich konnte kaum glauben, was ich sah, und meine Augen flossen über von Tränen. Ich hätte nie gedacht, dass mich das nach so vielen Jahren noch so tief im innersten Kern berührt."

- Je geklärter die Beziehung zum Ex-Partner ist, umso höher ist das Startkapital für eine neue Beziehung. Eine unverarbeitete und damit meist noch emotional aufgeladene Beziehung zum Ex-Partner wirkt immer belastend auf die Kinder und auch auf jede neue Verbindung.
- Beide Parteien machen einen Lernprozess durch: Was nehmen wir mit als Lernerfahrung in eine nächste Beziehung?

Die Rolle der Eltern und Schwiegereltern

Wenn ein Paar sich trennt, spielt es eine nicht unbedeutende Rolle, ob die Eltern des Paares diese Trennung auch mitvollziehen und spaltend Partei ergreifen oder ob sie für die Enkel die Verbindung halten können. Gehen sie ebenfalls in die Polarisierung, wird die Kluft zwischen den Familiensystemen noch größer. Dies erhöht die Belastung für die Kinder, die ja in ihrem reinen Dasein die Verbindung von allen Personen dahinter (Eltern, Großeltern, …) verkörpern. In Aufstellungen können wir immer wieder beobachten. wie entspannend es für die Kinder ist, wenn die Großeltern einen guten Kontakt herstellen zu ihren jeweiligen Schwiegersöhnen oder -töchtern und dies trennen können vom eigenen Schmerz über die gescheiterte Beziehung ihrer Tochter oder ihres Sohnes.

Benjamin und Esther sind seit drei Jahren getrennt, und obwohl sie eine Regelung haben bezüglich der Betreuung ihrer drei Kinder, funktionieren ihre Abmachungen kaum. In seinem Erleben ändert Esther dauernd ihre Vereinbarungen oder stellt neue Bedingungen. Auch ist er in Alarmstellung und kampfbereit, sobald er ihre Telefonnummer auf seinem Display sieht. Esther wohnt seit der Trennung im selben Haus wie ihre Eltern. Ihre Mutter hat nach seinem Empfinden einen viel zu großen Einfluss auf Esther, und er kämpfte jahrelang gegen seine Schwiegermutter und ihre Einmischungen. Trotzdem hat ihn Esthers Mutter zu ihrem 75. Geburtstag eingeladen, da sie einen Sinn für Großfamilie hat. Er will zuerst nicht hingehen und realisiert seinen jahrelangen Widerstand gegen sie. Sein Therapeut fragt ihn, ob er ihr je gedankt habe für seine Frau und damit auch indirekt für seine Kinder. Zu seinem Erstaunen spürt er den Impuls, das nun umzusetzen, und an ihrem Geburtstagsfest dankt er ihr für ihre Tochter Esther und alles, was er mit ihr lernen durfte, inklusive der wunderbaren Kinder, die er mit ihr zusammen hat. Sie reagiert überrascht und umarmt ihn spontan. Das Eindrücklichste aber für Benjamin ist, dass seit diesem Tag die Abmachungen mit Esther viel einfacher und entspannter möglich sind.

Die Kunst des Patchworks

Bilden sich nach Trennungen neue Beziehungskonstellationen, erweitern sich die Beziehungsgeflechte und damit wird es auch anspruchsvoller, allen Beziehungen und Rollen gerecht zu werden. Es gibt neue Beziehungspartner und Exfrauen und Exmänner, die Mütter und Väter der eigenen Kinder sind, dazu neue Sozialmütter und -väter, Geschwister, Halbgeschwister und Sozialgeschwister. Wenn man gewisse Grundordnungen respektiert, kann sich auch ein Zugewinn an verschiedenen Qualitäten, Rollen und Beziehungsmodellen ergeben. Aus dem Wissen über Familienaufstellungen und Systemdynamiken sowie aus der *Sexual Grounding®*-Therapie sind folgende Grundrealitäten und Positionen zu beachten:

Die Hierarchie der Rangordnung respektieren

Es ist wichtig, das was vorher war, in der Position und Rangordnung zu respektieren und wertzuschätzen – zum Beispiel die Positionen der Ex-Partner und Eltern der Kinder. Wenn jemand einen Mann mit Kindern wählt, dann gibt es schon eine Exfrau und Mutter der Kinder, die in ihrer Position zu respektieren ist, und auch die Kinder haben in gewissen Situationen Vorrang vor der neuen Beziehung. Als neue Partnerin den Platz der Ex-Frau und Mutter der Kinder anzuerkennen, kann sich in der Haltung zu den Kindern so ausdrücken: „Eure Mutter ist die Beste für euch. Ich werde diesen Platz nie einnehmen. Ich liebe euren Vater als seine zweite Frau, und ihr könnt mich als zusätzliches weibliches Gegenüber nutzen. Wenn es um euch geht, trete ich einen Schritt zurück und überlasse das eurem Vater und eurer Mutter.“

Dasselbe gilt genauso in umgekehrten Rollen. Ist die Beziehung zu den Ex-Partnern noch schwierig verstrickt oder spannungsgeladen, zieht das immer wieder Energie aus der neuen Beziehung ab. Von daher lohnt es sich zu prüfen, wie abgerundet die alte Beziehung ist oder wie viel Energie und Aufmerksamkeit dort noch gebunden ist. In der sexuellen Liebesbeziehung ist die neue Frau/der neue Mann jetzt auf dem ersten Platz. Oft kämpfen neue Partner mit den schon vorhandenen Kindern um den Platz in der Beziehung zum Vater oder zur Mutter, nicht selten verlassen sie dabei die erwachsene Position und werden in diesem Konkurrenzkampf innerlich selbst zu Kindern. Hier hilft die Erkenntnis, dass diese unterschiedlichen Beziehungen (Eltern–Kind gegenüber Geliebte-Geliebter) einander nichts wegnehmen.

Es wird allerdings komplexer, je mehr Personen involviert sind und wenn dadurch real weniger Zeit für jede einzelne Person zur Verfügung ist. Werden Grundpositionen respektiert, kann es auch einen Zugewinn an neuen Beziehungen geben. Neben der realen Mutter kann die neue Partnerin des Vaters ein weiteres weibliches Rollenmodell sein, von der die Kinder lernen können.

Klarer Umgang mit Grenzen

Geht es im Zusammenleben um das Markieren der eigenen Grenzen gegenüber den Kindern der Partnerin, gelten die gleichen Grundregeln des Zusammenlebens für alle. Hier besteht kein Grund zur Zurücknahme im Sinne von: „Das sind ja nicht meine Kinder, ich habe keinen Erziehungsauftrag, also kann ich ihnen nicht sagen dass es mich stört, wenn sie nicht aufräumen oder dauernd laute Musik läuft." Eine falsche Rücksicht und Zurücknahme bewirkt wahrscheinlich von Seiten der Kinder eher noch weniger Respekt.

Renato und Marlene sind seit zwei Jahren ein Paar. Marlene hat zwei Jungs von 12 und 15 Jahren, die vorwiegend bei ihr leben. Den Vater ihrer Söhne hat sie nie verlässlich erlebt; das wurde auch nach der Trennung nicht besser, und immer noch gibt es Kämpfe ums Geld. Nach der Scheidung hatte sie vier Jahre lang genug von Beziehungen zu Männern. Als sie Renato kennenlernte, war sie tief berührt von seinem Umgang mit seiner sechsjährigen Tochter, die seit drei Jahren bei ihm lebte, da ihre Mutter nach der Trennung ins Ausland gezogen ist. Renato entspricht genau ihrer Vorstellung von einem guten Vater, und mit seiner fürsorglichen Art hat er sie schnell gewonnen.
Als sie schon nach einem Jahr zusammenziehen, kommt jedoch genau diese Art bei ihren Söhnen gar nicht gut an, und wo es geht, lassen sie ihn spüren, dass sie nicht auf ihn und seine Tochter gewartet haben und er in ihrem Revier nichts verloren hat. Sie behandeln ihn und seine Tochter wie Luft.
So wagt er auch kaum, ihnen Grenzen zu setzen, und fühlt sich permanent provoziert durch ihre laute Musik. Die erhoffte Erleichterung durch Renatos

Unterstützung stellt sich für Marlene nicht ein, und sie leidet zunehmend an einem Loyalitätskonflikt, der sich auch über ihre Gefühle zu Renato legt. In einer Aufstellung wird klar, dass die Söhne in ihrer Ablehnung loyal zu ihrem Vater sind und keinen besseren Vater wollen. Die Situation entspannt sich, als Marlene dem Vater ihrer Söhne danken kann für die wunderbaren gemeinsamen Söhne. Das setzt sie auch in der Realität um und schreibt ihrem Ex-Mann einen Brief in dem sie ihm für die beiden Söhne dankt und auch schöne Qualitäten aufzeigt wo sie ihm ähnlich sind. Obwohl von ihm keine Reaktion zurückkommt, entspannt sich der Kontakt zwischen ihren Söhnen und Renato. Dieser realisiert, dass er damit aufhören kann, es ihnen recht machen zu wollen, und setzt zunehmend seine Grenzen, wodurch sie ihn folglich respektvoller behandeln.

Der richtige Zeitpunkt, um Kinder mit neuen Beziehungen zu konfrontieren

Viele handeln aus Unwissenheit oder aus egoistischen Bedürfnissen, wenn sie ihre Kinder nach der Trennung mit laufend wechselnden Beziehungen konfrontieren und wie selbstverständlich annehmen, die Kinder könnten damit gut umgehen. Für die Kinder ist es das Beste, wenn sie erst involviert werden, sobald es um eine Beziehung mit Perspektive geht. Erst dann lohnt es sich, die neuen Partner näher kennenzulernen, da sie auch für das Leben der Kinder eine bleibende Bedeutung haben. Dies gilt auch, wenn die Kinder schon in der Pubertät sind und selbst wechselnde Partner mit nach Hause bringen. Ansonsten verwandelt sich das Elternhaus in eine Wohngemeinschaft von experimentierenden Jugendlichen und Eltern, die Ähnliches leben. Den Pubertierenden fehlen dadurch Eltern, die eine erwachsene Referenz für ihre Themen bilden.

Lässt sich ein getrennter Elternteil wieder auf eine neue Beziehung ein, sollte der Ex-Mann oder die Ex-Frau zuerst davon erfahren, bevor die gemeinsamen Kinder involviert werden. Ansonsten werden die Kinder zu Geheimnisträgern gegenüber ihrem anderen Elternteil, was belastend wirkt für ein Kind.

Conny (16) und Konrad (12) haben Doris, die neue Frau des Vaters, schon vor vier Monaten kennengelernt und schon mehrere gemeinsame Wochenenden zusammen erlebt. Ihre Mutter weiß jedoch immer noch nicht, dass er wieder eine neue Partnerin hat. Manchmal stellt sie den Kindern indirekte Fragen zu den gemeinsamen Wochenenden beim Vater, auf die sie ausweichende Antworten geben. Beide fühlen sich zunehmend unwohl und drängen den Vater mehrmals, es endlich ihrer Mutter zu sagen. Sein Argument, das sei jetzt sein Leben und er sei seiner Ex-Frau ein Jahr nach der Trennung keine Rechenschaft mehr schuldig, verbessert die Situation nicht. Eines Tages verspricht sich Conny und erzählt ihrer Mutter, die ihr neues Kleid bewundert, dass sie dieses tolle Kleid von Doris geschenkt bekommen habe. Damit ist die Stimmung des gemeinsamen Abends geplatzt. Die Kinder müssen den emotionalen Absturz ihrer Mutter auffangen und verfluchen innerlich ihren Vater dafür, der sie mit seiner „Nicht-Kommunikation" in diese schwierige Situation gebracht hat.

Es hat auch mit Respekt vor der Ex-Frau zu tun, diese Grundinformation zu geben, bevor die Kinder davon wissen, da es für sie dann leichter ist, mit dieser Realität umzugehen, als wenn sie den Eindruck hat: „Alle wissen es, nur ich nicht". Detailinformationen über die neue Beziehung (z. B. was sie alles zusammen machen, wie sich ihr Intimleben nun gestaltet) bleiben selbstverständlich im Schutzraum der neuen Beziehung.

Allen Beziehungen gerecht werden

Durch die Komplexität der Beziehungsstrukturen in Patchwork-Konstellationen gilt es, vielen Dimensionen gerecht zu werden, was natürlich die reale Zeit für alle Beziehungen einschränkt. Vor allem, wenn man auch die Herkunftsfamilien miteinbezieht, werden Weihnachten und Familienfeste zu komplexen organisatorischen Herausforderungen. Die Komplexität zeigt sich auch in den Geldmitteln, die für alle Beteiligten in der Folge weniger werden, da mehrere Personen am Geldfluss beteiligt werden.Es gibt offene Beziehungsmodelle, wo die Liebe auf mehrere Personen

„polyamor“ aufgeteilt wird und dies von Anfang an offen allen Beteiligten kommuniziert wird. Auch hier können die emotionalen Strukturen sehr anspruchsvoll sein, je mehr Personen involviert sind.

Für ein Lernen im Umgang mit komplexen Patchwork-Situationen eignet sich das methodische Element der Aufstellungsarbeit. In unserer prozessorientierten Herangehensweise wird die Lösung nicht von außen implementiert, sondern sie entwickelt sich aus dem Feedback und Einbeziehen aller Positionen ins System. StellvertreterInnen übernehmen verschiedene Rollen im Familiensystem und können ohne viel Vorinformation zutreffende Beziehungsdynamiken fühlen und beschreiben. Auch für sie findet ein Lernprozess statt, der übertragbar ist in das eigene Beziehungsverhalten.

Sexual Grounding® geht an diese Aufstellungsarbeit je nach Reifestufe unterschiedlich heran und fördert das erwachsene, selbstregulierte und verantwortungsvolle Handeln darin. Auch ein Bewusstsein für den Umgang mit unterschiedlichen Rollen und Positionen wird gefördert. Das Wohl der Kinder steht dabei, wie bereits erwähnt, im Zentrum der Aufmerksamkeit. Die Grundbedürfnisse nach Sicherheit und Orientierung im Dschungel der Beziehungsgeflechte spielt dabei für alle Beteiligten eine große Rolle. Wir erhalten viel positives Feedback dazu, dass Teilnehmende in unseren Seminaren belastende Beziehungen klären konnten und ein Lösen aus alten Verstrickungen möglich wurde.

Regenbogenfamilien

Betrachten wir die Beziehungsstrukturen von gleichgeschlechtlichen verbindlichen Partnerschaften, gibt es in den Beziehungsdynamiken keinen großen Unterschied zu heterosexuellen Paaren. Gesellschaftlich ist jedoch das Outing für viele schwule Männer und lesbische Frauen immer noch eine Hürde, die manchmal mit schwierigen Reaktionen der Eltern verbunden ist. Erst wenn es um die Familiengründung geht, spielt es eine Rolle, dass die gemeinsame biologische Reproduktion nicht möglich ist. Wenn gleichgeschlechtliche Paare eine Familie gründen mit dem Wunsch, dass zumindest die Hälfte des Erbgutes von einem der beiden stammt, braucht es entweder einen Samenspender oder eine Leihmutter vom anderen Geschlecht.

Sexual Grounding® hat hier eine phänomenologische Sichtweise, betrachtet die Realität, die sich zeigt, und beleuchtet alle Perspektiven. Die Kinder haben ein Bedürfnis danach und ein Recht darauf, etwas über ihren Ursprung zu erfahren, und häufig geschieht eine tiefe Entspannung in ihrer Identität, wenn sie die Möglichkeit haben, den biologischen Vater bzw. die biologische Mutter kennenzulernen.

Die Beziehungsqualität des Elternpaares und die Fähigkeit, auf Kinder in ihrer Entwicklung adäquat einzugehen, sind entscheidend dafür, ob es einen guter Boden gibt für Kinder, um sich in ihrem Potenzial zu entfalten. Dies können homosexuelle Paare genauso wie heterosexuelle Paare bieten.

Roswitha und Linda sind schon fünf Jahre zusammen und wünschen sich ein Kind. Nachdem Roswitha immer noch eine gute Beziehung zu ihrem Ex-Freund Till pflegt, fragen sie ihn, ob er der biologische Vater sein möchte für ihr Kind. Nachdem er mittlerweile zu beiden Frauen eine gute Beziehung hat, stimmt er zu und bietet auch eine väterliche Rolle im Hintergrund an. So gibt er seinen Samen, und Roswitha trägt die Schwangerschaft aus und ist somit auch die biologische Mutter. Die kleine Naomi wird geboren und wächst vor allem mit den beiden Frauen auf, die sich die Betreuung teilen. Schon mit zwei Jahren weiß sie, dass Till der Vater ist. Auch er ist peripher eingebunden in ihre Betreuung und übernimmt sie gerne, wenn beide Frauen nicht können.
Linda ist sich bewusst, dass sie nicht die biologische Mutter ist, vor allem wenn sie physische Ähnlichkeiten mit Roswitha und Till entdeckt.
In verletzlichen Momenten erlebt sie es auch als Ungleichgewicht und

fantasiert darüber, was wohl wäre, wenn ihre Beziehung irgendwann auseinanderginge. In ihr wächst der Wunsch, auch ein Kind zu gebären, und sie fragen Till nochmals, ob er auch ein zweites Mal bereit wäre, damit die Geschwister den gleichen biologischen Vater haben und auch weil ihr Regenbogenprojekt bis jetzt wunderbar läuft. Als Naomi dreieinhalb Jahre alt ist, wird ihr Bruder Aron geboren, und mit ihm kommt nochmals eine neue Balance in ihr Gefüge.

In diesem Beispiel gibt es eine biologische Mutter, eine Rollenmutter und einen bekannten biologischen Vater, der auch die Vaterrolle im Hintergrund einnimmt. Zwischen allen Beteiligten läuft es auf der Beziehungsebene gut, was wesentlich zum Gelingen des Regenbogenfamilienprojekts beiträgt.

Für Kinder, die entweder mit zwei Frauen oder zwei Männern aufwachsen, ist es unterstützend, wenn die beiden Mütter oder Väter eine gute innere und äußere Beziehung zum anderen Geschlecht haben. Dies beginnt schon bei der inneren Verbindung und Haltung zum Samenspender oder zur Leihmutter bzw. Eizellenspenderin. Für die Kinder ist es gut, wenn sie später im Leben in ihrem Identitätsfindungsprozess die Möglichkeit haben, auf ihren Wunsch hin auch ihre biologischen Eltern kennenzulernen.

Wenn diese in der Regenbogenfamilie von Anfang an eine wertschätzende Position erhalten – im Sinne des Dankes für das Ermöglichen des Familienprojekts –, ist das eine gute Grundhaltung. Eine weitere Unterstützung kann sich darin äußern, dass zwei Frauen ihrem Jungen eine Brücke zur Männerwelt bauen und zum Beispiel zwei Patenonkel als zusätzliche männliche Begleiter für ihn wählen. Dadurch erhält er auch eine äußere Spiegelung vom gleichen Geschlecht. Auch für eine Tochter wäre es gut, wenn es auf ihrem Weg männliche Gegenüber und Begleiter gibt. Dasselbe gilt genauso umgekehrt, wenn es ein Männerpaar ist.

Insgesamt ist es eine nicht zu verleugnende Tatsache, dass die grundsätzliche Identitätsfrage aus der Perspektive des Kindes immer komplexer wird, je mehr biologische und soziale Faktoren an seiner Entstehung beteiligt sind und je mehr davon im unbekannten Bereich liegen. Wieder berühren wir die am Anfang des Buches bereits thematisierte Frage der Machbarkeit und die zugrunde liegende Motivation von uns Menschen zu reproduzieren. Haben wir ein Recht auf Kinder und benützen diese dann als Objekte unserer Bedürfnisse – oder können wir auch Grenzen respektieren und uns in die Perspektive der Kinder versetzen, um sie auf ihrem Weg der Identitätssuche und einer balancierten Entwicklung ihrer geschlechtlichen Identität zu unterstützen?

Reifestufe 44 Jahre: Lebensmitte – jetzt oder nie

> In dem Augenblick, in dem man sich endgültig einer Aufgabe verschreibt,
> bewegt sich die Vorsehung auch. Alle möglichen Dinge, die sonst nie
> geschehen wären, geschehen, um einem zu helfen.
> Ein ganzer Strom von Ereignissen wird freigesetzt durch diese
> Entscheidung, und sie sorgt zu den eigenen Gunsten für zahlreiche
> unvorhergesehene Zufälle, Begegnungen und materielle Hilfen,
> die sich kein Mensch vorher je erträumt haben könnte.
> Was immer Du kannst und Dir vorstellst, dass Du es kannst,
> beginne es. Kühnheit trägt Genius, Macht und Magie. Beginne jetzt!
>
> Johann Wolfgang von Goethe

Es gibt einen Moment im Leben, in dem wir in einer inneren Rechnung unser Lebensalter verdoppeln und realisieren: Dieses hohe Alter werden wir wohl nicht mehr erreichen. Spätestens dann schlagen wir den inneren Bogen bis zum Lebensende, und nicht wenige Menschen erleben sogar eine Midlife-Crisis. Studien zur Lebenszufriedenheit zeigen auf der Skala ihren Tiefpunkt in der Lebensmitte. Beruflich basteln wir an der Karriere, das Beziehungsgeflecht, in dem wir leben, ist vielschichtig, und Stress steht bei vielen auf der Tagesordnung. Vieles wird hinterfragt und Kernfragen bezüglich Arbeit, Beziehung, Lebensentwurf tauchen auf: „Lebe ich wirklich mein Leben, meine Berufung, eine erfüllte sexuelle Liebesbeziehung?" Systemisch stehen wir in der Mitte der Generationenlinie. Meist leben die Eltern dahinter noch, und die Kinder gehen mehr und mehr ins Leben raus. Gibt es keine eigenen Kinder, ist das Abschließen der Kinderfrage ein wichtiges Thema in dieser Lebensphase. Die Menopause markiert ein deutliches Ende der physischen Fruchtbarkeit für die Frauen.

Eine begleitende Herausforderung in der Lebensmitte ist, eine neue Balance zu finden. Die Weichen dafür, wie wir später altern, werden oft schon in der Lebensmitte gestellt.

Nicht mehr jung, noch nicht alt

Von einer Ausstellung über die Lebensmitte ist mir folgender Spruch geblieben: „Mit 40 beginnt das Altsein der Jungen – mit 50 beginnt das Jungsein der Alten“

Sexual Grounding® lädt dazu ein, dass wir uns genau so viel, wie wir uns innerlich mit der Vergangenheit beschäftigen, auch die Zukunftsperspektive mit in unser Hier und Jetzt einbeziehen sollen. Treffen wir wichtige Lebensentscheidungen, so lohnt es sich dafür, die Perspektive vom Sterbebett aus einzunehmen. Am Ende des Lebens wird deutlich, was wirklich wichtig ist. Wir können uns folgende Frage dazu stellen: „Was lässt mich am Ende erfüllter sterben – wenn ich jetzt so oder anders entscheide?“

Spalten wir uns nicht davon ab, dass unser Leben endlich ist und wir alle sterben werden, können wir das Leben jetzt noch intensiver und bewusster gestalten. Das unterstützt uns vor allem darin, Prioritäten zu setzen und Dinge zu verabschieden, die nicht mehr von Bedeutung sind. Damit verbunden ist auch die Frage nach dem Sinn des Lebens und der eigenen Lebensaufgabe. „Jetzt oder nie“ – dieser Leitspruch kann uns helfen, wichtige Projekte anzugehen oder Träume zu verwirklichen, wie zum Beispiel nochmals eine berufliche Neuorientierung zu wagen. Nicht selten brechen Männer, und zunehmend auch Frauen, in der Lebensmitte aus der einschränkend erlebten Paarbeziehung aus und verlieben sich heftig. Wenn die Geliebte deutlich jünger ist, besteht die Hoffnung auf einen neuen Lebensfrühling als Lösung der Midlife-Crisis. Oder man entscheidet sich, lieber allein das eigene Leben zu leben, als zu viele Kompromisse einzugehen.

Balance von maskulin und feminin

Eine weitere Ausbalancierung betrifft die maskuline und feminine Seite in uns. Ab der Lebensmitte – nicht zuletzt durch die hormonelle Umstellung der Wechseljahre – werden die Frauen zunehmend maskuliner und die Männer femininer, was sich auch im körperlichen Ausdruck manifestiert. *Sexual Grounding*® erforscht in dieser Reifestufe, wie sich das Maskuline in der Frau und das Feminine im Mann äußert. Wir interessieren uns für das Weibliche und Männliche in uns selbst und im Partner. Die Balance von Männlich und Weiblich und die sexuelle Einstimmungsfähigkeit auf beide Qualitäten werden besonders attraktiv.

Wenn sich der Mann dem Femininen und die Frau dem Maskulinen öffnet, kann man im eigenen Partner neue Facetten entdecken und in ihm/ihr vielen Männern und Frauen begegnen. So wird klarer, dass das Spektrum der möglichen Partner im Außen sehr groß ist und dass deshalb die Entscheidung für einen Partner (und weniger die Auswahl des passenden Partners anhand von Bedingungen) hilft, sich auf die innere Vielfalt und Tiefe in einer sexuellen Verbindung einlassen zu können. Das bedingt aber auch, in einer langfristigen Beziehung immer wieder neu hinzusehen.

Aus der Perspektive des Lebensendes her, dem Bewerten, was wirklich wesentlich für uns ist, folgt oft auch, dass die sexuelle Attraktivität nicht mehr primär im Äußeren des Partners liegt, sondern tiefer – zum Beispiel in der Ausstrahlung und dem authentisch femininen oder maskulinen Verhalten. Sex-Appeal bedeutet so vor allem die Öffnung für die Weiblichkeit und Männlichkeit in sich selbst und im anderen. Diese Sichtweise stellt eindeutig einen Kontrapunkt zur Anti-Aging-Tendenz und der kosmetischen Schönheitschirurgie dar.

In der Beziehung geht es immer mehr darum, Projektionen zurückzunehmen und den Partner letztendlich so anzunehmen, wie er ist. *Sexual*

Grounding® Therapy spricht hier vom Harmonisieren der maskulinen und femininen Aspekte in uns und im Austausch mit dem Gegenüber.

Vergleichend dazu möchte ich C. G. Jungs Konzept der inneren Hochzeit von Animus und Anima erwähnen. „Frauen leben nach der Lebensmitte ihren Animus, Männer ihre Anima.“[30] Im Individuationsprozess der zweiten Lebenshälfte sieht Jung das Integrieren des Animus (des inneren Mannes in der Frau) und der Anima (der inneren Frau im Mann) als Reifeschritt der Persönlichkeit.

Unser Herz hat hier eine Balancefunktion. Körperlich liegt das Herz in der Mitte, und in der Sexualität wird dieser Aspekt immer wichtiger. Dazu ein Zitat von Christiane Northrup: „Ab 50+ sind nicht in erster Linie die Hormone, sondern das Herz die treibende Kraft für eine erfüllte Sexualität.“[31]

Das heißt, Paare erleben ihre Sexualität erfüllend, wenn sie in Verbindung zum Herzen stattfindet und nicht nur rein genitale Aufladung und Entladung ist. Männer können hier mehr und mehr entdecken, dass ihr Herz das Blut in die Schwellkörper ihres Liebesorgans pumpt und Erektion aus der Entspannung entsteht. Viagra setzt hier einen Gegenpol und reguliert von außen, sodass dieses Blut in den Schwellkörpern nicht mehr abfließt. Für viele Männer bedeutet es eine Entdeckung, dass sie ihre Erektion über den Atem auch selbst regulieren lernen können.

Hierzu ein Zitat von Gerald Hüther[32]: „Wer sich mit Pillen in einen Zustand versetzt, um eine bestimmte Leistung zu vollbringen, ist sehr stark außengesteuert. Man kann nur gesund und glücklich alt werden, wenn

30. C. G. Jung, Die Beziehungen zwischen dem Ich und dem Unbewussten, Rascher 1933

31. Dr. med. Northrup Christiane, Weisheit der Wechseljahre, Goldmann 2010.

32. Gerald Hüther 2010 im Interview mit dem Rheinischen Merkur über lebenslanges Lernen

man bei sich selbst ankommt. Spätestens im mittleren Lebensalter beginnt normalerweise eine Phase, in der man von der Außenorientierung mehr auf eine Ich-Bezogenheit wechselt."

Diese Ich-Bezogenheit unterscheidet sich jedoch von der Ich-Bezogenheit der Pubertät und ist die Ausgangsbasis für eine weitergebende und unterstützende Grundhaltung für die nächste Generation.

Anregung zur Lebensmitte

Gerade wenn die Zeit scheinbar am schnellsten vorbeieilt, lohnt es sich immer wieder innezuhalten. Noch besser wäre es, eine kurze Auszeit zu nehmen und sich mit den folgenden Fragen zu beschäftigen: „Bin ich zufrieden mit meinem Leben? Was habe ich bisher gelebt und erreicht in den Bereichen persönliche Verwirklichung, Wohnen, Beruf, Beziehungs- und Liebesleben, Familie, Kinder, soziales Netz, Umwelt, Spiritualität?

Bin ich erfüllt und zufrieden in meinem Intimleben und mit meiner Sexualität?" – Schreibe die wichtigsten Gedanken dazu in dein Tagebuch.

Dann nimm die Perspektive vom Sterbebett aus ein und frage dich: „Was möchte ich in diesen Bereichen noch in mein Leben bringen, um am Ende erfüllt sterben zu können?"

Aus der Sterbebettperspektive auf dein Leben zu blicken lässt deutlicher werden, was am Ende wirklich zählt, und hilft im Hier und Jetzt die Prioritäten danach auszurichten.

Wechseljahre – auf neue Weise fruchtbar

Jeder Übergang in eine neue Lebensphase erfordert es, loszulassen und sich von der zu Ende gegangenen Phase zu verabschieden, bevor man sich für das noch Unbekannte, Neue öffnen kann. Für Frauen nähert sich nun das körperliche Ende der physischen Fruchtbarkeit. In unseren Breitengraden erfolgt die Menopause (Datum der letzten Monatsblutung) im Durchschnitt mit 51 Jahren. Schon vorher beginnt die Verabschiedung des Kinderthemas – ein wichtiger Prozess, den jede Frau für sich allein und auch innerhalb der Beziehung klären muss.

Was wechselt bei Männern und Frauen?

Der Begriff „Andropause" für Männer stimmt hier nicht wirklich, da die Zeugungsfähigkeit der Männer nicht abrupt aufhört, sondern kontinuierlich abnimmt. Sie spüren diesen Zeitdruck weniger physisch, aber psychisch stellt sich auch für sie die Frage: „Wie alt bin ich, wenn mein Kind in der Pubertät sein wird – und habe ich dann immer noch die Kapazität, ein präsentes Gegenüber zu sein für die Begleitung der herausfordernden Jugendlichen." Als „Klimakterium virile" bezeichnet man diesen Übergang für Männer, die mit dem sinkenden Testosteronspiegel auch eine hormonelle Umstellung erleben.

Die Psychologieprofessorin Pasqualina Perrig-Chiello beschreibt die schwierige Position vieler Frauen in den Wechseljahren[33]. Sie befinden sich im Sandwich zwischen den pubertierenden Kindern und den alternden Eltern, die jeweils Aufmerksamkeit brauchen, denn nach wie vor sind es vorwiegend die Frauen, die sich in der Betreuung von Eltern und Schwiegereltern engagieren. Wenn die Kinder ausziehen, wird das Nest leer.

33. Pasqualina Perrig-Chiello, In der Lebensmitte, NZZ libro 2008

Forschungsstudien dazu zeigen auf, dass das „Empty-Nest-Syndrom“[34] zunehmend auch mehr Männer betrifft, die nach dem Auszug der Jugendlichen oft erst realisieren, was sie versäumt haben in der Begleitung ihrer Kinder. Gleichzeitig gibt es bei vielen Frauen ein vermehrtes Bedürfnis nach Eigenraum – „um sich selbst neu zu gebären“. Manche vollziehen an diesem Punkt einen radikalen Bruch von Mann und Kindern – besonders oft, wenn sie auf Kosten ihrer eigenen Bedürfnisse in erster Linie für ihre Kinder und die Familie gelebt haben.

In den Medien werden die Wechseljahre fast schon als Krankheit behandelt. Es gibt Hormone und Behandlungen gegen alle möglichen Wechseljahressymptome mit dem Ziel, möglichst wenig zu merken von diesem Übergang. Viele Frauen haben immer noch das Bild, von nun an gehe es bergab. Ihre Attraktivität schwindet, und sie werden von Männern nicht mehr wahrgenommen, wie in dem Film „Giulias Verschwinden“[35].

Es gibt jedoch auch naturnahe Kulturen, in denen Frauen nach den Wechseljahren einen Status von besonderem Wert für die Gemeinschaft genießen. Sie treten ein in den Rat der Weisen, der bei wichtigen Fragen im Dorf zu Rate gezogen wird. Es wird dort übermittelt, dass das Versiegen des Monatsblutes neue Kräfte auf neuen Ebenen freisetzt. Interessanterweise sind in diesen Traditionen Wechseljahrsbeschwerden nahezu unbekannt. Diese Sichtweise liegt auch meinem persönlichen Verständnis nahe, und ich möchte im folgenden Abschnitt einen anderen Blickwinkel auf diese wichtige Übergangsphase geben. Die Inspirationen habe ich durch eine längere erfahrungsorientierte Auseinandersetzung mit den Lehren der indianischen Tradition des Deer-Tribes erhalten. Ich beziehe mich dabei

34. Gefühle von Einsamkeit und Trauer bis hin zu Depression, wenn die Kinder aus dem elterlichen Haus ausziehen und das „Nest“ dann leer ist.

35. Eine Filmkomödie über das Älterwerden aus dem Jahr 2009, nach einem Drehbuch von Martin Suter, unter der Regie von Christoph Schaub

vorwiegend auf die Wechseljahre bei Frauen, die angesprochenen Themen können jedoch genauso auf Männer übertragen werden.

Wechseljahre aus dem Blickwinkel der schamanischen Tradition

Mit dem Übergang in die Wechseljahre betreten wir eine neue Ebene mit der Ausrichtung, unseren Platz und unsere Aufgabe im Kollektiv zu finden und andere Menschen in ihrer Bestimmung zu begleiten. Die Voraussetzung dafür ist eine Neugeburt aus sich selbst heraus. Unsere physische Reproduktionsfähigkeit geht zu Ende, was eine Auseinandersetzung mit dem Versöhnen und Verabschieden des Kinderthemas mit sich bringt.

Wenn wir Kinder gezeugt oder geboren haben, sind sie in unseren Wechseljahren meist schon Jugendliche, die wir langsam wieder in die Welt hinaus loslassen müssen. Haben wir keine Kinder zur Welt gebracht, geht es um die Verabschiedung und Versöhnung mit allem, was wir nicht geboren haben. Auch das Hadern damit und Selbstvorwürfe wie: „Hätte ich doch damals …" bringen keine Lösung. In diesem Übergang zeigt sich nochmals, was wir empfangen und wieder verloren haben, zum Beispiel durch Schwangerschaftsabbrüche, Fehlgeburten, aber auch berufliche Verluste oder Trennungen von wichtigen Menschen.

Nicht zuletzt will auch unser inneres Kind nochmals wahrgenommen werden und spült unverarbeitete Erinnerungen aus der Kindheit nochmals ins Bewusstsein. Je sorgfältiger wir uns diesem Prozess stellen und die Chance annehmen, alte Verletzungen und Beziehungsgeschichten abzuschließen, umso befreiter gehen wir daraus wie ein Phoenix aus der Asche hervor. Eine gute Portion Selbstmitgefühl und Selbstfürsorge sind wichtige Begleiter in dieser Phase.

So können wir auch die sogenannten Wechseljahressymptome unter einem anderen Blickwinkel als Chance für einen Reifeprozess betrachten.

Anstatt dagegen anzukämpfen, können wir Freundschaft schließen und ihre Botschaft hören und annehmen. Zu jedem Symptom gibt es eine inspirierende Sichtweise.

Hitzewallungen

> Eine Lehrerin steht vor einer Klasse und plötzlich wird ihr so heiß, dass sie am liebsten alles abziehen möchte. Hoffentlich bemerken die Schüler ihren roten Kopf nicht.

Das Bild des auflodernden Feuerelements illustriert solche Momente ganz gut. Jede Hitzewallung können wir aber auch begrüßen als Kraftausbruch, bei dem sich mehr Energie durch den Körper bewegt. Feuer reinigt, verbrennt Altes und transformiert, sodass unser Körper durchlässiger wird und alte Blockaden sich auflösen können. Es ist interessant zu beobachten, in welchen Situationen diese Feuerwelle durch unseren Körper schießt. Manchmal erhalten wir auch da erhellende Antworten. Wenn wir das Bild mitnehmen, dass gerade Transformation und Wandlung geschieht, ist es leichter, sich diesen Wellen hinzugeben und nicht dagegen anzukämpfen. Eine Kernfrage dabei ist: „Wohin möchte sich diese Energie in unserem Leben neu ausrichten?" Auf der alltagspraktischen Ebene empfehlen sich mehrere Schichten an Kleidung.

Nachtschweiß

> Mitten in der Nacht wacht Barbara plötzlich schweißgebadet auf. Ihr Pyjama klebt an ihrer Brust und sie deckt sich ab. Buchstäblich aus allen Poren strömt das Wasserelement.

Auch das sind Wallungen, die unseren Körper darin unterstützen, sich porentief zu reinigen. Solche Wachphasen bieten eine wunderbare Gelegenheit, um Traumfetzen und damit verbundene Gefühle aufzuschreiben. Am besten legst du ein Tagebuch und einen Stift neben dem Bett bereit und schreibst beim Aufwachen auf, was aus dem Unterbewussten in der

Nacht an die Oberfläche gespült wird: „Was möchte sich zeigen und ins Bewusstsein kommen? Was möchte gehört oder gesehen werden, das ich im Alltag verdränge?"

Trockenheit der Vagina

Wiebke beschreibt zunehmende Trockenheit in ihrer Vagina und damit einhergehende Schmerzen, vor allem bei Reibungssex. „Da vergeht mir jegliche Lust auf Sex; ich muss das jetzt nicht mehr haben." Die Botschaft ihrer Vagina an sie ist eindeutig: „Geh es langsamer an und gib mir mehr Zeit - wir können gemeinsam noch neue Qualitäten entdecken." Als sie das umsetzt in ihrer Beziehung und sie mit Slow Sex experimentieren, ist plötzlich die Trockenheit kein Thema mehr.

Unsere Sexualität verändert sich und verfeinert sich in den Wechseljahren. Neue Fragen stellen sich: „Was stimmt noch und was nicht mehr? Wie möchte ich Liebe machen?" Die Verbindung zwischen Sex und Herz und die Ausdehnung des Erlebens im ganzen Körper werden wichtiger. Es zählt vor allem Qualität und nicht Quantität. Dann ist die häufige Erfahrung, dass auch in unser Liebesorgan wieder mehr Lebendigkeit kommt. Auch Hormonyoga kann hier einen guten Beitrag leisten.

Depression

Mir ist der Satz einer schamanischen Lehrerin dazu in Erinnerung: „Die Göttin der Depression verlangt einen Abstieg in den Brunnen der Wahrheit. Sie zwingt uns zur Quelle der Tiefe, bis wir die Wurzel erkennen und nackt sind. Wagen wir diesen Abstieg, gibt sie immer ein Retourticket." Oft werden wir in dieser Wandlungsphase gezwungen, an alte Plätze der Kindheit zurückzukehren und verdrängte Schatten zu konfrontieren. Es ist ein guter Moment, um sich zum Beispiel therapeutische Unterstützung zu holen, da die Themen reif sind bearbeitet zu werden.

Wutausbrüche

Es funktioniert immer weniger, sich selbst zu übergehen und Kompromisse zu schließen. Für die Umwelt ist es manchmal unverständlich, warum Frauen plötzlich aus dem Nichts so heftig reagieren und alle anschreien. Hierzu eine Metapher: „Alle Teile von dir, die du auf dem Weg verkauft hast, sind gespeichert als gefrorene Wut." Ein Wutausbruch bringt diese Energie nach außen, und man „ballert" auf Personen und Umstände im Außen, die sich ändern müssen. Je mehr sich jemand über die Jahre zurückgenommen hat, umso größer kann der Rundumschlag sein. Manche verlassen sogar Mann und Kinder dafür. Letztendlich geht es darum, sich selbst neu zu gebären! Wenn wir früh genug beginnen, uns ernst und wichtig zu nehmen, und uns mit allem, was uns ausmacht, in unsere Beziehungen einzubringen, entstehen weniger Kollateralschäden. Diese befreite Energie können wir in der Folge auf unseren Platz im Kollektiv und auf unseren Beitrag für das Leben richten!

Hypersensibilität

In einer natürlichen Umgebung garantiert das Empfindsame das Überleben. Unser Körper regiert empfindsamer auf Störfelder der Umwelt, zum Beispiel auf ungesunde Lebensmittel, Elektrosmog usw. Plötzlich vertragen wir manche Lebensmittel, kosmetische Produkte oder die Mobilfunkstrahlung nicht mehr. Die Sensibilität der Frauen in der Menopause zeigt uns, wo Gift ist, was nicht mehr stimmt, sie sprechen die Stimme der Wahrheit. Im Umgang damit ist es wichtig, unseren Platz zu finden – einen Platz, der unsere Ausdehnung unterstützt.

Müdigkeit

Ruhezeiten und Rückzugsplätze werden wichtig, um den ureigenen Rhythmus im Einklang mit dem größeren Ganzen zu finden. Wir können folgende Fragen stellen: „Was macht mich müde in meinen Beziehungen, im Beruf? Was stimmt noch und was ist zu verabschieden?"

Hüterin des Todes

Es ist als Zeichen von Reife zu verstehen, wenn wir uns der Auseinandersetzung mit unserer Vergänglichkeit stellen und es wagen, dem Tod ins Auge zu schauen. Sterben geht immer einher mir Loslassen und Veränderung. Im Angesicht des Todes nehmen wir das Leben wieder bewusster als Geschenk wahr. „Wie leben wir? Unterstützen oder verhindern wir Veränderung? Wie sind wir präsent im Sterbebegleitungsprozess unserer Eltern oder von Freunden?“ Manchmal müssen wir auch nicht verwirklichte Träume begraben. „Wie können wir uns versöhnen mit dem, was wir nicht mehr leben werden?“ Oder eventuell geht es auch darum, Selbstbeschränkungen zu verabschieden, nochmals über uns selbst hinauszuwachsen und Verantwortung zu übernehmen für unseren Platz in der Gemeinschaft zum Wohle des größeren Ganzen.

Weisheit im Gegensatz zu Wissen

Den Platz der weisen Frau/des weisen Mannes einzunehmen bedeutet, vorhandenes Wissen mit dem Blick für das Ganze zu erweitern und es weiterzugeben an die nächste Generation. Was dient dem Kreis des Lebens am besten? Darin sind Minerale, Pflanzen, Tiere, Menschen und unser ganzer Lebensraum eingeschlossen. Wir entwickeln mit zunehmender Weisheit des Alters folgende Unterscheidungsfähigkeit: Wissen, was andere wissen und was sie nicht wissen, und ein Wissen darum, wie das, was im Unbewussten liegt, ins Bewusstsein und ins Wissen gebracht werden kann. Eine schamanische Lehrerin des Deer-Tribes drückt es so aus: „Der Rat der Weisen trifft Entscheidungen im Bewusstsein der Auswirkungen für die nächsten sieben Generationen.“ Weise Frauen und Männer wissen um die kurzen und langfristigen Auswirkungen von Ereignissen und beziehen diese in ihr Handeln mit ein.

Wechseljahre – auf neue Weise fruchtbar

Die Gebärmutter einer Frau ist ein leerer Raum, der neues Leben empfangen und wachsen lassen kann. Im übertragenen Sinne können wir uns auch mit diesem Schoßraum verbinden, wenn es darum geht, unsere Visionen im Leben zu manifestieren. Hier ein paar Anregungen zum guten Abschließen der fruchtbaren Phase, um anschließend eine neue Ausrichtung zu finden für den nächsten Lebensabschnitt. Dazu gehört, herauszufinden, was jetzt unsere sinnvolle Lebensaufgabe ist. Was geben wir weiter an die Gemeinschaft, an die nächste Generation?

Das Abschließen und Neuausrichten können wir in verschiedenen Lebensbereichen vollziehen:

- Körper, Gesundheit, Sexualität, Sinnlichkeit
- Intimität, Partnerschaft, Familie, Kinder
- materieller Besitz, Geld, Kleidung, Wohnung/Haus, Garten, Tiere
- Beruf, Berufung, Bildung, Aufgaben, Sinn
- kreativer Selbstausdruck, Freizeitgestaltung, Reisen, Kultur
- Persönlichkeitsentfaltung, Lernen, Weiterbildung
- Gemeinschaft, Freunde, Zugehörigkeit
- Spiritualität, Sinnfindung, Bewusstseinserweiterung

Beantworte zu allen Lebensbereichen folgende Fragen – du kannst die Antworten aus der körperlichen Verbindung mit deinem Gebärmutterraum entstehen lassen.

1. Anerkennen und wertschätzen:

In welchen Bereichen habe ich was genau während meines bisherigen Frauenleben geboren, gelebt, entwickelt, in die Welt gebracht, geteilt?

2. Loslassen und verabschieden:
Was gilt es zu betrauern, zu erkennen und zu verabschieden, was nicht geboren wurde und höchst wahrscheinlich auch nicht mehr auf die Welt gebracht werden kann?

3. Neuausrichtung, Vision:
In welchem Bereich will noch etwas geboren, ins Leben gebracht werden? Womit gehe ich vielleicht schon schwanger? Während der Wechseljahre und danach bieten sich reiche Möglichkeiten, um unseren Platz im Kollektiv und unsere Verantwortung im Leben neu anzunehmen und aktiv und bewusst am großen Ganzen mitzuwirken.

Fragen, die Ausrichtung und Quelle unserer Wirkkraft klären können, sind zum Beispiel:

- Was liegt mir wirklich am Herzen? Wofür brenne ich?
- Was macht Sinn für mich?
- Welche Impulse nehme ich wahr? Und in welche Richtung möchten sie sich bewegen?
- Spüre ich, wenn ich ... tue, eine gute innere und äußere Resonanz?
- Wozu inspiriert mich meine Intuition?
- Wem und was möchte ich meine Kraft, Liebe, Wissen und Kreativität zukommen lassen?
- Was sagt meine innere weise Frau/mein innerer weiser Mann?
- Worin unterstützen mich meine Ahninnen/Ahnen? Gibt es etwas, was ich gerne auch für sie vollende?
- Was hinterlasse ich gerne, wenn ich mich an meinem Lebensende von diesem Planeten verabschiede?

Ein optimaler Rahmen für diesen Übergang in den Wechseljahren wäre, eine Auszeit zu nehmen und damit ein Innehalten zu ermöglichen. Was möchte sich zeigen, wenn wir aus unserem Alltag aussteigen, in dem wir vorrangig funktionieren, und uns den Kernfragen des Lebens zuwenden. Hier bietet zum Beispiel das Ritual der Visionssuche (*Vision Quest*) in der Natur eine gute Möglichkeit, sich neu zu orientieren. Es sind dabei weniger äußere Reize nötig, sondern eher eine Hinwendung zu den inneren Welten. Der Aufenthalt in der Natur kann dafür eine wunderbare Projektionsfläche sein, um auf innere Lebensfragen eine Antwort zu erhalten.

Ich selbst habe anlässlich meiner Wechseljahre eine zweiwöchige Vision Quest[36] in der Sahara gemacht. Wir sind mit Kamelen in Begleitung von Tuaregs durch die Wüste gewandert und haben jede Nacht unter dem freien Sternenhimmel geschlafen. Vier Tage und vier Nächte davon war jede von uns allein für sich, nur mit Wasser und Feuerholz ausgestattet. Jede Person war mit zentralen Lebensthemen beschäftigt, und wir sind immer wieder mit inneren Fragen in die Natur gegangen. Alle erhielten aus diesem schweigenden Dialog mit der Wüstenlandschaft reichhaltige Antworten. Für mich war es ein tiefer Lernprozess, mit der Weisheit der Natur in Resonanz zu treten und dadurch mein inneres Körperwissen zu aktivieren. Das Einbeziehen der Naturumgebung in Lernprozesse ist für mich ein wichtiges Element geworden. In der Natur ist alles da – man muss es nur als Ressource zu nutzen wissen in einem Austausch von Nehmen und auch Zuruckgeben.

Fünf Jahre später (2016) begab ich mich nochmals auf eine Vision-Quest-Reise, dieses Mal in den Canyons des Indianerlandes in Colorado, und kehrte mit dem inneren Auftrag zurück, dieses Buch zu schreiben. Der Auslöser war ein Körpersymptom: Zwei Jahre davor hatte sich bei der gynäkologischen Untersuchung eine Zyste in meinem rechten Eierstock gezeigt.
Meine Gynäkologin erklärte mir, dass es wahrscheinlich ein Eibläschen ist, das in der Reifung steckengeblieben ist, sich dann mit Flüssigkeit füllt und zu

36. Vision Quest mit Sabina Wyss und Barbara Wittmann, www.seelenzentriert.ch

einer großen Blase wird. Das käme manchmal in den Wechseljahren vor.
In einem inneren Dialog mit dieser Zyste und der Frage: „Was ist in derReifung stecken geblieben und konnte nicht in die Welt kommen?" erhielt ich sofort die Antwort: „Dein Buch". Schon über zehn Jahre ging ich damit schwanger, und es gab alle möglichen Einwände und Ablenkungen, es nicht umzusetzen - die Kinder, die Arbeit, der Glaubenssatz „Du kannst nicht schreiben", die Idee, es gebe ohnehin schon zu viele Bücher und alles sei schon gesagt. Obwohl die Antwort klar war, hatte ich zu wenig Zeit und Energie, dem nachzugehen.
Ich beschloss aber, mir nochmals eine Auszeit in Form einer Visionssuche zu nehmen und dieser Frage nachzugehen: „Was soll durch mich noch in die Welt kommen, und geht es darum, die Buchidee zu verabschieden oder doch noch umzusetzen?" In meiner Solozeit hatte ich folgenden Traum: Ich erhalte ein Buch mit leeren Seiten und weiß am nächsten Morgen ganz klar: die muss ich füllen.

In diesem Sinne spüre ich eine große Dankbarkeit für diesen Prozess und dem Leben gegenüber, das mich immer wieder führt und mir in wichtigen Lebensfragen Antworten gibt.

Reifestufe 54 Jahre:
Abschied von den Eltern als sexueller Quelle

In einer so schnell sich verändernden Welt
kann nur bewahren,
wer zum Verändern bereit ist.
Wer sich nicht verändern will,
wird auch verlieren,
was er bewahren möchte.

Gustav Heinemann

In der Zeit um Mitte 50 realisieren wir, dass es erfüllend ist, der Welt ein Stück von uns selbst zu schenken, indem wir einen Beitrag leisten zum Gemeinwohl. Es geht immer weniger darum, zu bekommen oder etwas für sich zu nehmen. Wie im vorigen Kapitel schon erläutert, braucht es in der Sexualität im Übergang der Wechseljahre eine Neuausrichtung, und dieser Prozess setzt sich nun fort. Es wird immer deutlicher, was nicht mehr stimmig ist. Die Verfeinerung der Körperwahrnehmung lädt dazu ein, alle Sinne mehr einzubeziehen. Da hilft es, zu verlangsamen und sich mehr Zeit zu nehmen, um eine neue Intimität entstehen zu lassen. Es ist hilfreich, sich in der Beziehung erneut über Intimität und Sexualität auszutauschen: „Was ist noch stimmig und was wollen wir verändern oder loslassen? Wofür wollen wir uns in dieser Phase engagieren im Sinne eines gemeinsamen Dritten, das über die Beziehung hinauswächst?“ Diese Fragen berühren auch den tieferen Sinn des Lebens.

Obwohl es in dieser Lebensphase nicht mehr um das Zeugen eines physischen Kindes geht, empfehlen wir manchmal Paaren, sich im Liebesspiel zu öffnen für ein gemeinsames Kind. Das betrifft Paare, die sich nach den

Wechseljahren auf eine neue Beziehung einlassen und das Kinderthema als abgehakt betrachten. Dabei geht es um das Sich-Öffnen für die transformierende Dimension der Verbindung, die über das Paar hinausgeht. Das potenzielle Kind als gemeinsames Drittes kann zum Platzhalter für alle gemeinsamen Kreationen werden (die auch dem Gemeinwohl dienen). In der Beziehung kann dies eine Vertiefung im Aufeinander-Einlassen und gleichzeitig eine Ausdehnung in die Welt bewirken.

Oft sterben in dieser Phase die Eltern; plötzlich empfindet man das Sterblichsein viel tiefer, und damit auch das Sexuellsein. Die bewusste Auseinandersetzung mit dem Tod der Eltern oder auch von Freunden ermöglicht eine große Lern- und Wachstumschance im Leben. Leider haben wir gesellschaftlich den Tod immer mehr an den Rand gedrängt. Je mehr wir uns aber für die Realität des Todes in unserem Leben öffnen, umso intensiver beginnen wir, das Leben ganz zu nehmen.

Das letzte Lernen von den Eltern

> Für einen Vater, dessen Kind stirbt, stirbt die Zukunft.
> Für Kinder, deren Eltern sterben, stirbt die Vergangenheit.
> Berthold Auerbach

Nimmt das Leben einen natürlichen Verlauf, so geht es in dieser Lebensphase oft darum, unsere Eltern zu verabschieden. Wenn die Eltern sterben, wird die eigene Endlichkeit deutlicher bewusst – ich bin der/die Nächste. Die Eltern gehen meist auch im Sterben voraus. Sterben Kinder vor ihren Eltern, ist das immer besonders schwer zu verarbeiten, da die natürliche Reihenfolge in der Generationenlinie nicht eingehalten wird. Es fühlt sich im Innersten nicht richtig an, und wenn Eltern könnten, würden sie häufig ihr eigenes Leben geben, damit ihr Kind weiterleben kann. Für den erwachsenen Sohn/ die erwachsene Tochter kann es das letzte Lernen von den Eltern über das Sterben sein, und sei es, klar zu spüren: „So will ich nicht von dieser Welt gehen."

Die Begleitung von Sterbenden

Etwa 73 Prozent der Pflegebedürftigen in Deutschland werden zu Hause gepflegt, in der Schweiz sind es ca. 60 Prozent. Meist wird die Pflege von den Töchtern und Schwiegertöchtern übernommen. Die Herausforderung liegt darin, dass die Pflegenden die Eltern nicht zunehmend wie Kinder behandeln und sich dadurch über sie stellen. O-Ton einer 56-jährigen Frau: „Meine Mutter verhält sich mittlerweile wie ein Kind, unsere Rollen haben sich völlig umgekehrt. Ich sorge jetzt für sie. Ohne mich ist sie niemand." Besonders schwierig wird es, wenn diese Tochter sich schon in ihrer Kindheit für ihre Mutter verantwortlich fühlte und auf Kosten ihrer eigenen Kindheit zu früh erwachsen werden musste. Dann trifft sie nochmals auf alte Verletzungen und das Kernthema der frühen Beziehung wiederholt sich. Diese Frau trägt jedoch mit ihrer Haltung dazu bei, dass die Mutter innerlich regrediert und zum Kind wird. Wie können wir als Pflegende dazu beitragen, dass die Würde der Älteren gewahrt bleibt? Eine hilfreiche innere Haltung in der Sterbebegleitung der eigenen Eltern kann sein: „Du gehst mir im Sterben voraus. Ich lerne auch in diesem letzten Prozess deines Abschiednehmens als erwachsener Sohn/ erwachsene Tochter von dir." Es geht um die Würde in beiden Positionen.

Ich betrachte es als Geschenk in meinem Leben, dass ich als Kind hautnah miterleben durfte, wie meine Mutter ihre bettlägerige Schwiegermutter bis zu ihrem Tod in unserem Haus gepflegt hat.

> Als ich acht Jahre alt war, stand eines Tages Oma Rosa, die Mutter meines Vaters, vor unserer Eingangstür mit einem kleinen „Binkerl" (einem Stofftuch, in das sie ihre wenigen Habseligkeiten eingewickelt hatte). Sie bat meine Eltern um eine dauerhafte Bleibe, ansonsten würde sie weiterwandern bis

zum Altersheim im Nachbardorf. Meine Eltern nahmen sie mit offenen Armen auf, und als sie nach ihrem Schlaganfall komplett bettlägerig wurde, pflegte meine Mutter sie bis zu ihrem Tod. Als Kind konnte ich nicht genug kriegen von Oma Rosas Geschichten, die oft auch von außersinnlichen Erlebnissen handelten. Sie war sehr gläubig und konnte „wenden"; man holte sie, wenn zum Beispiel in einem Stall das Vieh erkrankte, und oft konnte sie mit Gebeten die Krankheiten tatsächlich abwenden. Nach einem Schlaganfall war sie die letzten drei Jahre ihres Lebens komplett ans Bett gefesselt. Sie konnte nicht einmal selbst essen, und ich erinnere mich an viele Mahlzeiten, die ich ihr als Jugendliche eingelöffelt habe. Brockensuppe, Schwarzbrotwürfel aufgelöst in warmer Milch, hatte sie besonders gern. Meine Mutter musste sie täglich auf die Schüssel legen, und obwohl sie in meiner Erinnerung nur noch Haut und Knochen war, lag sie sich wie durch ein Wunder nicht wund. Jeden Tag und jede Nacht verbrachte sie in ihrem Bett bei uns zu Hause und war nie im Spital.
Trotz ihrer physischen Abhängigkeit hatte sie immer ein Lächeln für uns Kinder und erzählte mir viele sagenumwobene Geschichten aus ihrem entbehrungsreichen Leben. Mit großer Dankbarkeit nahm sie all unsere Zeit, die wir an ihrem Bett verbrachten, an, und durch ihre Art, wie sie sich diesem letzten Übergang in Würde hingeben konnte, war sie eine große Bereicherung für unsere Familie.
Als der Todesengel an ihre Tür klopfte, weckten uns meine Eltern mitten in der Nacht auf und wir versammelten uns um ihr Bett. Nur eine Kerze brannte.
Oma Rosa wünschte sich in ihren letzten Stunden, dass meine Mutter ihr laut den Rosenkranz vorbetete, ansonsten war eine andächtige Stille im Raum.
Zeitgleich mit ihrem letzten Atemzug erlosch das Licht der Kerze und ein heiliger Frieden breitete sich im Raum aus. Über dem Körper meiner Oma sah ich einen Lichtschimmer schweben und eine tiefe Glückswelle erfasste mich. Ich bin meinen Eltern heute noch dankbar, dass sie uns Kinder an diesem kostbaren Moment ihres Sterbens teilhaben ließen. Für mich war es die erste zutiefst spirituelle Erfahrung. Eine süße Berührung mit dem Tod und die Gewissheit, dass sich eine Tür öffnet, vor der ich keine Angst haben muss. Mein Vater sagte später immer, er möchte einmal so gehen können wie seine Mutter, und tatsächlich hatte er – wie sie – am Ende eine stille Lungenentzündung.

Wenn wir unsere Eltern verabschieden, gibt es zwei Perspektiven, die der sterbenden Eltern und ihr Abschiednehmen vom Leben und die Perspektive der Angehörigen, die zurückbleiben und die Sterbenden loslassen müssen. Meist sind es längst erwachsene Söhne und Töchter, die noch eine Weile leben werden, bevor sie auch irgendwann gehen. Hier gehe ich in diesem Zusammenhang in erster Linie auf die Letztere der beiden Perspektiven, die sexuelle Liebesfähigkeit und das gelebte Beziehungsleben ein.

Fragen, die wir uns im Sterbebegleitungsprozess stellen können:
Wenn du dich mit der gesamten Realität deines gelebten Beziehungslebens verbindest und auch damit, welchen Einfluss das Leben deiner Mutter oder deines Vaters darauf hatte, stellen sich am Ende Fragen:

- Was ist wichtig, noch in die Beziehung zu bringen, es auszudrücken, bevor sie/er für immer gehen wird?
- Was bedeutet es, wenn die sexuelle Quelle, die dich ins Leben gebracht hat, aus dem Leben geht?"
- Wie möchtest du dich aus deinem Genital- und Herzpol heraus von den Eltern verabschieden?" – zum Beispiel mit einem Danke, dass sie dich gezeugt und geboren haben.
- Was sind die sexuellen Beziehungsthemen, die ausgesprochen werden wollen, bevor der Vater/die Mutter stirbt?" Es geht dabei darum, sich im Geben zu öffnen, und nicht darum, noch mehr haben wollen. Falls in dieser Beziehung Missbräuchliches geschehen ist, ist es vielleicht wichtig, nochmals klar zu benennen: „Was du damals mit mir gemacht hast, war nicht gut für mich. Ich verarbeite immer noch die Folgen davon."
- Was ist die Botschaft des sterbenden Elternteils (die aus dem gelebten sexuellen Liebesleben entsteht) an dich?"
- Wie transferierst du das äußere Bild deines genitalen Ursprungs in ein neu integriertes inneres Bild?

Im Setting des *Sexual Grounding*®-Seminars machen wir auf dieser Reifestufe einen Sterbebegleitungsprozess mit beiden Eltern. Die Aufgabe für den erwachsenen Sohn/die erwachsene Tochter ist, sich aus der inneren Verbindung zur eigenen gelebten Beziehungsgeschichte dem Vater/der Mutter gegenüber zu öffnen und mitzuteilen – im Bewusstsein, dass es das letzte Mal sein könnte. Geschieht dies ohne Erwartung und Bedingung, so öffnen sich meist auch im jeweiligen Elternteil verschlossene Türen und eine ehrliche Kommunikation entsteht.

Dieser Prozess spiegelt die Beziehungsrealität zu den Eltern wieder und ermöglicht es, offene Gestalten zu schließen. Es wird deutlich, was für diesen letzten Abschied wichtig ist. Als Folge entsteht eine hohe Motivation, auch in der realen Beziehung zu den Eltern alle wichtigen Themen noch vor dem Tod zu klären. Dies gibt den Sterbenden Würde und unterstützt sie auch in ihrem Abschiedsprozess.

Wir empfehlen in dieser Phase, zusammen mit den Eltern wichtige Orte ihres Lebens aufzusuchen, zum Beispiel die Gegend, in der die Eltern als Kinder gelebt haben. Wir hören immer wieder von berührenden Momenten, in denen alte Eltern Erlebnisse aus ihrer Kindheit aufleben lassen und das unschuldige Kind oder der Schalk der Jugend durch die alten Augen blitzt, zum Beispiel bei der Erinnerung an den ersten Kuss auf der Blumenwiese unter diesem alten Baum.

Wenn die Eltern schon tot sind, geben wir manchmal die Aufgabe, an das Grab der Eltern zu gehen und bestimmte Dinge zu klären oder mitzuteilen. Friedhöfe sind räumliche Anker unserer Erinnerungen an die Toten – damit geben wir ihnen einen Platz in unserem Lebensraum. Grundsätzlich ist dieser innere Kontakt an jedem Ort und zu jeder Zeit möglich, da wir in dieser Verbindung zu den Toten nicht an Raum und Zeit gebunden sind. Schön wäre ein gutes Abschließen und Klären der Beziehung zu den Eltern, wenn möglich, vor ihrem Tod.

Träger der Generationenenergie werden

Wenn erst ein Elternteil gestorben ist, werden er/sie und die Elternbeziehung im noch Lebenden gespiegelt. Der noch lebende Elternteil repräsentiert energetisch das Elternpaar – auch das Elternhaus ist oft noch vorhanden. Sind beide Eltern tot, gibt es niemanden mehr physisch hinter uns. Der maskuline und feminine Hintergrund unserer Ahnen wird dann durch uns reflektiert. Diese Ahnenenergie ganz zu nehmen ist nochmals wie „eine Neugeburt von sich selbst im eigenen Mehrwert". In diesem Prozess geschieht eine innere Verschmelzung der maskulinen und femininen Persönlichkeitsanteile – eine Transformation des männlichen und weiblichen Erbes in uns. Dies unterstützt uns auch darin, den männlichen bzw. weiblichen Kern im Partner zu lieben. Beziehung auf Dauer und mit Perspektive heißt: dem Potenzial der Beziehung zu allen Frauen/zu allen Männern im Partner begegnen.

Nach dem Tod der Eltern ist diese Energie als freie, ungebundene, transformierte Energie zugänglich. Hier zeigt sich dann, ob unsere Beziehung zu den Eltern innerlich aufgearbeitet ist oder da noch ungelöste Konflikte hängen. Davon ist abhängig, ob wir am alten, oft schwierigen Bild der Eltern über den Tod hinaus festhalten oder wir uns dieser freien, transformierten Elternenergie öffnen können.

Erwin (60) kommt nach dem Tod seiner Mutter völlig frustriert zu mir in die Praxis. Er gesteht, dass er insgeheim schon seit ein paar Jahren auf den Tod seiner Mutter gewartet hat und damit auch auf die Befreiung, die er sich davon erhofft hatte. Jetzt sei sie endlich vor drei Monaten gestorben, aber diese erhoffte Befreiung sei ausgeblieben. Die Beziehung zu seiner Mutter war Zeit seines Lebens schwierig. Sein Vater ist verunfallt, als Erwin noch ein Kind war, und seine Mutter konnte sich danach nie mehr auf eine andere Beziehung einlassen. So war Erwin bis zu ihrem Tod ihr Ein und Alles, Sohn und Mann-Ersatz, und manchmal habe er sich sogar wie ihr Beschützer gefühlt. Sie habe ihm zwei Beziehungen kaputt gemacht und sie sei schuld, dass er sein Leben lang mit Frauen kein Glück hatte. Er fantasierte, was er nach ihrem Tod endlich alles mit Frauen leben könne, aber jetzt verfolge sie ihn sogar im Traum und lasse ihn nicht in Frieden. Es ist das erste Mal in seinem Leben, dass er Unterstützung sucht. Es brauchte diese schmerzliche Erkenntnis, dass selbst ihr Tod keine Lösung bringt, um sich mit seinen Lebensthemen zu beschäftigen. Er hat nie gelernt, auf seinen Raum und seine Grenzen zu achten, und mit anfänglich schlechtem Gewissen beginnt er, sich abzugrenzen von ihr. Emotional ist da ein noch nicht abgelöster Junge, und auch die Auseinandersetzung mit den männlichen Ressourcen des fehlenden Vaters wird ihn noch eine Weile begleiten.

Ungelöste Themen tragen wir weiter in unsere Beziehungen und ertappen uns irgendwann dabei, in den Fußstapfen der Eltern zu wandeln, obwohl wir doch glaubten, einem ganz anderen Weg zu folgen. Folgendes überlieferte Zitat aus dem Schamanismus erinnert an die potenzielle Unterstützung der Ahnenlinie, für die wir uns jederzeit innerlich öffnen können: „Die Ahnen sind da, wenn du sie rufst."

Anti-Aging – ewige Jugend als Idealvorstellung

Spätestens der Abschied von unseren Eltern bringt unsere Endlichkeit in den Vordergrund, und der unaufhörliche Alterungsprozess nimmt seinen Lauf. In unserer konsumorientierten Gesellschaft scheinen sich die meisten Menschen in erster Linie an der pubertären und jugendlichen Form der Sexualität zu orientieren. Anti-Aging ist in diesem Zusammenhang ein wichtiges Wort geworden.

Die Werbung benutzt fast ausschließlich Bilder aus dieser sexuelle Reifestufe, um junge wie ältere potenzielle Kunden und Kundinnen anzusprechen.

Meine damals achtjährige Tochter kam von ihrer Freundin nach Hause und sagte freudestrahlend zu mir: „Mama, du brauchst nur eine Creme für dein

Gesicht, dann hast du keine Falten mehr." Und eines Morgens lag ich mit meiner jüngeren Tochter im Bett, und sie sah mich ganz lange aufmerksam an. Auf meine Frage, was sie gerade denke, sagte sie: „Mama du hast 56 Falten in deinem Gesicht." Erst als ich ihnen versicherte, dass dies die Spuren meines gelebten Lebens seien, die man gerne sehen darf, fanden sie, ich solle diese doch nicht wegmachen. Der Veränderungsprozess des Älterwerdens fordert mich trotzdem immer wieder heraus loszulassen - die Vorstellungen von der glatten Haut, dem straffen Gewebe, dem faltenlosen Gesicht.

Auffallend viele Menschen im mittleren und höheren Alter verschaffen sich ein jüngeres Aussehen durch Kosmetik, Kleidung, Färben der Haare und auch immer mehr durch Schönheitsoperationen. In einer Ausstellung über die Lebensmitte[37] warb ein 64-jähriger Schönheitschirurg, der wahrscheinlich dank Botox wirkte wie 40, dafür, dass man so jung aussehen dürfe, wie man sich fühle. Äußerlich jung zu erscheinen und den jungen Sex-Appeal auszustrahlen, scheint für sehr viele so wichtig zu sein, dass sie bereit sind, große Mengen an Geld, Zeit und Mühe zu investieren, um dieses Ziel zu erreichen. Warum wird die sexuelle Attraktivität des mittleren und höheren Alters wohl so wenig wahrgenommen und wertgeschätzt? Wahrscheinlich weil viele Menschen meinen, sexuelle Reifung geschähe nur in der Jugend. Die Früchte des Alters wissen sie nicht zu ernten.

Lange Zeit wurde dem höheren Alter Sexualität sogar ganz abgesprochen. In den letzten Jahren jedoch ist das Thema Sexualität im mittleren und höheren Alter in den Medien und in der Fachliteratur vermehrt aufgetaucht. Es ist kein Tabu mehr, sondern fast schon ein Mode- und Schwerpunktthema geworden. In solchen Beiträgen wird darauf hingewiesen, dass die sexuelle Leistungsfähigkeit mit dem Alter natürlicherweise abnehme, dass Zärtlichkeit wichtiger werde, dass man sich mehr Zeit für die sexuelle

37. Die Ausstellung Halbzeit – Ein Blick auf die Mitte des Lebens wurde im Voegele Kultur Zentrum Pfäffikon, SZ vom 06.11.2011 bis 11.03.2012 gezeigt.

Begegnung nehmen solle und Sexualität generell bis über 80 ganz normal sein könne. Aber – es sei eben „nicht mehr so wie früher". Diese Aussagen lassen vermuten, dass der Maßstab nach wie vor am Jugendideal angesetzt wird.

Die Attraktivität liegt für viele Menschen im unvorhersehbaren, spontanen, oft auch unverbindlichen Erleben, vergleichbar mit dem Idol der ewigen Jugend. Dort versucht man Ideale zu verwirklichen, Träume zu leben und Verschiedenes auszuprobieren. Wenn diese Entwicklungsphase gelingt, verlieren äußere Ideale, auch Schönheitsideale, ihren absoluten Wert und werden für die Entfaltung der eigenen sexuellen Erlebnismöglichkeiten weniger wichtig. Die so gewonnene innere sexuelle Sicherheit fördert die weitere Reifung der Liebesfähigkeit. Die Frau oder der Mann wendet sich realen Partnern und der Entwicklung der sexuellen Liebes- und Beziehungsfähigkeit zu. Je mehr wir vom Leben in die Verantwortung genommen werden und reifen, umso mehr liegt die Herausforderung darin, den Eros im Alltag zu entdecken. Und es ist möglich, die sensationelle Jugendfixierung zu verlassen und die Sinne für die Früchte des gereiften Lebens zu öffnen.

Erfreulicherweise hören wir in unserer Arbeit oft von Menschen über 55 auch viele ermutigende Aussagen wie: „Meine Sexualität war noch nie so gut wie jetzt mit fast 60." – „Ich muss nichts mehr beweisen und hätte nie gedacht, dass ich unsere Sexualität noch so erfüllt erleben darf." – „Mein sexuelles Erleben wird immer feiner und ganzheitlicher."

Es scheint für die westliche Kultur typisch zu sein, dass viele die kindliche und jugendliche Stufe der sexuellen Entwicklung nicht genügend abschließen können und daher zu wenig innere Sicherheit mit auf ihren Entwicklungsweg nehmen. Dies ist eine mögliche Erklärung dafür, warum viele an der Jugendform der Sexualität festhalten. Im sexuellen Erleben stellt sich die Frage, ob wir die natürliche Regulation unserem Körper überlassen oder zum Beispiel auf Viagra und andere Erektionshilfen setzen. Die blaue Pille kann wie eine Krücke helfen, eine innere Unsicherheit zu überbrücken. Wird sie allerdings im Sinne von „ewig jung bleiben" verwendet, kann es eventuell auf Kosten einer mit dem Herzen verbundenen Qualität in der gemeinsamen Sexualität gehen.

Jeder Übergang bedeutet ein Loslassen, was meist auch mit Angst und Abschied verbunden ist. Jede Phase, die wir bewusst hinter uns lassen, bringt uns ein Stück näher an das eigene Lebensende. Diese Tatsache fällt nach der Lebensmitte viel stärker ins Gewicht als davor. Häufig fehlt es an Wissen, an Identifikationspersonen und an Darstellungen in den Medien, um auch die Attraktivität der sexuellen Reife in der zweiten Lebenshälfte zu erkennen. Da die generelle Lebenserwartung steigt, ist es umso wichtiger, dass Frauen und Männer in diesem Alter neue Perspektiven für ein erfülltes und würdiges sexuelles Altern entwickeln.

Singles – Phasen des Alleinlebens

Wir werden allein geboren und auch den letzten Übergang des Sterbens bewältigen wir allein, selbst wenn wir liebevoll begleitet werden. Zwischendurch gibt es im Leben immer wieder wertvolle Phasen, in denen wir allein leben. Obwohl ich in diesem Buch hauptsächlich auf den Reifeweg im Beziehungsleben eingehe, möchte ich diesen essenziellen Räumen, in denen wir auf uns selbst zurückgeworfen sind – oder in guter Selbstfürsorge sind –, einige Zeilen widmen. Die Frage „Was würde sich grundlegend ändern oder welche Dinge würde ich verwirklichen, wenn ich allein leben würde?" ist eine wichtige Frage, die sich jede Person stellen kann, auch wenn sie in Beziehung lebt.

Das Bild des allein lebenden Singles hat sich in den letzten Jahrzehnten sehr gewandelt. Vor 50 Jahren gab es noch das Stigma der allein Gebliebenen – im Dorf wurde da vielleicht hinter vorgehaltener Hand getuschelt: „Die hat keinen Mann abgekriegt“ oder „Ihn wollte keine.“ Das Allein-Leben wurde damals als Mangel betrachtet, oder es war die Folge eines schmerzlichen Verlustes, weil der Ehepartner verstarb und man fortan als Witwe/ Witwer lebte. Nach einer Statistik aus dem Jahr 2014 gibt es in Deutschland etwa 17,1 Millionen Singles; in der Schweiz leben etwas über 1,4 Millionen Menschen in einem Einpersonenhaushalt. Die Lebensentwürfe sind vielfältig.

Es gibt eine neue Generation von Frauen und Männern, die in der zweiten Lebenshälfte ohne eine verbindliche Liebesbeziehung leben. Sie sind autonom, beruflich oft erfolgreich und gut organisiert; falls sie Kinder haben, leben ihre erwachsenen Söhne und Töchter ihr eigenes Leben. Männer tendieren dazu, sich nach einer Trennung schneller wieder zu binden als Frauen. Die Auswahl möglicher Partner ist in höherem Alter für Frauen geringer, da sie eher gleich alte oder etwas ältere Männer wählen und diese eine geringere Lebenserwartung haben als Frauen. Zudem wählen Männer in diesem Alter häufig auch deutlich jüngere Frauen (aber auch da ziehen die Frauen nach). Nicht immer ist die Lebensform als Single eine freie Wahl und die Sehnsucht, das Leben mit einem Gegenüber zu teilen, wird spürbar, wenn Liebespaare vorbeispazieren oder wenn am Abend im Bett die andere Hälfte des Bettes leer ist und ein warmer Körper für einen sinnlichen Austausch fehlt. Gleichzeitig möchte man nicht mehr so viele Kompromisse eingehen, und die Erinnerung an mühsame Beziehungsauseinandersetzungen hilft, die gewonnenen Freiräume zu genießen. Wir sind sinnliche und sexuelle Wesen, unabhängig davon, ob wir diese Qualitäten in einer Beziehung leben.

Wir können uns in einem Selbstlieberitual die Berührung schenken nach der wir uns sehnen oder uns Räume organisieren für einen Massageaustausch und sinnliche Körpererfahrungen (Wellness, Tanzen) mit anderen. Die Balance zwischen einer guten Selbstfürsorge und der Pflege von inspirierenden Freundschaften ist gerade in Solozeiten wichtig. Auch in dieser Lebensform können wir die freie ungebundene Vitalenergie in Projekte stecken, die über den privaten Horizont hinausgehen und dem Gemeinwohl nachhaltig dienen.

Reifestufe 64 Jahre: Lebensüberblick und Verfeinerung

> Alt sein ist ein herrlich Ding, wenn man nicht verlernt hat, was anfangen heißt.
>
> Martin Buber

Die Pensionierung ist ein gesellschaftlich gesetzter Übergang zu einem neuen Lebensabschnitt, in dem sowohl die Beziehung als auch das persönliche Leben neu definiert werden muss. Die Erwerbsarbeit tritt in den Hintergrund, und es entstehen neue Freiräume, die auch in der Beziehung zu verhandeln sind. Zum Beispiel geht es darum, einen neuen Alltagsrhythmus zu finden, alternative Formen des Zusammenwohnens zu erschließen, eine neue Verantwortung zu suchen und zu finden und die ganzheitliche Dimension der Sexualität zu erforschen.

Das Ziel des Älterwerdens – das eigene Schicksal im Leben erfüllen

Wenden wir uns nach der jahrelangen Aktivität im Arbeitsleben erst einmal nach innen, so blicken wir auf etwa 65 Jahre Leben zurück. Wir können uns fragen: „Was habe ich bisher gelebt? Was ist der rote Faden in meinem Beziehungs- und Arbeitsleben? Wofür habe ich mich engagiert und was gilt es noch zu vollenden? Wie möchte ich mein Älterwerden gestalten, damit die Integration meiner Lebensthemen gelingt?"

Aus der Beschäftigung mit unseren Vorfahren (Eltern, Großeltern, Urgroßeltern, usw.) erschließen sich wichtige Lebensthemen, die oft auch schon im Leben unserer Ahnen eine Bedeutung hatten. Kernthemen, die uns bewegen oder an denen wir nagen, finden wir meist auch abgebildet in den Beziehungen unserer Vorfahren. Spalten wir uns innerlich davon ab, so drängen diese Themen oft im Alter wieder vermehrt ins Bewusstsein, und der Mann/die Frau realisiert, dass er/sie den Fußstapfen der Eltern gefolgt ist, ohne es zu wollen. Das Gegenteil davon zu leben ist nur die Kehrseite der Medaille und bedeutet keine wirkliche Auflösung von alten Beziehungsmustern. Das Leben bietet hier immer wieder die Möglichkeit alte Verstrickungen zu lösen und neue Wege zu gehen – am nachhaltigsten mit einer neuen Rückverbindung zur Generationenlinie.

In der Aufarbeitung und Reflexion der verinnerlichten Beziehung zu unseren Eltern und Ahnen unterscheiden wir in SGT drei Begriffe:

- **Introjektion:** Elternanteile werden unbewusst übernommen; wir handeln und verhalten uns so wie die Eltern.

- **Projektion:** Elternanteile werden auf das Gegenüber projiziert; wir erleben diese Anteile oder Eigenschaften in unseren Beziehungspartnern. In längeren Beziehungen ist es ein Lernprozess, diese Projektionen auf den Partner zurückzunehmen und das Gegenüber mehr und mehr so zu sehen, wie er/sie wirklich ist.

- **Fusion:** entspricht der bewussten Transformation im Inneren; es bedeutet, diese Anteile anzunehmen in sich selbst und im Umgang damit innerlich frei zu sein.

Im Älter werden geht es auch um das Klären und Pflegen von wichtigen Beziehungen, sodass die innere Freiheit größer wird für den letztendlichen Abschied. Dies kann man auch als kontinuierlichen Reinigungsprozess verstehen. Eine Verfeinerung der Energiewahrnehmung entsteht, als ob das materielle Gewebe des Lebens durchscheinender wird. Die Sinnfrage und die Frage, ob wir uns eingebunden fühlen in ein größeres Ganzes (spirituelle Dimension), tragen dazu bei, ob wir zu einem inneren Frieden im Leben finden. Fehlt die innere Flexibilität für diese Reifeprozesse, kann der menschliche Charakter im Alter auch erstarren oder verbittern, und eingefahrene Lebensmuster verstärken sich noch mehr.

Das gemeinsame Dritte neu definieren

Für viele Paare stellt sich in diesem Lebensabschnitt die Frage nach dem gemeinsamen Dritten nochmals neu. Nicht selten spüren Paare nach dem Auszug der Kinder und am Beginn der Pensionierung eine innere Leere oder auch eine Entfremdung in ihrer Beziehung. Diese lässt sich selten auffüllen durch äußeres Konsumverhalten wie Essen gehen, Besitz anhäufen, reisen usw.

Der Neurologe und Psychiater Viktor Frankl betonte zum Beispiel immer wieder, dass vor allem die Auseinandersetzung mit Sinnvollem und Wertvollem in unserem Leben tiefere Erfüllung bringt[38]. Ein gemeinsames Engagement für etwas, das Sinn ergibt (zum Beispiel eine nachhaltige Auswirkung hat auf die nächsten Generationen und dem Fortgang des Lebens dient), kann auch im Paarleben wieder eine neue Lebendigkeit wecken. Wenn beide Partner dafür einen aktiven Einsatz bringen, erschließen sich Wert und Sinn aus dem gemeinsamen Handeln. Es gibt hier ein großes Spektrum an Möglichkeiten, und es lohnt sich, zuerst je für sich eine Werteliste anzulegen oder sich auszutauschen darüber, was es an Sinnvollem im Leben noch zu tun gibt. Diese Werte können sich im Lebensverlauf durchaus ändern. Begleitende Fragen können sein: „Wofür möchten wir uns noch engagieren im Leben? Wem möchte ich mein Wissen, meine Lebensweisheit und meine Lebenserfahrung zur Verfügung stellen und weitergeben?“

38. Viktor Frankl, Das Leiden am sinnlosen Leben – Psychotherapie für heute, Freiburg 1978

Großelternschaft

In vielen Stammesgesellschaften übernehmen die Älteren die Aufgabe, mit den Kindern zu sein und diese über wichtige Naturvorgänge des Lebens zu unterrichten. Dazu eine überlieferte Aussage aus Afrika: „Kinder kommen aus dem zeitlosen Raum, in den die Großeltern wieder zurückkehren werden nach ihrem Tod." In diesem ungeplanten zeitlosen Raum gemeinsam zu verweilen und Naturvorgänge zu beobachten kann für beide Seiten wertvolle Lebensmomente bringen. Leider fehlt manchen Großeltern heute die Zeit und die Muße, da sie – unter anderem im Wellnessurlaub – mit ihren eigenen Bedürfnissen beschäftigt sind und anderes zu tun haben, als Zeit mit ihren Enkeln zu verbringen. Dabei wäre die Beziehung zwischen Großeltern und Enkelkindern sehr wichtig für die Verwurzelung der Kinder im Leben und ihre Zugehörigkeit zum Familienstamm.

Paare, die keine eigenen Kinder haben und die Begegnungen mit potenziellen Enkelkindern vermissen, könnten sich auch als „Ersatzgroßeltern" für Kinder engagieren, deren Großeltern früh gestorben sind oder weit entfernt leben. In der Schweiz gibt es zum Beispiel zur Prävention von Jugendgewalt Projekte, in denen Senioren freiwillig in Schulklassen gehen und diese mit ihrer Präsenz unterstützen. Die Erfahrung zeigt, dass diese Anwesenheit von Älteren im Klassenzimmer eindeutig zu einem Klima von mehr Respekt und Aufmerksamkeit beiträgt.

Umgang mit großem Altersunterschied

Es gibt Phasen im Leben, in denen ein großer Altersunterschied zwischen den Partnern in der subjektiven Empfindung kaum eine Rolle spielt, da beide körperlich fit und flexibel sind. Mit zunehmendem Alter kann eine hohe Differenz (besonders Männer gehen in diesem Alter häufig neue Beziehungen zu erheblich jüngeren Frauen ein) manchmal auch als trennend empfunden werden. Beide Partner befinden sich in unterschiedlichen Lebensphasen und Rhythmen, was manchmal im Umgang miteinander sehr anspruchsvoll sein kann. Liegt die Differenz bei deutlich mehr als zehn Jahren, so braucht es, wenn es um die Neuausrichtung des gemeinsamen Dritten geht, eine große Flexibilität und ein Verständnis für beide Reifestufen.

Simonne ist 50 und hat gerade eine neue Stelle als Schulleiterin angenommen. Mit Elan gibt sie sich in diese herausfordernde Aufgabe. Ihr Mann Alain hatte in seiner Firma einen wichtigen Managementjob und möchte nach vier zusätzlichen Arbeitsjahren jetzt mit 69 langsam abgeben und sich zurückziehen. Sein Arzt hat ihm das dringlich empfohlen, da er mit seinem Bluthochdruck und zwei Bypass-Operationen ein Hochrisikopatient ist. Dieser Abbau fällt ihm sehr schwer und löst eine innere Krise mit depressiven Schwankungen aus. Gleichzeitig wird es im Zusammenhang mit diesem beruflichen Rollenwechsel in ihrer Beziehung immer schwieriger.
Ihr Neustart und seine Identitätskrise – „Wer bin ich ohne Arbeit?" – scheinen schwer vereinbar. Dazu kommen plötzlich auch noch Erektionsprobleme, woraufhin sich Alain immer mehr aus dem körperlichen Kontakt zurückzieht. Bisher und über eine lange Zeit spielte ihr Altersunterschied in ihrer Wahrnehmung kaum eine Rolle. In der Kinderphase übernahm Simonne viel zu Hause, und sein gutes Einkommen rechtfertigte seinen hochdynamischen Arbeitseinsatz. Dafür belohnten sie sich jeweils mit schönen Familienferien. Nach dem Auszug beider Kinder zeigt sich nun immer deutlicher, was in ihrer Beziehung auf der Strecke blieb. Es gibt kaum noch Räume für Intimität und Zweisamkeit. Für beide bedeutet es jetzt eine Herausforderung, den inneren Horizont auszudehnen und beide Altersstufen miteinzubeziehen. Der allzeit dynamische Alain wirkt durch seine gesundheitliche Limitierung plötzlich noch um zehn Jahre älter (laut Simonne „wie 80") im Gegensatz zu Simonne, die mit frischem Elan neu durchstartet. Er wünscht sich ruhige Momente auf dem Sofa mit ihr; für sie hat er als alter Greis jegliche Anziehung verloren, sodass sie lieber allein tanzen geht. Es braucht eine ehrliche Auseinandersetzung und auch ein Betrauern dessen, was sie verpasst haben in ihrer Beziehung, bis hin zur Kernfrage, ob sie zusammen oder getrennt weiter-

gehen wollen im Leben. Dabei stellt sich auch die Frage: „Was verbindet uns noch, und was würde jeder von uns noch gerne leben - allein oder zu zweit? Diese Weggabelung ist noch nicht entschieden.

Gegenseitiger Respekt, Achtsamkeit und Flexibilität in den Rollen sind wichtige Qualitäten in dieser Lebensphase.

Gereifte Sexualität – von der Quantität zur Seins-Qualität

Alter schützt vor Liebe nicht, aber Liebe vor dem Altern.
Coco Chanel

In der Sexualität sind nun nicht mehr die Hormone die wichtigste Quelle, sondern das Herz wird zentral. Eine Regulation von innen, die aus der Entspannung dem Rhythmus des Herzens folgt, führt zu einem ganzheitlichen Erleben. Dies bedeutet eine Qualitätsänderung in der Sexualität – eine Erweiterung, Verfeinerung, Kultivierung, Anmut; profan und heilig, gelassen und heiter, sind beschreibende Worte dafür. Eine Prise Humor hilft, auch mit Unzulänglichkeiten und den Spuren des gelebten Lebens (wie Falten, schlafferes Gewebe, hier und dort die ersten körperlichen Beschwerden) umzugehen. Es gibt nichts mehr zu verlieren!

Alle sexuellen Erfahrungen des Lebens sind in jeder Begegnung eingeschlossen. Das heißt, in der sexuellen Begegnung können wir mit allem in Verbindung sein. Die Erregung ist nicht auf die Genitalien fokussiert, sondern als sinnliches Erleben im ganzen Körper verteilt. In diesem reifen Alter zählt nicht nur die persönliche sexuelle Beziehung zum Partner, sondern auch der Beitrag zum Sexualleben überhaupt. Es geht nicht mehr um die individuelle Bedürfnisbefriedigung (ob jeder Partner seinen Orgasmus gehabt hat), sondern um die Auswirkung des Liebeslebens auf die Umwelt. Das kann auch in Form von Unterstützung der Nachkommen sein. Die sexuelle Lebendigkeit verlagert sich noch mehr ins gesamthafte Erleben, sodass Menschen in diesem Alter auf natürliche und unspektakuläre Art zum Beispiel eine Tasse hocherotisch halten können, wenn sie das Glück haben, dass ihre sexuelle Energie sich so weit in ihnen ausdehnen kann. Ein Grundgefühl von Verbundensein mit allem, insbesondere mit den Kindern und Enkeln, kann sich entwickeln. Das leidenschaftlich Sexuelle äußert sich in der konkreten sexuellen Begegnung und in jedem Moment des Alltags auf eine meist stille, sinnliche Art. Achtsamkeit und Mitgefühl im Umgang mit Menschen und der Umwelt sind die Folge davon. Willem Poppeliers beschreibt in dieser Lebensphase die Wandlung *„from passion to compassion* – von der Leidenschaft zum Mitgefühl".

Reifung erfordert die Auseinandersetzung mit Kernthemen

Viele Paare landen aber auch in der Resignation und antworten auf die Frage nach ihrem Sexualleben überzeugt: „Das muss ich jetzt nicht mehr haben. Ich bin sogar froh, dass es vorbei ist." Näheres Nachfragen zeigt aber meist auf, dass sich die Unzufriedenheit auf die Qualität des Austausches bezieht, der meist zu einem routinierten Ablauf geworden war, ohne Reifung und Entwicklung. Paare, die ihr Sexualleben weiterentwickeln, beschreiben oft: „So schön und so entspannt wie jetzt mit über 60 habe ich die Sexualität noch nie erlebt."

Hilde und Gustav stehen kurz vor ihrer Pensionierung. Der letzte ihrer drei erwachsenen Söhne ist vor zwei Jahren ausgezogen. Die älteste Tochter ist schon verheiratet. Sie haben eine schwierige Zeit hinter sich. Gustav erhielt die Diagnose Prostatakrebs, und nach den Bestrahlungen klappte es mit seiner Erektion nicht mehr. Wie viele Männer trifft ihn das tief im männlichen Kern, und er zieht sich immer mehr aus der körperlichen Begegnung mit seiner Frau zurück, obwohl Hilde sehr verständnisvoll reagiert und ihr die sinnlich körperliche Nähe wichtiger ist als sein sexuelles Funktionieren. Erst als sie ihn wiederholt beim Pornokonsum erwischt, droht sie ihn zu verlassen, wenn er dieses Thema nicht angeht. Zu Beginn wirkte der Pornokonsum für Gustav als körperliche Bestätigung, da mithilfe dieser intensiven Erregungsbilder seine Erektion wieder funktioniert. In dieser virtuellen Sex-Welt fühlt er sich als Mann bei den Pornodarstellerinnen willkommen. Sein Frauenbild erlebt er gespalten in Heilige und Hure. Seine Mutter hatte für obszöne Sexualität nur Verachtung übrig und bezeichnete Männer häufig als Triebtäter. Dazu passt die streng katholische Atmosphäre in Hildes Elternhaus, wo eine sittliche Moral vorherrschte. Das Drama eskaliert, als Gustav versehentlich Bilder von sexuellen Darstellungen im Familienchat teilt. Sein Aufruf: „Das war Spam, bitte nicht öffnen, sondern sofort löschen" kommt für seine Frau und seine Söhne zu spät (Die Tochter löschte es). Hilde reagiert sofort abgrenzend bei den Söhnen und meint, davon habe sie nichts gewusst und sie verurteile Gustav dafür.

Das Gute daran: Es kommt zum ersten Gespräch über Sexualität zwischen ihm als Vater und seinen Söhnen. Diese reagieren locker, und sagen: „Nimm es easy, das machen doch eh alle Männer" - sozusagen „Willkommen im Club".

Gustav leidet unter der Verurteilung und empfundenen Verachtung seiner Frau (die genauso reagiert wie früher seine Mutter) und ist total erleichtert über die ihn freisprechende Reaktion seiner Söhne (die so reagieren, wie er es sich von einem guten begleitenden Vater gewünscht hätte). Das Erkennen dieser Rollenumkehr mit seinen Söhnen und der Bezug zu seiner fehlenden Elternunterstützung im Bereich Sexualität ermöglicht es ihm, seinen Söhnen gegenüber wieder die erwachsene Vaterrolle zu nehmen. Er kann aus seiner Erfahrung ihnen gegenüber verdeutlichen, dass die virtuelle Pornowelt eine hemmende Auswirkung auf seine reale Beziehung zu seiner Frau hat, der er sich nun widmen wolle. Er gewinnt seine Würde und auch den Respekt seiner Frau zurück, indem er sich professionelle Begleitung sucht, und es gelingt ihm seine Abhängigkeit von diesen erregenden Bildern aufzulösen. Eine nachnährende und bestätigende Elternspiegelung für seine sexuelle Lebendigkeit spielen dabei eine wichtige Rolle. Gustav und Hilde nehmen diese Hürde - auch sie kann erkennen, dass sie ihn mit ihrer ablehnenden Reaktion an seinem wundesten Punkt getroffen hat.

Ein halbes Jahr später schreibt sie: „Ich hätte nie gedacht, dass wir in unserer

Sexualität jemals so eine berührende und erfüllende Intimität teilen können. Sogar Gustavs Penis scheint davon bewegt zu sein."

Diese beiden Menschen sind an einer wichtigen Schwelle ihres Paarlebens angelangt. Beide stellen sich (wie viele in diesem Alter) einer grundlegenden Auseinandersetzung in ihrer Beziehung – bis hin zur Grundfrage, ob sich ihre Wege trennen oder ob sie zusammen weitergehen. Gustavs männliche Identität ist in den Grundfesten erschüttert und der Pornokonsum bestätigt ihn vordergründig in seinem Mannsein und seiner Lust. Er spürt jedoch selbst die Suchtgefahr in der unerlösten Suche nach genitaler Bestätigung, die er so direkt von seiner Frau nicht erhält. Erst als die Kernthemen an der Wurzel gelöst werden, geschieht auf beiden Seiten eine neue Öffnung füreinander.

Von der Quantität zur Qualität bedeutet, so Liebe zu machen, dass die Wirkung lange anhält. Eine Ausdehnung der Zeitqualität geschieht durch die erhöhte Präsenz im sinnlichen Da-Sein. Slow Sex[39] – der Schlüssel der Verlangsamung – eröffnet einen Weg für alle Liebenden, um ihre Sexualität dauerhaft (ent)spannend und intensiv, auch bis ins hohe Alter, zu erleben: sich Zeit für die Liebe nehmen, den Körper spüren, sich mit dem Partner verbinden, jeden Moment und jede Berührung bewusst wahrnehmen und genießen, verlangsamen. Es könnte jedes Mal das letzte Mal sein, was nicht ausschließt, dass zwischendurch auch das leidenschaftliche Feuer flackern kann.

Energiekreislauf Genitalien, Herz, Augen

Unsere Augen werden oft auch als Fenster zur Seele bezeichnet. Nach dem Tod der Eltern können wir in den Augen die ganze Generationenenergie unserer Ahnen reflektiert sehen. Es gibt niemanden mehr außer uns, der oder die körperlich anwesend wäre, um diese Ahnenenergie für

39. Siehe dazu: Diana Richardson, Slow Sex – Zeit finden für die Liebe, Integral 2012

die Nachkommen zu repräsentieren. Öffnen wir uns für diese Dimension, treffen wir in unserer Partnerin/unserem Partner auf alle Frauen und Männer. Wenn wir also in einer Beziehung mit einer Person bleiben, können wir alle Frauen und Männer in dieser einen Person lieben – und begegnen so der transformierenden Kraft der Liebe.

Zusätzlich zum Energiekreis zwischen Genitalien und Herz gibt es auch einen Kreislauf zwischen Herz und Augen. Das Herz liegt in der Mitte und verbindet bzw. balanciert Sexualität und Bewusstsein. Willem Poppeliers spricht hier von der „Heart-Brain Resonance – Herz-Hirn-Resonanz" und beschreibt damit die „Medium-Funktion des Herzens" auch in der Verbindung zwischen Genitalien und Augenebene. Während die Genitalien und das Herz bei Mann und Frau gegenpolig sind, hebt sich auf der Ebene der Augen die Polarität auf. Der Kreislauf fließt in beide Richtungen.

Integrieren beider Energiekreisläufe – eine Erfahrungsstruktur zu zweit:

Diese Darstellung ist abgeleitet von der „Welle der Glückseligkeit", einer tantrischen Liebesmeditation nach Margot Anand[40] und eignet sich auch als Erfahrung für gleichgeschlechtliche Paare. Als Vorbereitung dient ein Einstimmen, bei dem es um das Balancieren der Aufmerksamkeit zwischen Genitalien, Herz und Augen geht:

Setzt euch zu zweit bequem einander gegenüber und richtet eure Wahrnehmung im Selbstkontakt auf diese drei Pole. Mit dem Blick eurer Augen könnt ihr zwischen „aktiv herausschauen" und „rezeptiv aufnehmen" hin und her pendeln – dabei lasst ihr die Augen wie offene Fenster sein und lasst das Gegenüber „durch diese Fenster herein". Stellt euch dabei vor, dass eure Augen Wurzeln haben, die bis zum

40. *Margot Anand, Tantra oder die Kunst der sexuellen Ekstase, Goldmann 1990*

Herzen und noch tiefer zu den Genitalien wachsen, als ob die Wurzeln des Schauens im Herzen und in den Genitalien liegen. Gibt es Unterschiede aus den drei Polen bzw. beim aktiven und beim rezeptiven Blick?

Grundsätzlich ist dieser Austausch in vielen Körperpositionen (auch im Liegen) möglich; das „Yab-Yum"[41] mit aufrechter Wirbelsäule ermöglicht jedoch eine gute Präsenz.

Yab-Yum: Der Mann sitzt im Schneidersitz und die Frau sitzt auf seinem Schoß, beide sind mit aufrechter Wirbelsäule zueinander gerichtet. Die Genitalien, die Herzen und das dritte Auge von beiden können sich berühren. Zuhause im privaten Paarkontakt können die Genitalien auch ineinander sein

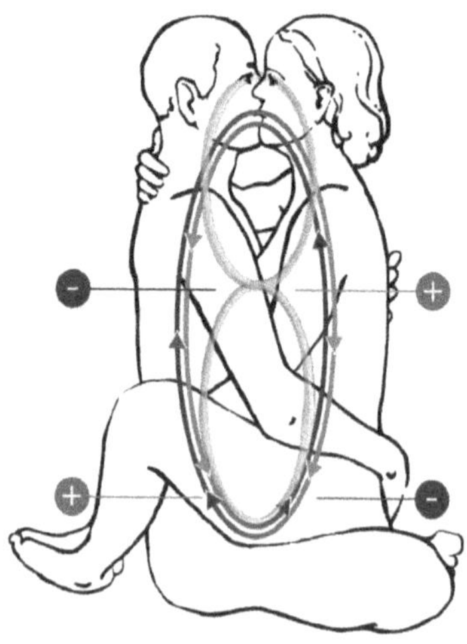

Energiekreisläufe zwischen den drei Polen.

41. Yab-Yum (tibetisch für „Vater-Mutter") ist eine im tantrischen Buddhismus häufig zu findende Darstellung einer männlichen und einer weiblichen Gottheit bei der sexuellen Vereinigung.

Beginnt mit dem Einrichten des maskulinen und femininen Energiekreislaufs zwischen Sex und Herz: Der Mann lenkt seinen Atem von seinem Herzen hinunter zum Penis und atmet durch seinen Penis aus in die Vagina der Frau. Die Frau atmet durch ihre Vagina ein und empfängt die männliche Kraft und lässt sie eindringen bis in ihr Herz. Von dort atmet sie aus über ihre Brüste und gibt an den Mann, der ihre Liebe durch sein Herz aufnimmt. Gleichzeitig können beide Becken im Atemrhythmus vor und zurück schwingen und eine feine wellenförmige Bewegung kann durch die Wirbelsäule weiter nach oben bis zum Kopf laufen.

Ein weiterer Schritt ist, diese Energie auch weiter nach oben zu nehmen und sie im Atem durch den leicht geöffneten Mund (Lippen an Lippen) auszutauschen. Das Ein- und Ausatmen ergibt sich nach einer Weile des Einschwingens gegengleich, sodass durch den Mundraum ein zusätzlicher Energieaustausch entsteht, der nichts mit fordernden Zungenküssen zu tun hat.

Diesen Kreislauf im Mund-zu-Mund-Kontakt zu atmen unterstützt das einfache Ineinandersein und diesen Energiefluss enorm. Bringt ihr dann zusätzlich die Stirn aneinander oder seid in einem präsenten Augenkontakt, wird auch der Energiekreis zwischen Herz und Augenbereich aktiviert. Gleichzeitig kann man in den Augen des Partners der ganzen Generationenkraft dahinter begegnen - allen Männern und allen Frauen.

Hier kann die Medium-Funktion des Herzens körperlich erfahren werden und auch das Balancieren der beiden Energiekreise Genital - Herz, Herz - Auge.

In meiner persönlichen Erfahrung öffnet sich dadurch ein Tor zur transpersonalen und spirituellen Dimension. Die Verbindung zwischen Genitalien und Herz steht in direktem Zusammenhang mit der verinnerlichten Verbindung unserer Eltern als sexuelle Wesen. Hingegen öffnet sich die Verbindung zwischen Herz und Augen (drittes Auge) mit der Rückverbindung zu den Generationenlinien hinter uns. In der systemischen Arbeit mit unseren Vorfahren (Willem Poppeliers spricht vom „Pool der Ahnenenergie") erfahren wir das Eingebundensein ins größere Ganze.

Blicken wir auf den Energiekreislauf im letzten Lebensdrittel, werden die Augen als Fenster zur Seele immer wichtiger. Nach dem Tod der Eltern sieht man darin die freie ungebundene Energie der Generationenlinie reflektiert und der eigene Tod rückt näher ins Bewusstsein. W. Poppeliers dazu: „Es wird Zeit, die Lebenslüge rund um Sexualität zu reflektieren und aufzudecken. Die Augen sollen ehrlich werden und nicht mehr lügen."

Reifestufe 74+ Jahre: Essenz und Würde

Die Momente vor dem Tod -
eine Zeit, in der die bloße Berührung Bände spricht
und jeder Augenblick unendlich kostbar ist.
Dies ist schließlich die letzte Handlung unsterblicher Liebe.
Jack Dykinga

Diese Lebensspanne wird durch die steigende Lebenserwartung immer länger und kann durchaus nochmals gute 20 Jahre andauern. Frank Oswald, Professor für Interdisziplinäre Alterswissenschaft an der Goethe-Universität Frankfurt, unterscheidet in einem gemeinsamen Gespräch über Themen im höheren Alter mehrere Abschnitte des Alterns, nach denen man der SGT Reifestufe 74+ wenigstens noch eine weitere mit 84+ anfügen könnte. Ich zähle diese Themen laut seiner Einteilung im Folgenden auf und streife im Anschluss kurz weitere Aspekte, die in dieser Lebensphase mehr in den Vordergrund rücken.

Themen mit 74+:
Die Integration der Lebensthemen gelingt/ misslingt; Versöhnung mit der Biografie als Aufgabe; langsamer, aber nicht weniger neugierig werden; einen Schritt in den Hintergrund treten; soziale Kontakte mit emotionaler Nähe bevorzugen …

Themen mit 84+:
Verluste häufen sich; mit Einbußen leben lernen; Reserven werden knapp; die eigene Unselbständigkeit annehmen lernen; allein sein können; jeder Tag ist kostbar; das späte Werk vollenden; den Tod ins Auge fassen …

Im Alter wird das Vergängliche bewusster, und je langsamer unser Lebensrhythmus wird, umso mehr durchdringt die Ewigkeit das Sein. Hier stellt sich zum Lebensende hin die Kernfrage, ob wir mit allen Mitteln (u. a. medizinischer Technologie) versuchen, das Leben so lange wie möglich zu verlängern, oder ob wir uns bewusst auf das Sterben vorbereiten.

Spätestens im hohen Alter gleicht sich die Polarität der Geschlechter aus. Das Menschsein steht im Vordergrund. Das Weibliche ist im Mann und das Männliche in der Frau mehr integriert, so sehen Frauen im Alter oft maskuliner und Männer femininer aus.

Jenseits von Männlich und Weiblich, © Anna Hartmann

Im höheren Alter wird das Sterben als sexueller Mensch zentral. Die Endlichkeit des Lebens rückt immer näher, sexuelle Begegnungen und Handlungen verlangsamen sich, eine neue Dimension öffnet sich: die Bedeutung für den Fortgang des Lebens – die Ewigkeit. Jede Liebesbegegnung könnte die Letzte sein. Das Lieben ist nicht mehr für den Moment und die individuelle Befriedigung, sondern „für immer" gedacht – es zielt auf die Zeit nach dem Tod, wenn einer von beiden nicht mehr da ist. Oder wie eine Klientin äußerte, die mit ihrem Mann in die Sexual-Paartherapie kam –

beide zwischen 70 und 80: „Wenn ich mit ihm noch eine gute Sexualität erleben kann, habe ich mit ihm alles gehabt und bin bereit zu sterben." Für gute Sexualität bedarf es in diesem Alter keines im äußerlichen Sinn potenten harten Penis und einer feuchten heißen Vagina, sondern zweier tief liebesfähiger Sexualorgane, die mit einem offenen Herzen verbunden sind und die vielleicht einfach ineinander sinken.

Nach einem voll erlebten sexuellen Lebenszyklus stellt sich der Tod wohl friedlich ein. Wir können uns fragen: „Was ist unser gesamthafter genitaler Beitrag zum Sexualleben selbst? Was lebt von uns weiter, wenn wir sterben?"

Alle Altersstufen sind im hohen Alter präsent und können sich in der Welt (den Kindern, Enkeln, ...) spiegeln.

Eine Klientin drückte ihre positive Vision vom Altern so aus:

> „Wenn im hohen Alter aus meinen Augen noch das Kinderlachen blitzt und der Schalk meiner Lebensfreude darin funkelt, dann habe ich ein gutes Leben gehabt."

Dies bedeutet nach *Sexual Grounding®* Integration und Erfüllung aus allen Reifestufen. Am Lebensende können wir alle Rollen von beiden Geschlechtern integrieren. Mann/Frau sieht im Partner die Frau, den Mann, das Kind, alle Altersstufen, Archetypen – wertfrei. Wir können dann die sexuelle Energie als Lebensenergie in allem Lebendigen erkennen. Erregung beinhaltet weniger Ladung, drückt sich durch Hingabe und Entspannung aus und durch das Öffnen für die Essenz des Lebens, die in allem zu erkennen ist. Regulation geschieht in der Verbindung zur Natur – die Evolution reguliert. Alte Menschen können einfache Vorgänge von Werden und Vergehen in der Natur beobachten und dabei lange verweilen.

Position des Weisen – Bewusstsein für die nächsten sieben Generationen

Kalendarisches Altern allein macht uns noch nicht weiser, wenn wir uns nicht dem Reifeprozess des Lebens stellen. Am Ende des Lebens haben wir viele Erfahrungen gesammelt über die Auswirkungen unseres Handelns in Beziehungen, auf die Umwelt, auf unsere Nachkommen. Von daher sind alte Menschen wichtige Ratgeber, die aus dieser weisen Position ihr Erfahrungswissen teilen können. Diese Ressourcen werden in unserer Gesellschaft leider zu wenig genutzt. So ist es eine Herausforderung für die Generation im fortgeschrittenen Alter, diese Positionen in Würde wieder einzunehmen und neue Gefäße für diesen Erfahrungsschatz zu schaffen, der in unserer Gesellschaft zu wenig genutzt wird.

Gerade während ich an diesem Abschnitt des Buches schrieb, erhielt ich eine berührende E-Mail von einer 78-jährigen Frau, aus der ich mit ihrem Einverständnis einen Auszug hier im Original wiedergeben möchte:

> „Mein Mann und ich haben eine arbeitsreiche und liebevolle Ahnenforschung betrieben und uns mit den Eltern ausdauernd versöhnt, voller Dankbarkeit und auch Einsicht für deren oft schwieriges Leben. Dankbarkeit ist in unseren Augen ein kraftvolles Ritual, besonders in der heutigen Zeit. Wir beide kommen soeben dankbar von unserer glücklichen, goldenen Hochzeitsreise aus Barcelona zurück und haben sehr viel Freundlichkeit und Offenheit erlebt, auch von jenen, die nicht immer oder kaum auf der Sonnenseite des Lebens stehen. Wir denken jedenfalls, dass Respekt allem Leben gegenüber eine beglückende Erfahrung mit sich bringt, vor allem in einer Zeit, in der die Begriffe ‚sexy' oder ‚Sex' um jeden Preis sehr plakativ bis tief ins Unbewusste angeheuert wird, ohne dass es den jungen Leuten überhaupt noch bewusst wird – Sex als Verbrauchermentalität.
> Wir werden immer wieder besonders von Frauen in den Wechseljahren angesprochen und indirekt gefragt: ‚Was ist das, was ihr habt?'

Ein wichtiges Element ist, in beidseitigem Respekt und Wertschätzung immer wieder auf Augenhöhe zu kommen, ohne Gleichmacherei. Rechthaberei ist in meinen Augen eine der größten Hürden, welche Paare zu überwinden haben, genauso wie die „beleidigte Leberwurst". Humor nimmt vielem die Schärfe und gehört zur Reifeentwicklung wie das Salz in der Suppe.
Ich für mich habe aus eigenen Erfahrungswerten heraus folgenden Spruch gefunden, der mir sehr aus dem Herzen spricht: „Manchmal ist das gefährlichste Tier für einen Menschen der Schmetterling im Bauch."
Im Laufe unseres langen und gemeinsamen Lebens ist für uns jedenfalls auch eine tiefe, dankbare, echte, freundschaftliche Vertrautheit, Zuverlässigkeit und Geborgenheit entstanden, die vielleicht nicht mehr besonders aphrodisierend ist, dafür voller Dankbarkeit und Respekt für die Zugehörigkeit zweier Menschen und ihrer Kinder zu einer Familie. Und das wird uns auch entgegengebracht."

Diese Haltung der Dankbarkeit verkörpert auch meine Mutter, die nach dem Tod meines Vaters fast über sich selbst hinausgewachsen ist. Sie, die früher eher besorgt in die Zukunft blickte, erlebt nun mit 82 Jahren aus der inneren Verbindung zu meinem Vater, zur Natur und aus der Verankerung in ihrem Glauben einen tiefen Frieden und ist dankbar für jeden Tag, den sie noch im gemeinsam erbauten Haus verbringen darf. Noch immer ernährt sie sich im Sommer vorwiegend vom selbst gepflanzten Gemüse und Obst. Sie wird sogar von verschiedenen Menschen im Dorf angesprochen auf ihre besondere Ausstrahlung. Für mich verkörpert sie ein wunderbares Vorbild und lehrt mich Dankbarkeit für die kleinen Selbstverständlichkeiten im Leben.

Nachdem wir in unserer Kultur keinen offiziellen Rat der Weisen haben, möchte ich die Anregung geben, zu verschiedenen Fragen im Leben, älteren Menschen eine Stimme zu geben – ihre gelebte Lebenserfahrung abzuholen und einzubeziehen in unsere wichtigen Entscheidungen. Wir können zum Beispiel auf einem Spaziergang mit älteren Frauen oder

Männern ein Gespräch beginnen und sie um ihre Meinung oder ihren Rat zu aktuellen Themen fragen.

Wenn es um nachhaltige Entscheidungen geht, kann eine begleitende Frage sein: „Wie können wir die Perspektive der nächsten Generationen mit hineinnehmen in unser Weitergeben und Handeln?" Dazu kann auch gehören, den Träumen der Jugendlichen zuzuhören und sie ernst zu nehmen als Erwachsene von morgen. Wo geht ihre Sehnsucht hin und wovon grenzen sie sich ab? Darin liegt oft schon der Funke für eine neue Entwicklung der nächsten Generation.

Der Blick geht nach vorne zum Tod als Verbündeten, aber auch auf das Leben, das weitergeht in den Generationen nach uns. In der indianischen Tradition heißt es: „Großmütter und Großväter treffen ihre Entscheidungen und handeln im Bewusstsein ihrer Auswirkung auf die nächsten sieben Generationen." Das betrifft auch alle Fragen dazu, wie wir mit den Ressourcen der Natur und unserer Umwelt umgehen.

Vorbereitung auf das Sterben

> Wir müssen immer lernen, zuletzt auch noch sterben lernen.
>
> Marie von Ebner-Eschenbach

Der Tod wird in den letzten Lebensjahren zum ständigen Begleiter, da auch immer wieder langjährige Freunde aus dem Leben scheiden. Und jedes Mal stirbt vielleicht ein Teil dieser gelebten Beziehung mit. Das gesamte Beziehungsfeld reduziert sich mehr und mehr auf die Kernfamilie und allenfalls noch Pflegepersonen. Es braucht immer weniger Worte, um Essenz auszudrücken. In diesem Prozess hilft auch die Befreiung von angehäuften materiellen Dingen, die man ohnehin nicht mitnehmen kann auf die letzte Reise. Es könnte auch so manchen Erbstreit verhindern, wenn materielle Güter schon früher an die nächste Generation weitergegeben werden.

Die Körpersäfte ziehen sich zurück, und am Ende wird der Horizont wieder kleiner. Dazu kommen die körperlichen Herausforderungen, mit Krankheiten und Einschränkungen oder Schmerzen umzugehen, die auch ungewollte Lehrer sein können. Manchmal überwiegen aber auch einfach Frustration, Verbitterung, Apathie, Einsamkeit und Lebensmüdigkeit – das öde Warten auf den Tod.

Für viele Menschen nimmt die spirituelle Dimension an Bedeutung zu, und der Glaube an die Einbindung in etwas Größeres im religiösen Sinne unterstützt im Umgang mit den alltäglichen Beschwerden des Alters. Geburt und Tod sind die großen Übergänge des Lebens, von daher ist das Sterben genauso wichtig wie der Beginn. Oft zeigen sich Kernmuster, die schon bei der Geburt vorhanden waren und uns im Leben begleitet haben, nochmals am Ende.

Wenn wir uns bewusst machen, dass die höchsten medizinischen Kosten in den letzten sechs Lebensmonaten im medizinischen Kampf gegen den Tod entstehen, kann man sich fragen, wie es mit der menschlichen Würde in diesem Prozess aussieht. Die kollektiv verdrängte Angst vor dem Tod spielt vielleicht auch eine Rolle darin. Eine generelle Funktion von Angst ist, uns vor Gefahren zu schützen. Im guten Sinne begeben wir uns dann wachsamer und achtsamer in gefährliche Situationen. Wenn es am Lebensende um unser letztes Loslassen im Sterben geht, ist diese Angst nicht mehr hilfreich, da der Tod am Ende unausweichlich ist. So könnten wir diese Zeit besser in eine bewusste Vorbereitung auf den Tod investieren, als dem Leben noch ein paar Monate mehr abzuringen. Es ist daher sinnvoll, sich schon früher Gedanken dazu zu machen und zum Beispiel eine Patientenverfügung zu erstellen, solange wir geistig noch fit sind.

Zum letzten Mal im Leben klopft nochmals das Thema der Machbarkeit aus zwei Richtungen an unsere Tür.

Auf der einen Seite steht die Machbarkeit der medizinischen Lebensverlängerungsmaschinerie, auf der anderen Seite ist da die Machbarkeit, den Zeitpunkt des Todes selbst zu bestimmen. Zunehmend wählen Menschen am Ende ihren Todesmoment selbst und gehen (in der Schweiz mit der Unterstützung von Sterbehilfeorganisationen wie *Exit* oder *Dignitas*) aus dem Leben. Eine Absicht dieser Organisationen ist es, der von außen regulierten künstlichen Lebensverlängerung einen selbstbestimmten menschenwürdigen Gegenpol zu setzen, der jedoch ebenfalls durch eine lebensbeendende Maßnahme von außen reguliert ist. Die Schweiz ist da mittlerweile zu einer Art Tourismusland für „die letzte Reise“ geworden. Treten wir mit dieser bewussten Entscheidung die Flucht nach vorne an und nehmen uns damit den letzten Reifeprozess, bis der Apfel von selbst vom Baum fällt?

Alternativ zum selbstbestimmten Tod sollten wir in unserer Gesellschaft auch eine bessere (ambulante) Palliativversorgung mit allen Beteiligten bis zum Lebensende ermöglichen. Es ist auch für die Angehörigen oft schwierig, wenn sie in den Entscheidungs- und Verabschiedungsprozess nicht genügend einbezogen werden, sodass wenig Zeit bleibt, den Abschied in allen Aspekten zu vollziehen. Diese zusätzliche Möglichkeit eröffnet eine schwierige Gratwanderung im Prozess von Selbstbestimmung und Hingabe an das Leben bis zum letzten Atemzug. Wer ist dieses ICH das bestimmt, wann ES zum letzten Mal ein- und ausatmet?

In diesem letzten Loslassen kann eine jahrelange Praxis von Achtsamkeit und Präsenz – um mit allen Sinnen im Hier und Jetzt zu sein – helfen, auch das Sterben bewusst zu leben. Menschen, die eine Vision haben für eine transformierte Existenz nach dem Tod, können diesem Übergang eventuell gelassener entgegensehen als Menschen, für die alles „fertig“ ist mit dem Tod.

Fragen vor dem Sterben

- Was willst du weitergeben, bevor du gehst – an deine Kinder, Enkel, an die nächste Generation?
- Was ist deine wichtigste Botschaft, wenn es um das sexuelle Liebesleben geht, die du an deine Kinder oder an die Jugend der nächsten Generation geben möchtest, bevor du stirbst?
- In welchen Beziehungen ist es wichtig, noch etwas zu klären oder Frieden zu schließen?
- Was ist dein Liebeserbe, das du hinterlässt?
- Was ist die Essenz in deinem Leben, die immer war und immer noch ist, jenseits von allem, das gekommen und wieder gegangen ist?
- Gibt es eine Vision über das Leben nach dem Tod?

Ich möchte die LeserInnen einladen auf eine letzte Reise durch das sexuelle Liebesleben. Der Bogen spannt sich von der Zeugung bis zum Tod und folgt dem Verlauf der sexuellen Liebe.

Amphitheater des Lebens – Eine innere Reise zum Lebensrückblick

Stell dir vor, du wanderst durch einen dichten Dschungel und plötzlich siehst du im Dickicht einen Eingang zu einem alten Amphitheater. In einem kreisförmigen Kegel sind große moosbewachsene Steine als Sitzplätze angeordnet und eine Treppe führt hinunter zur Bühne. Du nimmst deinen Platz ein und der Naturvorhang geht auf – es ist die Bühne deines Lebens, und vor dir zeigen sich die wichtigsten Szenen deines sexuellen Liebeslebens.

Du siehst deine Eltern vor deiner Zeugung. In welchem Umfeld leben sie? Wie lernten sie sich kennen? Wie gestalten sie ihre Beziehung? Welche Träume und Wünsche haben sie ans Leben? Sie zeigen dir den sexuellen Akt deiner Zeugung, obwohl sie damals nicht wussten - oder ahnten sie es? -, dass du kommst. Du siehst die Schwangerschaft, deine Geburt und die Lebensumstände, in die du hineingeboren wirst. Bist du willkommen als Mädchen, als Junge?

Die wichtigen Meilensteine der sexuellen Entwicklung aus der Kindheit und Pubertät ziehen vorbei - dich erforschen und entdecken, allein oder mit anderen Kindern. Gab es Doktorspiele? Wer sind die prägenden Begleitpersonen? Welche Ressourcen gibt es? Körperliche Veränderungen, die erste Menstruation, der erste Samenerguss, wichtige Freunde und Freundinnen der Peergruppe, das erste Verliebtsein, schöne und schwierige Momente, ... Wohin geht deine sexuelle Ausrichtung und Orientierung - zu Männern oder zu Frauen?

Was sind deine jugendlichen Träume und Wünsche ans Leben? Dein erstes Mal: mit wem? Wo? Deine ersten wichtigen Beziehungs- und Trennungserfahrungen ziehen vorbei.

Vielleicht heiratest du? Gibt es ein Hochzeitsritual? Wer bezeugt diesen wichtigen Schritt? Oder da ist keine Heirat - zusammen wohnen, ein Haus und die Umgebung gestalten. Welche Beziehungsformen wählst du? Wie bringst du deine sexuellen Bedürfnisse ein? Was ist der rote Faden deiner wichtigsten Beziehungsthemen? Siehst du ein Bleiben und Vertiefen auf einem langen Weg als Paar oder verschiedene Beziehungen mit verschiedenen Schwerpunkten? Vielleicht gehst du auch längere Wegstrecken als Single durchs Leben. Was ist wichtig in der Gestaltung deines sexuellen Liebeslebens?

Was ist das gemeinsame Dritte? Kinder, Geburten, ... die Beziehung zu den Eltern und Großeltern, Kernfragen der Lebensmitte? Die Kinder werden erwachsen, die Eltern sterben - auf dich und die Beziehung zurückgeworfen sein, ...

Wechseljahre - Neuausrichtung: Was ist wirklich wichtig? Was hinterlässt du der Welt? Was möchtest du noch in die Welt bringen?

Wichtige Personen kommen und gehen. Mit wem teilst du deine Sexualität im Alter? Was zählt am Lebensende? Hast du das Wichtigste gegeben, dein Potenzial zur Entfaltung gebracht? Was bleibt, wenn du jetzt stirbst? Am Ende bereuen wir mehr das, was wir nicht gegeben haben, als das was wir nicht bekommen haben!

Die letzte Szene in diesem Amphitheater ist dein Begräbnis:
Du lauscht den Worten der Grabrede - eine letzte Würdigung deines gelebten Lebens. Wer hält diese Rede? Was berührt dich am meisten?

Der Naturvorhang fällt, und es ist Zeit zurückzukehren - in dein Leben, das noch auf dich wartet, ganz gelebt zu werden.

In der unkontrollierten Natur ist Leben und Tod – der Zyklus von Werden und Vergehen – sehr sichtbar. Es ist wichtig, dass wir unserer Vergänglichkeit und dem Tod bewusst ins Auge schauen können.

Wenn wir schon früher als erst am Lebensende beginnen, die Perspektive des letzten Übergangs miteinzubeziehen, können wir wichtige Entscheidungen auf einer anderen Basis treffen. Die Kernfrage dabei ist: „Was lässt mich am Ende erfüllter sterben – wenn ich jetzt so oder anders entscheide?“ Aus der Verbindung mit dem, was am Lebensende zählt und wichtig ist, setzen wir meist andere Prioritäten. Letztendlich gibt es niemand anderen als dich, um dein Leben zu leben, deine Aufgabe in der Welt zu erfüllen und deinen Beitrag zu schenken zum Wohle des größeren Ganzen.

Beginnen wir JETZT.

Anhang

Sexual Grounding® Therapy (SGT)

SGT gehört zu den im letzten Viertel des 20. Jahrhunderts entstandenen Sexualtherapien und reiht sich bei den humanistischen Körperpsychotherapien ein. Sie baut auf einer entwicklungspsychologischen und systemischen Sichtweise auf und sieht die Sexualität im Beziehungskontext. Der Begründer Willem Poppeliers betont einen sicheren Rahmen und die verlässliche Klarheit in der therapeutischen Rolle, um keine Missbrauchswiederholungen zu inszenieren. Berufsethik ist ihm ein unverzichtbares Anliegen bei der therapeutischen Arbeit mit *Sexual Grounding®*.

Die Methode verfügt über ein ausführliches Reifekonzept zur psychosexuellen Entwicklung von der Kindheit bis zum Tod. Dadurch, dass SGT viel konkretes Wissen über die Unterstützung der Kinder und Jugendlichen in ihrem Sexuell-Sein hat, ist es auch eine Art Sexualpädagogik für Erwachsene. Für die Erwachsenenbildung bietet SGT ein breites Lernfeld im Bereich Sexualität und Beziehungskompetenz für alle Lebensphasen. Indem die Reifung gefördert wird und damit auch die Fähigkeit, selbstreguliert statt bedürftig und mit vollem Selbstausdruck in der Beziehung und für die Kinder da zu sein und sich ins Familiensystem einfügen zu können, hilft es, über egoistisches Verhalten hinauszuwachsen und dieses zu relativieren.

Sexual Grounding® Therapy ist im Zugang zur Sexualität und zum Sexuellen am Kontext der Beziehung orientiert, nicht allein am individuellen intensiven sexuellen Erlebnis. Wir betrachten Genitalien als Kontaktorgane in der sexuellen Liebe, verbunden mit Herz und Geist. Orgasmen verlieren ihre Bedeutung als wichtigstes Maß für die sexuelle Erlebnisfähigkeit. Der Austausch von Energie (im Gegensatz zur rein genitalen Auf- und Entladung), das Sich-einander-Öffnen zwischen den sexuell Liebenden rückt ins Zentrum. Der Fokus liegt mehr auf dem uns innewohnenden Potenzial, der Beziehung als Reifeentwicklung und dem, was wir geben können, als auf dem, was wir von außen brauchen, um befriedigt zu sein. Es geht um die Sexualität als verbindendes und bindendes Element zwischen den Menschen – und damit auch um die Liebe. Gemeint ist sowohl die Sexualität zwischen Mann und Frau als auch die gleichgeschlechtliche Liebe. Da aus der sexuellen Liebe zwischen Mann und Frau Kinder entstehen können, sind die Fruchtbarkeit, der Fortgang des Lebens und die damit verbundene Verantwortung wichtig. SGT unterstützt Paare, auf fruchtbare und tragfähige Art zusammenzubleiben und mehr Tiefe und Intimität erleben zu können. Dies wiederum hat auch eine direkte Auswirkung auf die Kinder.

Genauso zentral ist die Bedeutung unserer Herkunft, unserer Eltern und Vorfahren. Die Generationenlinie gibt es, weil es Sexualität gibt. Das Individuum wird als Glied einer Generationenkette gesehen. Dieser systemische Ansatz öffnet den Blickwinkel über das Individuum hinaus auf vergangene und nachfolgende Generationen. Das heißt, SGT orientiert sich am Lernen über Beziehung und an den Generationen, und hat so auch eine nachhaltige gesellschaftliche Relevanz.

Arbeitsweise, integrierte Methoden und Konzepte von SGT

Regression – Gegenwart – Progression

In der therapeutischen Begleitung von Themen rund um die sexuelle Liebes- und Beziehungsfähigkeit bieten die Reifestufen ein hilfreiches Orientierungsmodell. Wir arbeiten in der Balance zwischen Regression und Progression. Als maßgebendes Feedbacksystem orientieren wir uns an der Präsenz im Körper, v. a. der Wahrnehmung im Genital- und Herzpol, sowie an einer gut regulierten Körperphysiologie (freier Atemfluss) im Hier und Jetzt. In Rückblenden können wir versäumte genitale Spiegelung aus Kindheit und Pubertät nachholen und dadurch eine ressourcenorientierte Rückverbindung zu Eltern und Vorfahren herstellen.

So entsteht eine neue Sicherheit, die ein Gegründetsein im sexuellen Beziehungskontext ermöglicht. Genauso gehen wir in die Progression und in das Körpererleben der noch vor uns liegenden sexuellen Reifestufen. Aus der Zukunftsperspektive können Fragen im Hier und Jetzt anderes priorisiert werden. Die Sterbebettperspektive zeigt deutlich, was wirklich zählt.

Nachreifen – Nachentwickeln mit Potenzialeltern

Im therapeutischen Gruppen- und Einzelsetting arbeiten wir mit nachnährenden Erfahrungen im Hier und Jetzt. Immer wieder können wir dabei auf eindrückliche Weise beobachten, wie im Körpergedächtnis alle Erfahrungen gespeichert sind und wie weichenstellende neue Erfahrungen zu einer Befreiung von alten Mustern beitragen.

Nachnähren

Durch ein inszeniertes Setting (meist in der Triade Vater-Mutter-Kind) gehen die Teilnehmenden durch verschiedene Altersstufen und erleben körperlich und verbal im Hier und Jetzt eine unterstützende Begleitung der sexuellen Entwicklung. Orientierungsfragen im Suchprozess sind zum Beispiel: „Wenn es für den Jungen von damals eine gute elterliche Unterstützung gäbe, damit er sich in seiner eigenen sexuellen Lebendigkeit voll entfalten kann, was wäre es?“ Oder: „Was braucht das jugendliche Mädchen von damals vom Vater oder von der Mutter, damit sie sich sicher, frei und lebendig ausdrücken kann?“ Das Erleben einer nachnährenden guten Erfahrung mit Potenzialeltern (diese werden in der Gruppe von gewählten Stellvertretern dargestellt) gibt dem Körper im Hier und Jetzt eine neue Erfahrungsmöglichkeit. Die Teilnehmenden lernen so, das eigene Körperwissen über gute Spiegelung zu aktivieren. Sie erforschen einen individuellen Lösungsweg der guten elterlichen Unterstützung und nutzen dafür das direkte Feedback der Körperwahrnehmung in den Genitalien und der inneren Verbindung zum Herzen. Als Beispiel: Wo vorher kaum Spüren war, entsteht durch eine adäquate Spiegelung oft ein lebendiges Pulsieren im Gewebe der Sexualorgane.

Nach neuesten Erkenntnissen der Neurophysiologie über die Plastizität unseres Gehirns kann so tatsächlich eine „neue verfügbare Erinnerung“ entstehen. Die alte Erinnerung wird modifiziert durch neue Synapsenbildung (während des Erlebens der positiven Erfahrung), und neue Verhaltensweisen werden in den aktuellen Lebensbeziehungen möglich. Je nach biografischer Geschichte ist der Lösungsweg verschieden, das Ziel der Lösung sieht jedoch meist ähnlich aus: Die eigene Lebendigkeit in den Genitalien und die Verbindung zum Herzen entfaltet sich, wenn die Eltern eine lebendige sexuelle Beziehung leben und aus dieser Verbindung im Paar für das Kind präsent sein können. Dann ist das Kind frei, die eigene Sexualität zu entdecken und zu erforschen. Dieses Nachnähren von vermissten Ressourceerfahrungen die sexuelle Entwicklung betreffend fördert die Möglichkeit der Selbstregulation, die Nachreifung und Bewusstseinsschulung zugunsten der Beziehungsfähigkeit und das Gelingen von erwachsenen sexuellen Liebesbeziehungen. Trainingsteilnehmende lernen immer in beiden Rollen: in der Kinderrolle, indem sie nachnähren und integrieren, was damals nicht möglich war, und in der Erwachsenenrolle, indem sie als Potenzialeltern spüren können, was es heißt, selbstverantwortlich als Mann und Frau in der Elternrolle präsent und selbstreguliert zu sein. Für die Erziehung bieten diese Elemente von SGT klare und pragmatische Hilfen dafür, wie Kinder von ihren Eltern und anderen Erziehenden in ihrer sexuellen Entwicklung gefördert werden können.

Falls aus den kurz gefassten Fallbeispielen im Buch der Eindruck entsteht, man brauche nur die schwierige Erfahrung durch ein Konstrukt von guten Eltern ersetzen, dann wäre das viel zu einfach gedacht und würde wie positives Denken letztendlich nicht funktionieren. Wir verwenden den Begriff Potenzialeltern, um damit zu betonen, dass auch die realen Eltern dieses Potenzial in sich tragen. Sicherlich hätten sie es dem Kind gegenüber zum Ausdruck gebracht, wenn sie selbst die potenziell beste Unterstützung für ihre eigene sexuelle Entwicklung gehabt hätten. Mit dieser Sichtweise kommen den KlientInnen die realen Eltern innerlich näher, sie werden als Menschen mit verständlichen Begrenztheiten wahrgenommen. So kann sich die innere und äußere Beziehung zu den Eltern entspannen, was eine gesunde Abnabelung von ihnen ermöglicht. Dadurch wird auf erwachsener Ebene eine reife Beziehung zu den Eltern gefördert.

Familienkonstellationsaufstellung
Stellvertreter übernehmen in der Aufstellung verschiedene Rollen im Familiensystem und können ohne viel Vorinformation zutreffende Beziehungsdynamiken fühlen und beschreiben. *Sexual Grounding®* geht an diese Aufstellungsarbeit je nach Reifestufe unterschiedlich heran und fördert das erwachsene, selbstregulierte und verantwortungsvolle Handeln darin. In unserer prozessorientierten Herangehensweise wird die Lösung nicht von außen implementiert, sondern sie entwickelt sich aus dem Feedback und Einbeziehen aller Positionen im System – und vor allem aus dem Körperfeedback unserer sexuellen Liebesorgane. Auf den späteren Reifestufen fördert die spezifische Arbeit mit den Generationenlinien den Zugang zum gesamten Potenzial unseres Generationenerbes im Hier und Jetzt.

Zum Prozess gehört auch eine emotionale Verarbeitung des Geschehenen, die zu einem inneren Frieden und einem „Annehmen dessen, was war" führt: „Ja, ich stehe in dieser Ahnenlinie, kann meine Eltern immer mehr so nehmen, wie sie sind, und mein Leben, wie es ist." Wenn wir mit unseren Eltern brechen und uns abschneiden von unserer Ahnenlinie, bezahlen wir einen Preis. Der Versuch, es anders und besser zu machen, scheitert oft, und was immer wir versuchen loszuwerden, kommt zur Hintertür wieder herein. Auch bei vorübergehenden Brüchen in der Beziehung zu den Eltern (die manchmal auch notwendig sein können, wenn man in der Abhängigkeit zu verstrickt ist) bleibt das Ziel, eine neue Rückverbindung zu ihnen auf einem reifen, erwachsenen Niveau anzubahnen. Damit bleibt die Verbindung zur Ahnenlinie, die immer wieder als Ressource dienen kann, bestehen.

Als Folge dieses Prozesses berichten Klienten öfter, dass sie der unterstützenden Seite der sexuellen Liebe in ihren realen Eltern neu begegnen. Je mehr die KlientInnen in sich das sexuelle Potenzial der Eltern und weiteren Vorfahren fühlen, desto mehr ist dieses Potenzial als Ressource in der Gegenwart abrufbar – auch dann, wenn es in der Realität blockiert war.

Im Verlauf des Prozesses verändert sich auch der Blick auf unsere realen Eltern, und im Inneren verbindet sich erinnerte Realität mit neuen Erinnerungen, die ebenfalls einen neuen Blickwinkel auf unsere Geschichte ermöglichen. Gleichzeitig werden wir durch diese Ressourceerfahrungen mit Potenzialeltern innerlich freier im Zugriff auf unser eigenes Potenzial und können in unseren erwachsenen Liebesbeziehungen daraus schöpfen. Die Früchte kommen wiederum den Kindern der nächsten Generation und ihrem Liebeserbe zugute.

Über die Autorin

Notburga Fischer arbeitet als Paar- und Sexualtherapeutin (Sexual Grounding® Trainerin) und Coach in eigener Praxis. Seit über 25 Jahren gibt sie auf internationaler Ebene Beziehungs-Seminare. Zusammen mit ihrem Mann leitet sie Mann-Frau Trainings, sowie die Fortbildung „Sexualtherapie und Sexualberatung" am IBP Institut in der Schweiz. Sie ist in Österreich geboren, lebt mit ihrem Mann und ihren beiden Töchtern in der Nähe von Bern.

Fortbildungsangebot und Links

Der Fortbildungslehrgang „Sexuelle Beziehungsthemen in Therapie und Beratung - körper-, beziehungs- und familiensystemisch-orientierte Sexualtherapie und Sexualberatung" - basierend auf dem Reifestufenmodell von SGT - ist für PsychotherapeutInnen und Beratende geeignet, die in ihrer Einzel- oder Paarbegleitung die Themen der sexuellen Liebe vertiefen wollen. Leitung: Robert und/oder Notburga Fischer, Organisation: IBP-Institut
Ein Fortbildungsangebot für Paartherapie und Paarbegleitung, basierend auf den SGT-Prinzipien ist auf internationaler Ebene in Planung.

Weitere Informationen unter:
www.mann-frau.com - www.ibp-institut.ch - www.sexualgrounding.com

Praxis: Notburga Fischer
Integratives Coaching, Supervision, Paar- & Sexualtherapie
Monbijoustr. 28, CH - 3011 Bern
n.s.fischer@mann-frau.com

Mein Dank geht

- an meine Eltern, die mich immer auf meinem Weg bestmöglich unterstützt haben.
- an meinen Mann und Geliebten Robert, mit dem ich seit 25 Jahren viele Reifeschritte privat und in der gemeinsamen Begleitung von Menschen erleben darf und der mich auch in meinen schwierigen Seiten herausfordern und nehmen kann. Danke für das dranbleiben in der ständigen Weiterentwicklung unserer Beziehung und unserer kreativen Zusammenarbeit.
- an unsere beiden wunderbaren Töchter Amira und Clarice. Es ist ein Geschenk, sie ins Leben zu begleiten und auch von ihnen permanent zu lernen.
- an Willem Poppeliers, dem Begründer von Sexual Grounding® Therapy, für seine große Klarheit und körperlich erfahrbaren Antworten auf alle komplexen Fragen zur sexuellen Liebe.
- an Sabina Wyss und Barbara Wittmann für ihre tolle Begleitung der Visionssuche in Colorado, deren Ergebnis dieses Buch ist.
- an Diana Richardson, die mich schon lange immer wieder ermutigt hat zu schreiben, und für ihren Beitrag des Making Love.
- an Christine Angermayer, die meinen Prozess des Schreibens als Coach sehr inspirierend begleitet hat.
- an Gabriele ten Hövel für die vorbereitenden Interviews und die inspirierenden Fragen.
- an Willem Poppeliers, Ursula Hochuli, Birgit Mayer, Rebecca Kunz, Corinna Möck, Frank Oswald, Ansula und Matthias Keller, Annette Berger und Robert Fischer für wertvolle Feedbacks beim Gegenlesen des Manuskripts.
- an Susanne Klein für die feinfühlige und achtsame Genauigkeit im bereichernden Prozess des Lektorats.
- an Jivana Werner vom Innenwelt Verlag für die unkomplizierte und herzliche Klarheit in unserer Zusammenarbeit.
- und an alle Männer und Frauen, die ich ein Stück auf ihrem Lebensweg begleiten und dadurch von ihnen lernen durfte, für ihr Vertrauen, sich mit intimen Themen zu öffnen und einzulassen auf das Wagnis von Beziehung.

Literaturliste

Neurobiologische Grundlagen

Bauer, Joachim: Warum ich fühle, was du fühlst - Intuitive Kommunikation und das Geheimnis der Spiegelneurone, Heyne 2006

Bauer, Joachim: Prinzip Menschlichkeit, Heyne 2008

Doidge, Norman: Neustart im Kopf - Wie sich unser Gehirn selbst repariert, Campus 2007

Gottwald, Christian: „Neurobiologische Perspektiven zur Körperpsychotherapie" Artikel in Marlok, Gustl/Weiss, Halko: Handbuch der Körperpsychotherapie, Schattauer 2006

Hüther, Gerald: Was wir sind und was wir sein könnten - ein neurobiologischer Mutmacher, S. Fischer 2011

Körperpsychotherapie

Dornes, Martin: Der kompetente Säugling - Die präverbale Entwicklung des Menschen, Fischer 2001

Harms, Thomas/Thielen, Manfred (Hg.): Körperpsychotherapie und Sexualität - Grundlagen, Perspektiven und Praxis (mit einem Beitrag „Ressourcen für die psychosexuelle Entwicklung" von Robert und Notburga Fischer), Psychosozial-Verlag 2017

Heller, Laurence/LaPierre, Aline: Entwicklungstrauma heilen: Alte Überlebensstrategien lösen - Selbstregulierung und Beziehungsfähigkeit stärken, Kösel 2013

Kaul, Eva/Fischer, Markus: Einführung in die Integrative Körperpsychotherapie IBP (mit einem Kapitel zu „Arbeit mit Sexualität" von Notburga und Robert Fischer), Hogrefe 2016

Levine, Peter: Trauma-Heilung - Das Erwachen des Tigers, Synthesis 1999

Marlock, Gustl/Weiss, Halko: Handbuch der Körperpsychotherapie, Schattauer 2006

Rosenberg, Jack Lee/Rand, Majorie: Körper, Selbst und Seele - Ein Weg zur Integration, Junfermann 2008

Rothschild, Babette: Der Körper erinnert sich - Die Psychophysiologie des Traumas, Synthesis 2011

Schmidbauer, Wolfgang: Hilflose Helfer - Über die seelische Problematik der Helferberufe, Rowohlt 1997

Schmidt, Johannes B.: Der Körper kennt den Weg - Trauma-Heilung und persönliche Transformation, Kösel 2008

Stern, Daniel N.: Tagebuch eines Babys -Was ein Kind sieht, spürt, fühlt und denkt, Piper 2011

Sexualität, Paar- und Sexualtherapie

Ahlers, Christoph Joseph: Himmel auf Erden und Hölle im Kopf - Was Sexualität für uns bedeutet, Goldmann 2015

Charles, Amara: The Sexual Practices of Quodoushka - Teachings from the Nagual Tradition, Destiny Books 2011

Clement, Ulrich: Guter Sex trotz Liebe - Wege aus der verkehrsberuhigten Zone, Ullstein 2006

Clement, Ulrich: Dynamik des Begehrens - Systemische Sexualtherapie in der Praxis, Carl-Auer 2016

Clement, Ulrich: Systemische Sexualtherapie, Klett-Cotta 2004

Greely, Henry T.: The End of Sex and the Future of Human Reproduction, Harvard University Press 2016

Hofmann, Urs: Grenzfall Zärtlichkeit in Familie, Schule, Verein, Rex Verlag 2004

Henning, Ann-Marlene / Bremer Olszewski, Tina: Make Love - Ein Aufklärungsbuch, R&B 2012

Henning, Ann-Marlene / von Keiser, Anika: Make more Love - Ein Aufklärungsbuch für Erwachsene, R&B 2014

Hutterer-Krisch, Renate/ Rass-Hubinek, Gabriele, „Paardynamik - Methodenspezifische und methodenübergreifende Beiträge zur Psychotherapie im Paar-und Einzelsetting (mit einem Beitrag „Das Liebeserbe - Ressourcen im Umgang mit sexuellen Paardynamiken" von Robert und Notburga Fischer, Facultas Verlags- und Buchhandels AG, 2018

Raith-Paula, Elisabeth Dr. med: Was ist los in meinem Körper - Alles über Zyklus, Tage, Fruchtbarkeit, Pattloch 2008

Rosenberg, Jack Lee: Orgasmus, Ulrich Leutner Verlag Neuauflage 2001

Rosenberg, Jack Lee/Kitaen-Morse, Beverly: Das Geheimnis der Intimität, i-books 2011

Schnarch, David: Intimität und Verlangen - Sexuelle Leidenschaft in dauerhaften Beziehungen, Klett-Cotta 2011

Schnarch, David: Die Psychologie sexueller Leidenschaft, Klett-Cotta 2009

Sexuallist 2008 (Broschüre mit Fachartikeln und Adressen rund um Sexualität), Rosenfluh Verlag 2008

Sigusch, Volkmar: Neosexualitäten - Über den kulturellen Wandel von Liebe und Perversion, Campus 2005

Von Sydow, Kirsten: Die Lust auf Liebe bei älteren Menschen, Ernst Reinhardt Verlag 1994

Zu Sexual Grounding® Therapy

Poppeliers, Willem/Broesterhuizen, Martin: Sexual Grounding Therapy® - Love and Sexuality in the Perspective of Relations and Generations, Protocol Media Productions 2007

Fischer, Notburga: SGT Trainerabschlussarbeit „Der feminine und maskuline Energiekreislauf in der sexuellen Liebesbegegnung zwischen Mann und Frau - eine Reflexion aus der Perspektive der Psychosexuellen Entwicklung", 2007

Fischer, Notburga: „Sexuelle Liebesfähigkeit und Beziehungskompetenz - ein lebenslanger Lern- und Reifeprozess", Diplomarbeit eingereicht an der SELF, Höhere Fachschule für Erwachsenenbildung, Leitung und Führung, 2012

Fischer, Robert: SGT Trainerabschlussarbeit „Rites de Passage der Postmoderne", 2007

Partnerschaft und Lebensbogen

Anand, Margot: Tantra oder die Kunst der sexuellen Ekstase, Goldmann 1990

Christinger, Doris/Schröter, Peter: Vom Nehmen und Genommen werden - Für eine neue Beziehungserotik, Piper 2010

Clement, Ulrich: Wenn Liebe fremd geht - Vom richtigen Umgang mit Affären, Ullstein 2010

Dechmann, Birgit/Ryffel, Christiane: Vom Ende zum Anfang der Liebe - Wie Paare zusammenbleiben, Beltz 2015

Duffell, Nick/Løvendal Helena: Das Buch für Paare, die es bleiben wollen - Über den Mut, zu lernen wie man liebt, Innenwelt 2007

Ecker, Diana: Sexualität und Partnerschaft im Lebenszyklus Kösel 2005

Fischer, Markus: Der ewige Tanz zwischen Nähe und Distanz, dreiteiliger Artikel erschienen im IBP Newsletter (Nr. 10, 11, 12, 2005/2006)

Frankl, Viktor: Das Leiden am sinnlosen Leben - Psychotherapie für heute, Freiburg 1978

Gray, John: Männer sind anders, Frauen auch, Goldmann 1993

Hellinger, Bert/ten Hövel, Gabriele, Anerkennen was ist - Gespräche über Verstrickung und Lösung, Goldmann 2006

Horx, Matthias: Future Love - Die Zukunft von Liebe, Sex und Familie, DVA 2017

Jellouschek, Hans: Im Irrgarten der Liebe - Dreiecksbeziehung und andere Paarkonflikte, Kreuz 1991

Jellouschek, Hans: Wenn Paare älter werden - Die Liebe neu entdecken, Herder 2008

Kübber, Sonja: Mann und Frau auf dem Weg zur inneren Hochzeit, Anton Pustet 2007

Moeller, Michael Lukas: Die Wahrheit beginnt zu zweit - Das Paar im Gespräch, Rowohlt 2003

Nelles, Wilfried: In guten wie in schlechten Zeiten - Liebe, Lust und Wachstum in der Partnerschaft, Goldmann 2004

Nelles, Wilfried: Das Leben hat keinen Rückwärtsgang - Die Evolution des Bewusstseins, spirituelles Wachstum und das Familienstellen, Innenwelt 2013

Neuhauser, Johannes (Hg.): Wie Liebe gelingt - Die Paartherapie Bert Hellingers, Carl-Auer Verlag 2007

Perrig-Chiello, Pasqualina: In der Lebensmitte - Die Entdeckung des mittleren Lebensalters, NZZ Libro 2010

Plotkin, Bill: Natur und Menschenseele - Das Lebensrad und die Mysterien eines seelenzentrierten Erwachsenseins, Arun 2010

Precht, Richard David: Liebe - Ein unordentliches Gefühl, Goldmann 2010

Reddemann, Luise/Wetzel, Silvia: Der Weg entsteht unter deinen Füßen - Achtsamkeit und Mitgefühl in Übergängen und Lebenskrisen, Kreuz 2011

Redl, Franz: Übergangsrituale - Visionssuche, Jahresfeste, Arbeit mit dem Medizinrad, Drachen 2009

Richardson, Diana: Slow Sex - Zeit finden für die Liebe, Integral 2012

Richardson, Diana: Zeit für Liebe - Sex, Intimität & Ekstase in Beziehungen, Innenwelt 2002

Schlumpf, Elisabeth/ Werder, Heidi: Immer für andere da? Wege aus der Überverantwortlichkeit, Kösel 2000

Schlumpf, Elisabeth: Wenn ich einst alt bin, trage ich Mohnrot - Neue Freiheiten genießen, Kösel 2003

Scott, Eberle: Das Lied der dunklen Göttin - Sterben können heißt leben lernen, Arun 2011

Sogyal Rinpoche: Das tibetische Buch von Leben und Sterben - Ein Schlüssel zum tieferen Verständnis von Leben und Tod, Knaur 2010

Somé, Malidoma Patrice, Of Water and the Spirit - Ritual, Magic and Initiation in the Life of an African Shaman, Penguin 1994

Somé, Malidoma Patrice: Ritual - Power, Healing, and Community, Plume 1997

Wilber, Ken: Integrale Vision - Eine kurze Geschichte der integralen Spiritualität, Kösel 2009

Yalom, Irvin D: In die Sonne schauen - Wie man die Angst vor dem Tod überwindet, btb Verlag 2008

Zurhorst, Eva Maria: Liebe dich selbst und es ist egal, wen du heiratest, Goldmann 2004

Frauen

Christinger, Doris: Auf den Schwingen weiblicher Sexualität - Eine Liebesschule für Frauen, Piper 2001

Doyle, Laura/ Ten Hövel, Gabriele: Gestritten haben wir genug - Die Kraft weiblicher Hingabe, Goldmann 2003

Méritt, Laura (Hg.): Frauenkörper neu gesehen, Orlanda 1992

Richardson, Diana: Zeit für Weiblichkeit - Der tantrische Orgasmus der Frau, Innenwelt 2004

Von Sydow, Kirsten: Lebenslust - Weibliche Sexualität von der frühen Kindheit bis ins hohe Alter, Huber 1993

Zum Thema Wechseljahre

Cuson, Beate: Yoga für die reifen Jahre - Die Fülle des Lebens genießen, Herder 2016

Gagel ,Hanna: So viel Energie - Künstlerinnen in der dritten Lebensphase, Aviva 2009

Jahn, Ruth/Widmer, Regina: Wechseljahre - natürlich begleitet, Beobachter 2011

Kaffka, Andrea, A.: Wechseljahre - Wandeljahre, Joy 2005

Kummer, Irène: Wandlungen - Aufbruch in die Jahre 50 plus, Beltz 2015

Kummer, Irène/Schlumpf, Elisabeth: Im Mittelpunkt meines Lebens, Kösel 2000

Nissim, Rina: Wechseljahre - Wechselzeit: ein naturheilkundliches Handbuch, Orlanda 2003

Northrup, Dr. med. Christiane: Weisheit der Wechseljahre, Goldmann 2010

Onken, Julia: Feuerzeichen Frau - Ein Bericht über die Wechseljahre, C. H. Beck 2003

Richardson, McGeever, Wechseljahre - sexuelle und spirituelle Neuausrichtung (Arbeitstitel), Innenwelt Verlag 2018

Rodrigues, Dinah: Hormonyoga - Das Standardwerk zur hormonellen Balance in den Wechseljahren, Schirner 2007

Männer

Banks, Ian: Alles, was Mann über Sex wissen muss, Piper 2002

Bolen, Jean Shinoda: Götter in jedem Mann - Besser verstehen, wie Männer leben und lieben, Sphinx 1994

Butz, Katharina/Icheln, Detlev: Men's Health: Penis pur - Was Männer wissen wollen, Rowohlt 2000

Deida, David: Der Weg des wahren Mannes - Ein Leitfaden für Meisterschaft in Beziehungen, Beruf und Sexualität, Kamphausen 2006

Richardson, Diana & Michael, Zeit für Männlichkeit, Innenwelt 2009

Schröter, Peter A./Meyer, Charles: Die Kraft der männlichen Sexualität - Lebensbilder für Männer, Piper 2003

Ucik, Martin: Integrale Beziehungen - Ein Ratgeber für Männer, Phänomen-Verlag 2012

Zilbergeld, Bernie: Die neue Sexualität der Männer - Was Sie schon immer über Männer, Sex und Lust wissen wollten, dgvt-Verlag 1994